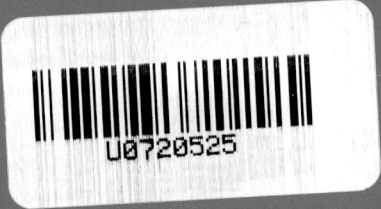

山东省革命文物图文大系

山东博物馆　编著

科学出版社
北京

图书在版编目（CIP）数据

山东省革命文物图文大系：全十卷 / 山东博物馆编著. -- 北京：科学出版社,
2024. 12. -- ISBN 978-7-03-080020-6

Ⅰ. K871.62

中国国家版本馆CIP数据核字第2024SC9750号

责任编辑：张亚娜　樊　鑫／责任校对：张亚丹
责任印制：张　伟／书籍设计：北京美光设计制版有限公司

科学出版社 出版
北京东黄城根北街16号
邮政编码：100717
http://www.sciencep.com
北京华联印刷有限公司印刷
科学出版社发行　各地新华书店经销
*
2024年12月第　一　版　开本：889×1194　1/16
2024年12月第一次印刷　印张：123 3/4
字数：2 600 000

定价：3680.00元（全十卷）

（如有印装质量问题，我社负责调换）

编辑委员会

图书编辑团队

分卷主编

第一卷 孙艳丽
第二卷 孙艳丽 贾依雪
第三卷 李 娉 贾依雪
第四卷 杨秋雨
第五卷 杨秋雨 仪明源
第六卷 仪明源 于秋洁
第七卷 刘 宁 张小松
第八卷 刘 宁 怀培安
第九卷 怀培安 李 娉
第十卷 张小松

撰写团队（按姓氏笔画排序）

卜 鑫　于佳鑫　于法霖　于秋洁　于颖欣　万本善　马 军　马 静　马天成
马克凡　王 美　王 浩　王 晶　王 鹏　王 睿　王小羽　王之信　王之谦
王丹青　王文红　王文博　王平云　王亚敏　王丽媛　王凯强　王思涵　王晓妮
王婀娜　王培栋　车 悦　毛洪东　孔凡胜　卢绪乐　仪明源　冯明科　宁志刚
毕晓乐　曲 菲　吕 健　吕其林　任 伟　任维娜　庄 倩　刘 宁　刘 畅
刘 凯　刘 婧　刘长艳　刘军华　刘丽丽　刘树松　刘剑钊　刘逸忱　江海滨
许 哲　许文迪　许盟刚　孙 佳　孙 颖　孙全利　孙利堂　孙纬陶　孙艳丽
苏 琪　苏力为　杜晨英　李 波　李 娉　李 媛　李 婷　李兴栋　李克松
李国盛　李寅初　李博文　李晶晶　李景法　李献礼　杨 坤　杨 昊　杨 燕
杨立民　杨亚昱　杨秋雨　杨靖楠　吴 昊　谷 淼　怀培安　宋 松　宋卓远
张 丹　张 卡　张 军　张 媛　张 璐　张小松　张世林　张有才　张秀民
张美玲　张晓文　张海燕　张淑敏　陈 晓　陈 鹏　陈孟继　林立东　昌筱敏
罗 琦　罗永华　周 宁　周光涛　周兴文　郑学富　郑德平　官春磊　项 项
赵 金　赵文彬　赵均茹　赵皎琪　赵蓓蓓　郝明安　胡可佳　姜羽轩　姜晴雯
姚 超　姚焕军　袁晓梅　聂惠哲　贾庆霞　贾依雪　贾婧恩　夏 敏　徐 艳
徐 静　徐 磊　徐晓方　徐赛凤　高丽娟　唐铭涓　黄巧梅　黄祖文　崔 强
崔萌萌　康甲胜　阎 虹　梁连江　梁新雅　董 艺　董倩倩　韩晓燕　焦玉星
赖大邃　雷 茜　蔡亚红　蔡运华　蔡言顺　薛喜来　穆允军　穆红梅

学术顾问

邱从强　张艳芳　郑宁波　徐 畅　崔华杰

审校

李 娉　孙艳丽　怀培安　贾依雪

文物摄影

阮 浩　周 坤　赵蓓蓓　蔡启华

参加单位

★ 省直单位

山东博物馆
中共山东省委党校（山东行政学院）图书和文化馆
山东省档案馆
山东省图书馆
孔子博物馆
山东大学图书馆

★ 济南市

济南市博物馆
济南市章丘区博物馆
济南市济阳区博物馆
济南革命烈士陵园（济南战役纪念馆）
济南市莱芜区博物馆
中共山东早期历史纪念馆

★ 青岛市

青岛市博物馆
青岛海关博物馆
青岛道路交通博物馆
青岛市黄岛区博物馆
青岛市即墨区博物馆
青岛市即墨区烈士陵园
青岛市档案馆
青岛市革命烈士纪念馆
中共青岛党史纪念馆
中国人民解放军海军博物馆
莱西市博物馆
黄岛烈士陵园纪念馆
平度市博物馆
平度市烈士陵园
胶州烈士纪念馆

★ 淄博市

淄博市博物馆
淄博市焦裕禄纪念馆
淄博煤矿博物馆
黑铁山抗日武装起义纪念馆
淄博市公安局
桓台博物馆
高青县革命历史纪念馆
沂源博物馆
沂源县革命烈士陵园（革命历史纪念馆）

★ 枣庄市

枣庄市博物馆
铁道游击队纪念馆
台儿庄区贺敬之文学馆
台儿庄革命烈士陵园（战史陈列馆）

★ 东营市

东营市历史博物馆
中共刘集支部旧址纪念馆
东营市垦利区博物馆（含渤海垦区革命纪念馆）

★ 烟台市

烟台市博物馆
烟台北极星钟表文化博物馆
莱州市博物馆
龙口市博物馆
招远市博物馆
烟台市牟平区博物馆
烟台市蓬莱区烈士陵园管理处
地雷战纪念馆
栖霞市牟氏庄园管理服务中心

★ 潍坊市

潍坊市博物馆
潍坊市寒亭区博物馆
昌邑市博物馆
安丘市博物馆
潍坊市革命烈士陵园管理处
青州市博物馆
寿光市博物馆
潍县西方侨民集中营旧址博物馆

★ 济宁市

邹城博物馆
嘉祥县烈士陵园烈士纪念馆
金乡县文物保护中心
梁山县烈士陵园管理服务中心

★ 泰安市

泰安市博物馆
中共东平县工委纪念馆
肥城市档案馆
新泰市博物馆
泰安徂徕山抗日武装起义博物馆
东平县博物馆
新泰市档案馆

★ 威海市

中国甲午战争博物院
威海市博物馆
天福山起义纪念馆
乳山市文物保护中心

★ 日照市

日照市岚山区博物馆
莒州博物馆
日照市抗日战争纪念馆
五莲县博物馆

★ 临沂市

临沂市博物馆
山东省政府和八路军115师司令部旧址
大青山胜利突围纪念馆
华东野战军总部旧址暨新四军军部旧址纪念馆
沂水县博物馆
沂水县云头峪村《大众日报》创刊地纪念馆
沂水县中共中央山东分局旧址
沂蒙红嫂纪念馆
沂蒙革命纪念馆
莒南县博物馆
孟良崮战役纪念馆
平邑县博物馆
鲁南革命烈士陵园

★ 德州市

德州市博物馆
冀鲁边区革命纪念馆

★ 聊城市

孔繁森同志纪念馆
聊城中国运河文化博物馆
聊城市茌平区博物馆
聊城市茌平区档案馆
东阿县文物事业发展中心
东阿县文物管理所
运东地委革命纪念馆
临清市档案馆

★ 滨州市

滨州市博物馆
邹平市文物保护中心（邹平市博物馆）
滨州市滨城区文物保护修复中心（滨州市滨城区博物馆）
渤海革命老区纪念园
博兴县博物馆
阳信县博物馆

★ 菏泽市

菏泽市博物馆
菏泽市烈士陵园（菏泽市抗日纪念馆）
菏泽市定陶区博物馆
菏泽市定陶区档案馆
菏泽市定陶区烈士陵园
东明县博物馆（东明县文物保护中心）
巨野县博物馆
郓城县博物馆
中国鲁锦博物馆
冀鲁豫边区革命纪念馆
单县档案馆
曹县档案馆
成武县烈士陵园
成武县档案馆
鄄城县档案馆

山东省
革命文物
图文大系

第二卷

孙艳丽
贾依雪 主编

齐鲁曙光

五四运动—建党初期

科学出版社
北京

前言

面对辛亥革命后仍旧黑暗的社会现实，中国的先进知识分子继续探索救国救民的新道路。以《新青年》发端的新文化运动倡导民主与科学的旗帜，对封建主义制度和思想进行深刻的揭露与批判。1917年俄国十月革命给中国送来了马克思列宁主义，中国先进知识分子从马克思主义的真理中看到了解决中国问题的出路，新文化运动进入了宣传十月革命、宣传马克思主义的新阶段。延续数千年的山东文明在艰难转型之后，融入红色文化基因，进入新民主主义文化的新阶段。

在近代以来中国社会矛盾的内在驱动下，在中国人民和中华民族的伟大觉醒中，在马克思列宁主义同中国工人运动的紧密结合中，红色文化的创造主体——中国共产党应时应运而生。济南共产党早期组织的成立和发展，为灾难深重的齐鲁大地带来了黎明曙光。山东是中国最早创立共产党组织的六个地区之一。山东工人运动犹如滚滚洪流，在全国产生了重要影响。

目录

第一章

暗夜星辰 大道薪火

第二章

誓死力争 还我青岛

第三章
建党筑梦 大道之行

第四章

工运铁流“异军特起”

第一章

暗夜星辰 大道薪火

辛亥革命失败后，中国的先进知识分子开始探索新的救国救民道路。1915年9月，陈独秀在上海创办《青年杂志》（后改为《新青年》），新文化运动由此发端。创刊伊始，陈独秀在《敬告青年》一文细数中国社会的黑暗，号召青年与腐朽的专制制度做斗争，从文化层面上同旧道德、旧思想和旧文学做决裂。至此，一场旨在击退尊孔复古逆流、彻底反对封建伦理思想的新文化运动应运而生。

俄国十月革命的胜利给予中国的先进知识分子以新的革命方法和启示。中国出现了一批赞成俄国十月社会主义革命、具有初步共产主义思想的知识分子，马克思列宁主义开始在中国传播。由于“山东问题”及新文化运动的冲击与熏陶，山东青年知识分子迅速崛起，有力推动了五四新文化运动的发展，并为中国共产党的成立贡献了有生力量。

新文化运动的产生，意味着中国社会改造之路的探索进入了一个崭新的阶段，即从文化的层面来探索中国现代化之路。陈独秀、李大钊、鲁迅、胡适等新文化运动主要倡导者充分借助了杂志这一近代文人论政的平台，在《新青年》中围绕着“民主”和“科学”两大主题，抨击封建礼教的黑暗，倡导新思想和新文化，发表各自对中国文化层面改造社会的各种观点和主张，启发了人们的民主觉悟，掀起思想解放的潮流。

《新青年》（LA JEUNESSE）是在20世纪20年代中国一份具有影响力的革命杂志，原名《青年杂志》，1916年9月1日出版的第二卷第一号改名为《新青年》。初期的《新青年》在哲学、文学、教育、法律、伦理等广阔领域向封建意识形态发起了猛烈的进攻。自1915年9月15日创刊号至1922年7月终刊共出9卷54号。1923年6月重新出版的《新青年》季刊是中共中央机关刊物，迁广州出版，由瞿秋白主编，卷期号另起。1926年7月（第五号）最终停办。月刊、季刊、不定期刊总计出版了63期。《新青年》由陈独秀在上海创立，群益书社印行。该杂志发起新文化运动，并且宣传倡导民主（“德先生”，Democracy）与科学（“赛先生”，Science）和新文学。1917年1月，陈独秀赴北京大学担任文科学长，《新青年》编辑部也由上海迁至北京。从1918年1月的第四卷第一号起，《新青年》改版为白话文，使用新式标点，同时，带动其他刊物形成提倡白话文运动。十月革命后，《新青年》成为五四运动的号角，成为宣传马克思列宁主义、宣传反帝反封建思想的阵地。1920年上半年，《新青年》编辑部又迁回上海，从1920年9月的第八卷第一号开始，成为上海共产党早期组织的机关刊物，它与当时秘密编辑发行的《共产党》月刊互相配合，为中国共产党的成立做了理论上正式的准备。1923年6月成为中共中央正式理论性机关刊物。后期的《新青年》介绍了大量马列主义著作和国际无产阶级革命运动的经验。此卷介绍的《新青年》是在山东地区行销流传的珍贵文献。

1919 年 10 月，山东知识界进步人士王乐平在全国新文化运动的冲击和群众运动的影响下，联合爱国知识分子在济南创办齐鲁通讯社及售书部（后扩大为齐鲁书社），专门介绍和经销《新青年》《每周评论》等全国各地进步书刊，极大推动了马克思主义在山东的传播。

齐鲁书社旧址（原山东济南大布政司街87—90号）

陈独秀

1879—1942

辛亥革命失败后，中国的先进知识分子继续探索救国救民的新道路。1915年陈独秀在上海创办《青年杂志》（后改为《新青年》），提倡民主与科学，反对封建传统文化，掀起一场前所未有的思想启蒙运动。

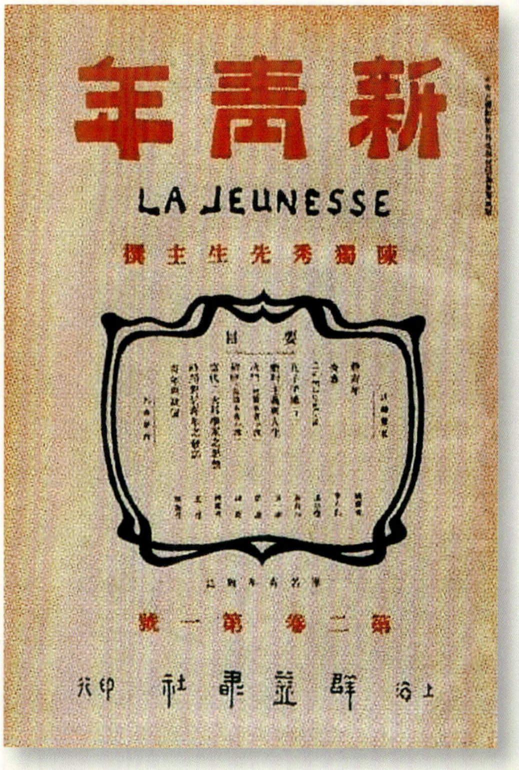

李大钊

1889—1927

1917 年俄国十月革命震动全世界，也照亮了中国革命的道路。1919 年 9 月，李大钊在《新青年》发表《我的马克思主义观》，这是中国第一篇比较系统地介绍马克思主义的文章。

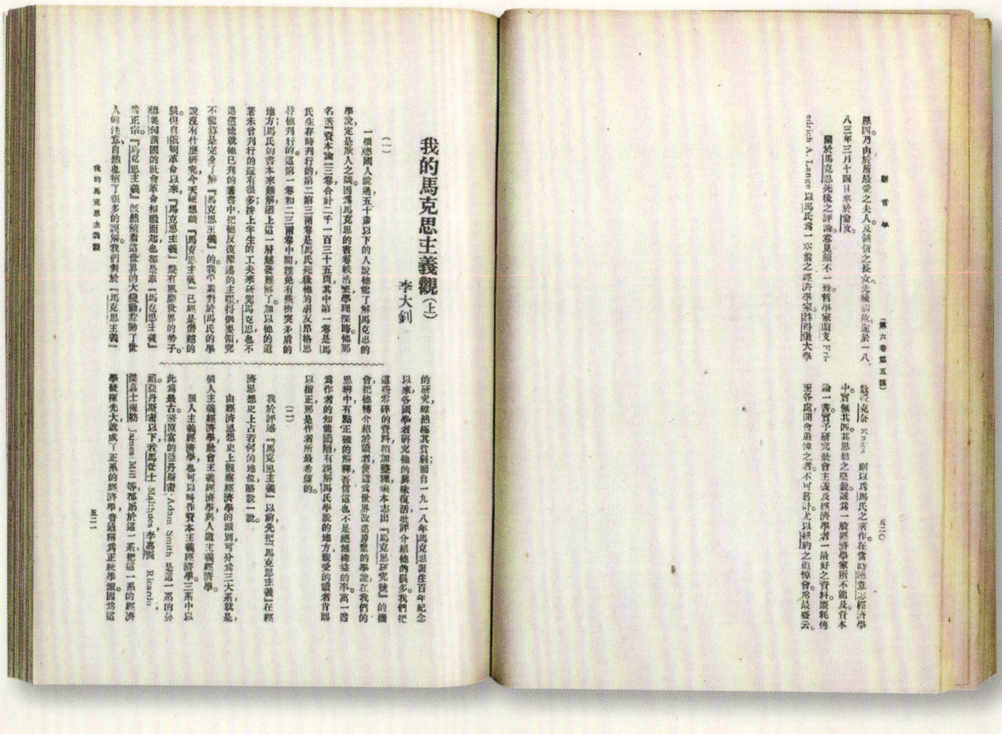

《新青年》（第二卷合订本）

1920年
山东博物馆藏

《新青年》第二卷第一号至第六号合订本，上海群益书社印行。《新青年》第二卷第一号至第六号发行于1916年，由陈独秀主撰，并由李大钊、高一涵、易白沙等人撰稿。

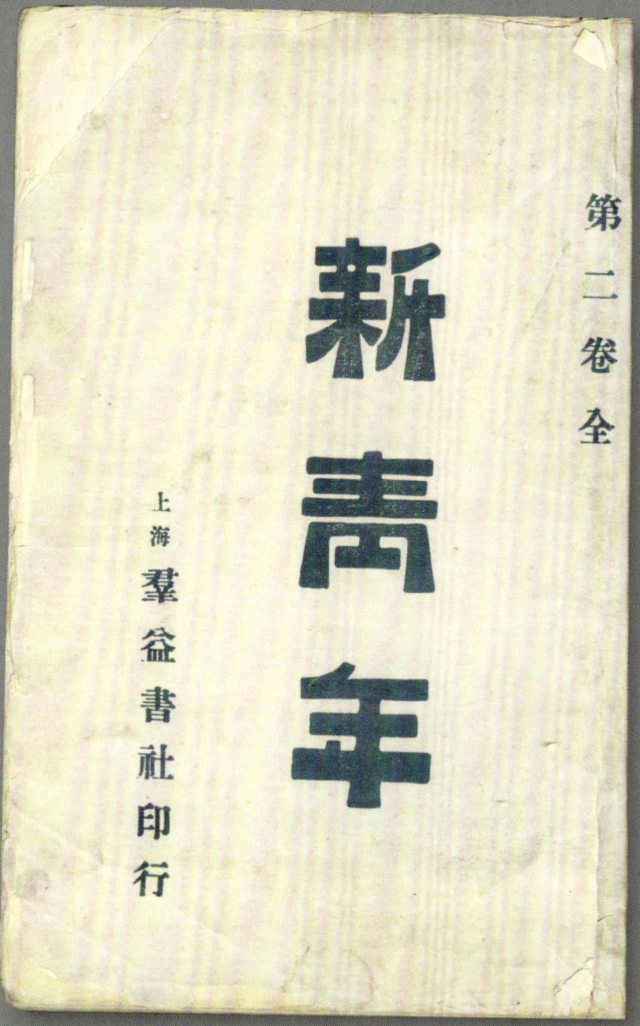

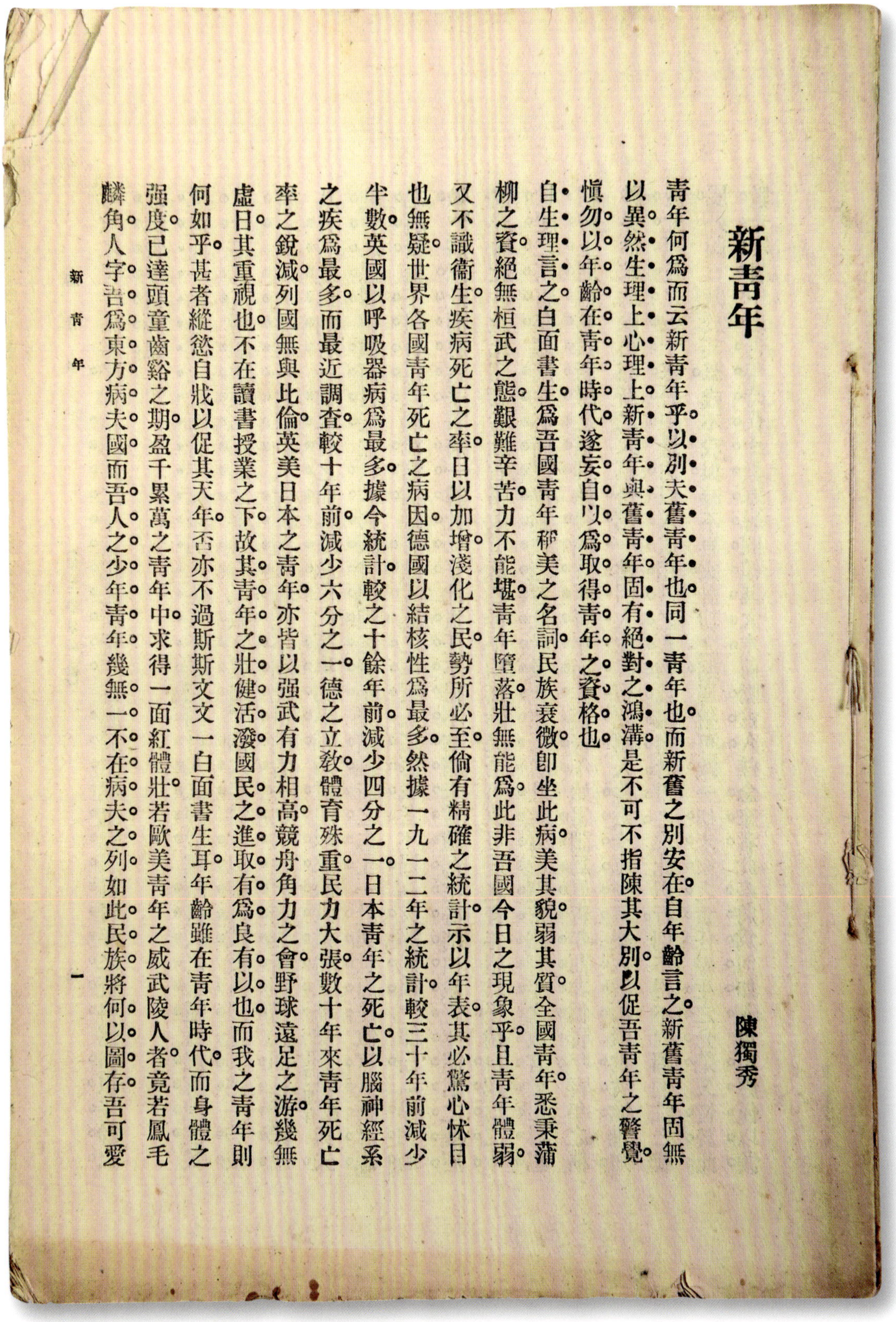

新青年

陳獨秀

青年何爲而云新青年乎。以別夫舊青年也。同一青年也。而新舊之別安在。自年齡言之。新舊青年固無以異。然生理上心理上。新青年與舊青年固有絕對之鴻溝。是不可不指陳其大別。以促吾青年之警覺。愼勿以年齡在青年時代。遂妄自以爲取得青年之資格也。

自生理言之。白面書生。爲吾國青年稱美之名詞。民族衰微。卽坐此病。美其貌。弱其質。全國青年。悉秉蒲柳之資。絕無桓武之態。艱難辛苦。力不能堪。青年墮落。壯無能爲。此非吾國今日之現象乎。且青年體弱。又不識衛生。疾病死亡之率。日以加增。淺化之民。勢所必至。倘有精確之統計。示以年表。其必驚心怵目也。無疑。世界各國青年死亡之病因。德國以結核性爲最多。然據一九一二年之統計。較三十年前減少半數。英國以呼吸器病爲最多。據今統計。較之十餘年前減少四分之一。日本青年之死亡。以腦神經系之疾爲最多。而最近調査。較十年前減少六分之一。德之立教。體育殊重。民力大張。數十年來。青年死亡率之銳減。列國無與比倫。英美日本之青年。亦皆以强武有力相高。競舟角力之會。野球遠足之游。幾無虛日。其重視也。不在讀書授業之下。故其青年之壯健活潑。國民之進取有爲。良有以也。而我之青年則何如乎。甚者縱慾自戕。以促其天年。否亦不過斯斯文文一白面書生耳。年齡雖在青年時代。而身體之强度。已達頭童齒豁之期。盈千累萬之青年中。求得一面紅體壯。若歐美青年之威武陵人者。竟若鳳毛麟角。人字吾爲東方病夫國。而吾人之少年青年。幾無一不在病夫之列。如此民族。將何以圖存。吾可愛

新青年 一

《新青年》（第三卷第一号）

1917年3月1日
济南市博物馆藏

《新青年》第三卷第一号，上海群益书社印行。该期发表了陈独秀《对德外交》、恽代英《物质实在论》、常乃德《我之孔道观》等文。

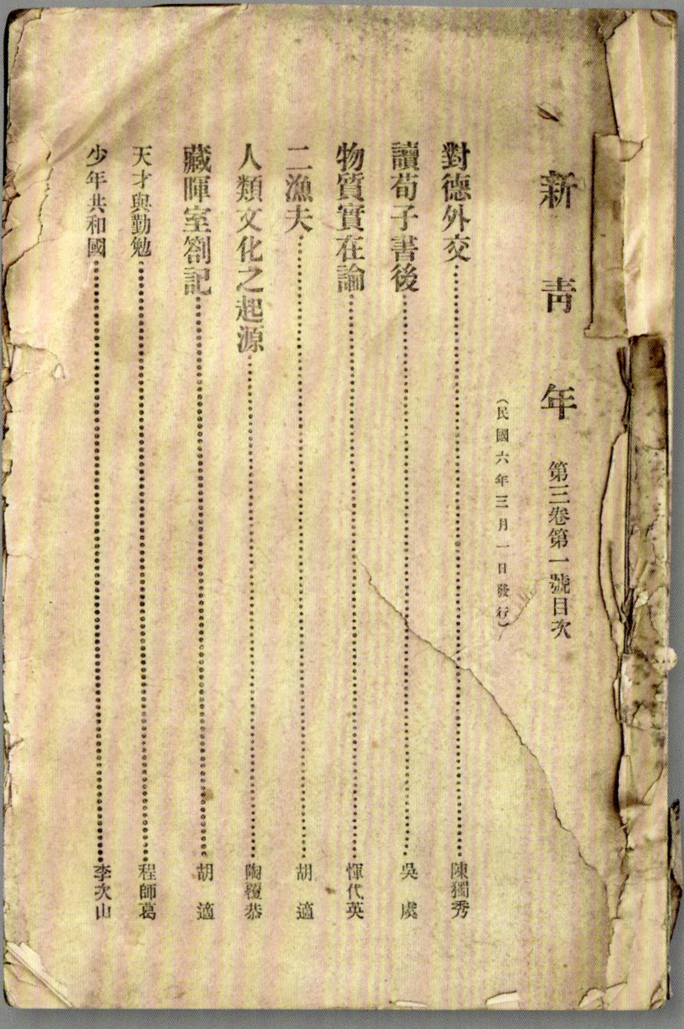

新青年 第三卷第一號目次

（民國六年三月一日發行）

對德外交……陳獨秀
讀荀子書後……吳虞
物質實在論……惲代英
二漁夫……胡適
人類文化之起源……陶履恭
藏暉室劄記……胡適
天才與勤勉……程師葛
少年共和國……李次山

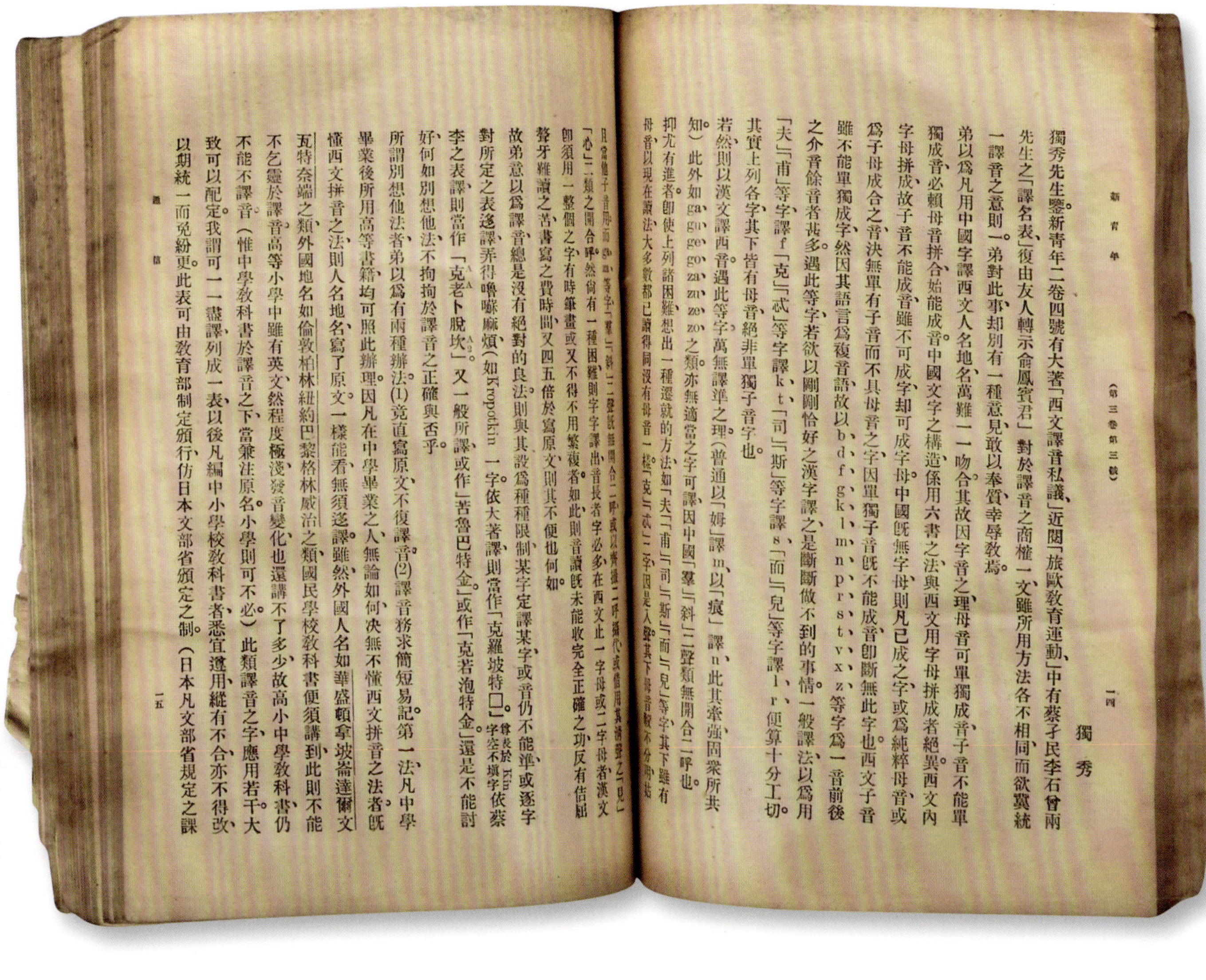
新青年　（第三卷第三號）　一四
獨秀
獨秀先生鑒新青年二卷四號有大著「西文譯音私議」近閱「旅歐教育運動」中有蔡孑民李石曾兩先生之「譯名表」復由友人轉示俞鳳賓君」對於譯音之商榷一文雖所用方法各不相同而欲冀統一譯音之意則一。弟對此事却別有一種意見敢以奉質幸辱教焉。
弟以爲凡用中國字譯西文人名地名萬難一一吻合其故因字音之理母音可單獨成音子音不能單獨成音必賴母音拼合始能成音中國文字之構造係用六書之法與西文用字母拼成者絕異西文內字母拼成故子音不能成音雖不可成字却可成字母中國既無字母則凡已成之字或爲純粹母音或爲子母成合之音决無單有子音而不具母音之字因單獨子音既不能成音卽斷無此字也西文子音雖不能單獨成字然因其語言爲複音語故以b、d、f、g、k、l、m、n、p、r、s、t、v、x、z等字爲一音前後之介音餘音者甚多遇此等字若欲以剛剛恰好之漢字譯之是斷斷做不到的事情一般譯法以爲用「夫」「甫」等字譯f「克」「忒」等字譯k、t、「司」「斯」等字譯s、「而」「兒」等字譯l、r便算十分工切。其實上列各字其下皆有母音絕非單獨子音字也。
若然則以漢文譯西音遇此等字萬無譯準之理（普通以「姆」譯m、以「痕」譯n、此其牽强固衆所共知）此外如ga、gu、ge、go、za、zu、ze、zo之類亦無適當之字可譯因中國「孳」「斜」二聲類無開合二呼也。
抑尤有進者卽使上列諸困難想出一種遷就的方法如「夫」「甫」「司」「斯」「而」「兒」等字其下雖有母音以現在讀法大多數都已讀得同沒有母音一樣「克」「忒」二字因是入聲其下母音較不分明故
且常與子音册而gu ru等字「孳」「斜」二聲既無開合二呼或以齊撮二呼强代或借用其語尾之「兒」「心」二類之開合呼然尚有一種困難則字字譯出音長者字必多在西文止一字母或二字母者漢文卽須用一整個之字有時筆畫或又不得不用繁複者如此則音讀既未能收完全正確之功反有佶屈聱牙難讀之苦書寫之費時間又四五倍於寫原文則其不便也何如。
故弟意以爲譯音總是沒有絕對的良法則與其設爲種種限制某字定譯某字或音仍不能準或逐字對所定之表遂譯弄得嚕嗦麻煩（如Kropotkin一字依大著譯則當作「克羅坡特□」曾表於Kin字空不填字依蔡李之表譯則當作「克老卜脫坎」。又一般所譯或作「苦魯巴特金」或作「克若泡特金」還是不能討好何如別想他法不拘拘於譯音之正確與否乎。
所謂別想他法者弟以爲有兩種辦法(1)竟直寫原文不復譯音(2)譯音務求簡短易記第一法凡中學畢業後所用高等書籍均可照此辦理因凡在中學畢業之人無論如何决無不懂西文拼音之法者既懂西文拼音之法則人名地名寫了原文一樣能看無須遂譯雖然外國人名如華盛頓拿坡崙達爾文瓦特奈端之類外國地名如倫敦柏林紐約巴黎格林威治之類國民學校教科書便須講到此則不能不乞靈於譯音高等小學中雖有英文然程度極淺發音變化也還講不了多少故高小中學教科書仍不能不譯音（惟中學教科書於譯音之下當兼注原名小學則可不必）此類譯音之字應用若干大致可以配定我謂可一一盡譯列成一表以後凡編中小學校教科書者悉宜遵用縱有不合亦不得改以期統一而免紛更。此表可由教育部制定頒行仿日本文部省頒定之制。（日本凡文部省規定之課
通信　一五

《新青年》（第五卷合订本）

1920年

山东博物馆藏

《新青年》第五卷第一号至第六号合订本，上海群益书社印行。《新青年》第五卷第一号至第六号发行于1918年。其中第五卷第五号由李大钊负责主编，刊载了李大钊撰写的《庶民的胜利》和《BOLSHEVISM的胜利》（即《布尔什维主义的胜利》）两篇文章，是中国最早的马列主义文献。

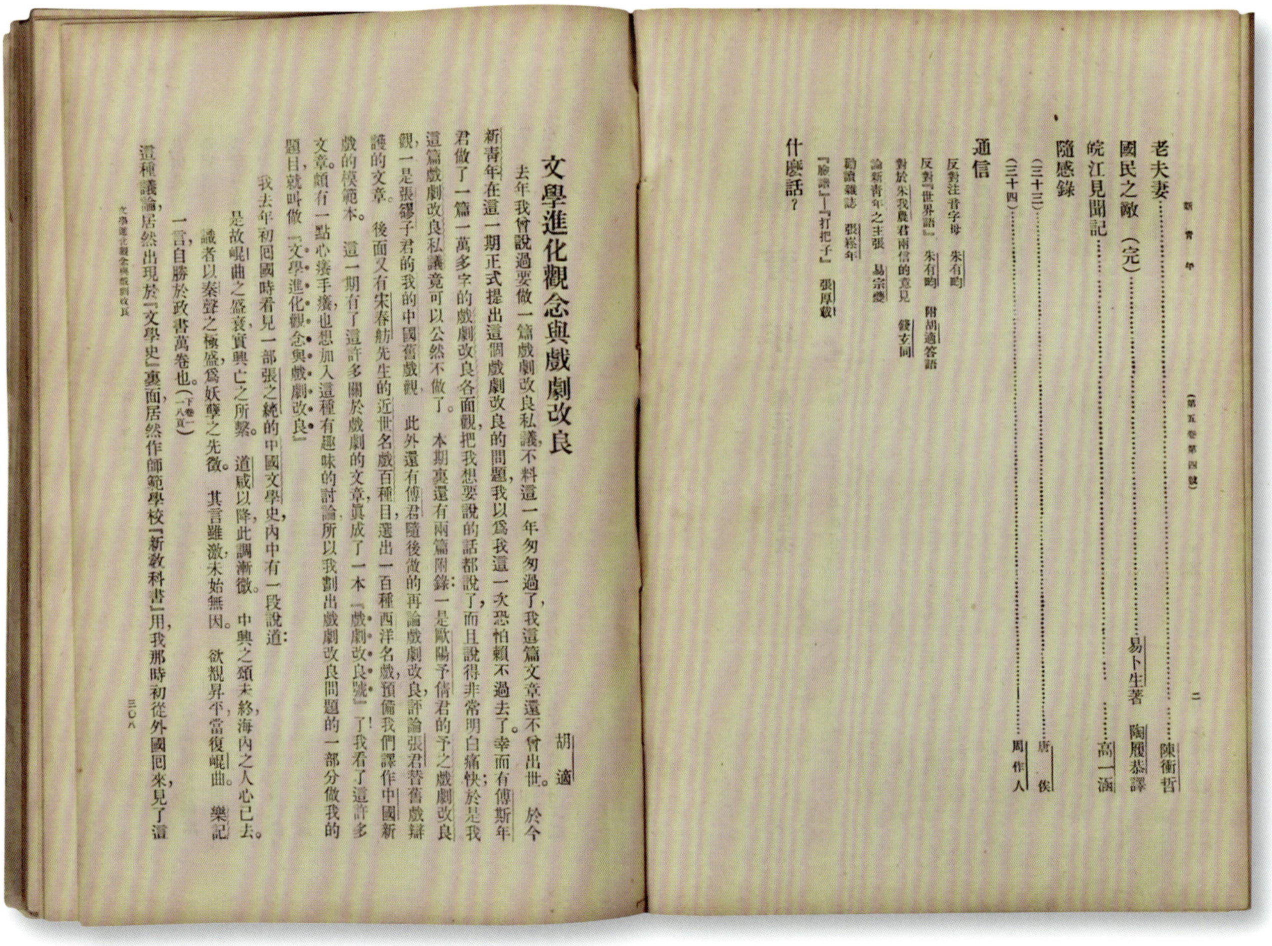

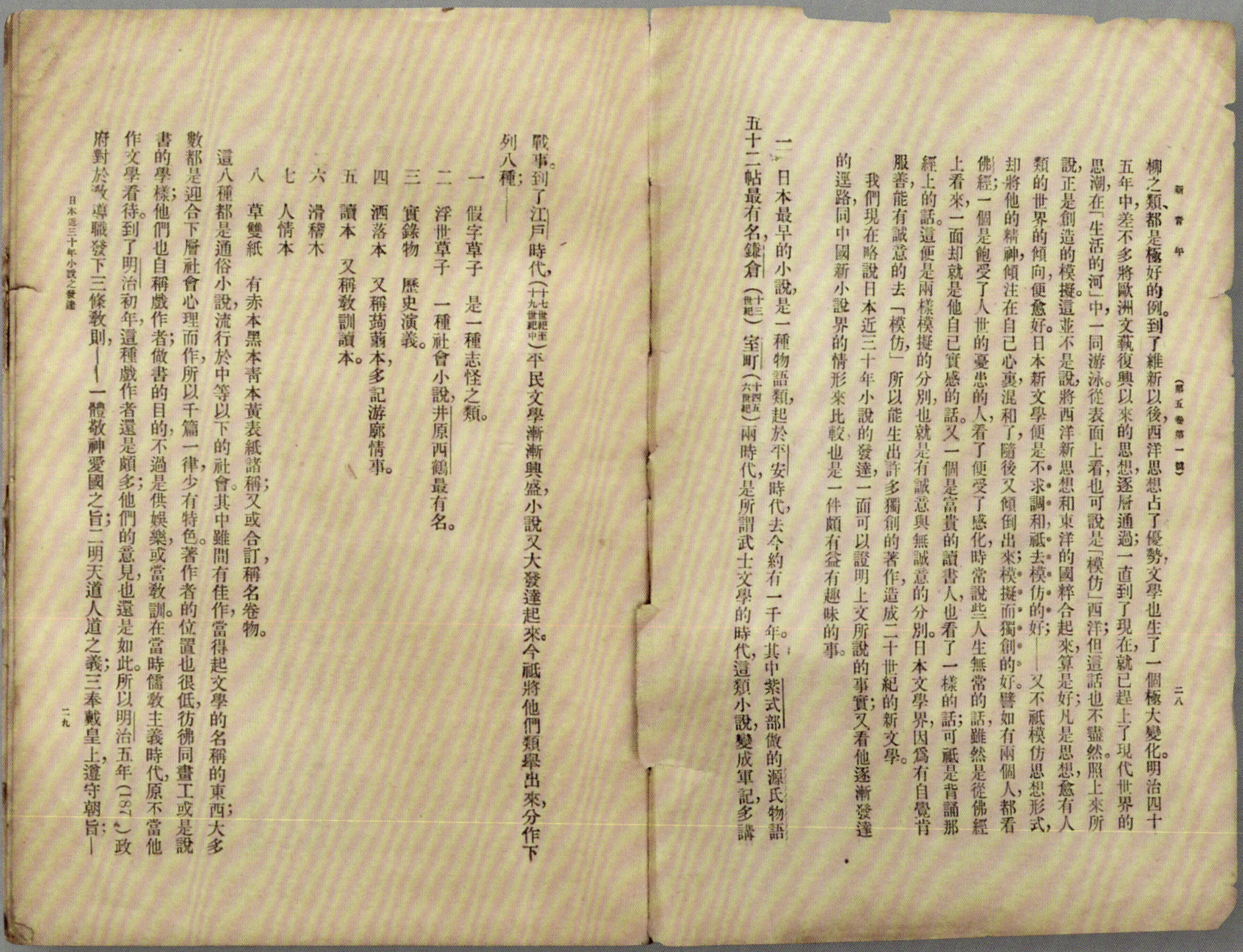

新青年　（第五卷第一號）　二八

柳之類、都是極好的例。到了維新以後，西洋思想占了優勢，文學也生了一個極大變化。明治四十五年中，差不多將歐洲文藝復興以來的思想，逐層通過；一直到了現在，就已趕上了現代世界的思潮，在「生活的河」中，一同游泳。從表面上看，也可說是「模仿」西洋；但這話也不盡然。照上來所說，正是創造的模擬。這並不是說，將西洋新思想和東洋的國粹合起來，算是好；凡是思想愈有人類的世界的傾向，便愈好。日本新文學便是不求調和，祇去模仿的好；——又不祇模仿思想形式，却將他的精神，傾注在自己心裏，混和了，隨後又傾倒出來，模擬而獨創的好。譬如有兩個人，都看佛經；一個是飽受了人世的憂患的人，看了便受了感化，時常說些人生無常的話，雖然是從佛經上看來，一面却就是他自己實感的話。又一個是富貴的讀書人，也看了一樣的話；可祇是背誦那經上的話。這便是兩樣模擬的分別，也就是有誠意與無誠意的分別。日本文學界因爲有自覺肯服善，能有誠意的去「模仿，」所以能生出許多獨創的著作，造成二十世紀的新文學。

我們現在略說日本近三十年小說的發達，一面可以證明上文所說的事實；又看他逐漸發達的逕路，同中國新小說界的情形來比較，也是一件頗有益有趣味的事。

二

日本最早的小說，是一種物語類，起於平安時代，去今約有一千年。其中紫式部做的源氏物語五十二帖最有名。鎌倉（十三世紀）室町（十四五六世紀）兩時代，是所謂武士文學的時代，這類小說，變成軍記，多講戰事。到了江戶時代，（十七世紀至十九世紀中）平民文學漸漸興盛，小說又大發達起來。今祇將他們類舉出來，分作下列八種；——

一　假字草子　是一種志怪之類。

二　浮世草子　一種社會小說，井原西鶴最有名。

三　實錄物　歷史演義。

四　洒落本　又稱蒟蒻本，多記游廓情事。

五　讀本　又稱教訓讀本。

六　滑稽木

七　人情本

八　草雙紙　有赤本黑本青本黃表紙諸稱；又或合訂，稱名卷物。

這八種都是通俗小說，流行於中等以下的社會。其中雖間有佳作，當得起文學的名稱的東西；大多數都是迎合下層社會心理而作，所以千篇一律，少有特色。著作者的位置也很低，彷彿同畫工或是說書的一樣；他們也自稱戲作者；做書的目的，不過是供娛樂，或當教訓。在當時儒教主義時代，原不當他作文學看待。到了明治初年，這種戲作者還是頗多；他們的意見也還是如此。所以明治五年（187〇）政府對於教導職發下三條教則，——一體敬神愛國之旨；二明天道人道之義；三奉戴皇上，遵守朝旨；—

日本近三十年小說之發達　二九

《新青年》（第六卷第一号）

1919年1月15日
济南市博物馆藏

《新青年》第六卷第一号，上海群益书社印行。该期发表了陈独秀《本志罪案之答辩书》等文。《本志罪案之答辩书》是坚持反封建文化运动的战斗宣言，也是《新青年》前期思想宣传的基本总结。

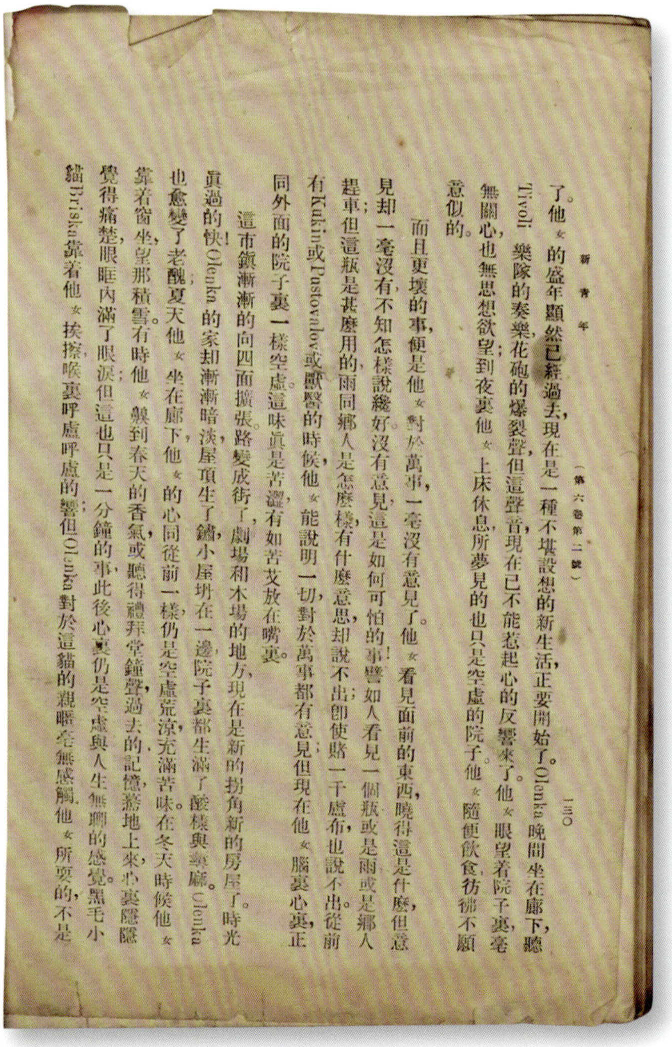

新青年　（第六卷第二號）　一三〇

了。他女的盛年顯然已經過去，現在是一種不堪設想的新生活，正要開始了。Olenka晚間坐在廊下，聽Tivoli樂隊的奏樂，花砲的爆裂聲，但這聲音現在已不能惹起心的反響來了。他女眼望着院子裏，毫無關心，也無思想，欲望；到夜裏他女上床休息，所夢見的也只是空虛的院子。他女隨便飲食，彷彿不願意似的。

而且更壞的事，便是他女對於萬事，一毫沒有意見了。他女看見面前的東西，曉得這是什麼，但意見却一毫沒有，不知怎樣說纔好。沒有意見，這是如何可怕的事！譬如人看見一個瓶，或是雨，或是鄉人趕車，但這瓶是甚麼用的，雨同鄉人是怎麼樣，有什麼意思，却說不出；即使賭一千盧布也說不出。從前有Kukin或Pustovalow或獸醫的時候，他女能說明一切，對於萬事都有意見，但現在他女腦裏心裏，正同外面的院子裏一樣空虛。這味真是苦澀，有如苦艾放在嘴裏。

這市鎮漸漸的向四面擴張。路變成街了，劇場和木場的地方，現在是新的拐角新的房屋了。時光真過的快！Olenka的家却漸漸暗淡，屋頂生了鏽，小屋坍在一邊，院子裏都生滿了酸樣與蕁麻。Olenka也愈變了老醜，夏天他女坐在廊下，他女的心同從前一樣，仍是空虛荒涼，充滿苦味。在冬天時候，他女靠着窗坐，望那積雪。有時他女聞到春天的香氣，或聽得禮拜堂鐘聲，過去的記憶，驀地上來，心裏隱隱覺得痛楚，眼眶內滿了眼淚；但這也只是一分鐘的事，此後心裏仍是空虛與人生無聊的感覺。黑毛小貓Briska靠着他女挨擦，喉裏呼盧呼盧的響；但Olenka對於這貓的親暱，毫無感觸。他女所要的，不是

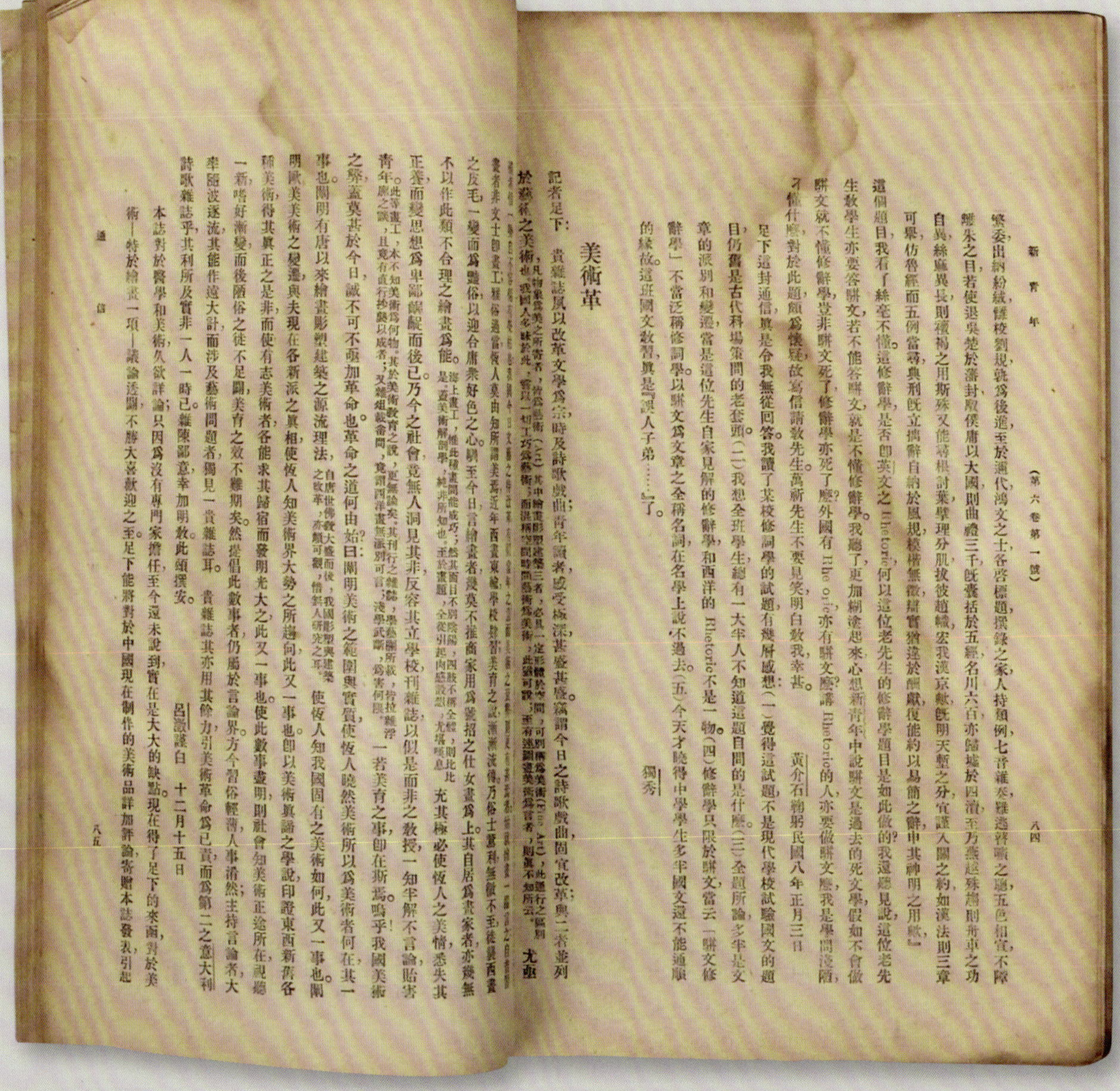

新青年　（第六卷第一號）　八四

繁委出納紛繊，讎校劉規，孰爲後進，至於選代鴻文之士，各啓標題，撰錄之家，人持類例，七音靡爽，雖逸響嗤之聽，五色相宣，不障蟬朱之目，若使退吳楚於蕃封，取侯甫以大國，則曲禮三千既囊括於五經，名川六百亦歸墟於四瀆，至乃燕趙殊趨，荊舟車之功自異，絲麻異長，則禳禍之用斯殊，又能尋根討葉，學理分肌，抉彼趙轍，宏我漢京，既明天壍之分，宜謹入闕之約，如漢法則三章可舉，仿魯經而五例當尋，典刑既立，摛辭自納於風規，模楷無徵，辯實猶遠於酬獻，復能約以易簡之辭，申其神明之用歟。」

這個題目，我看了絲毫不懂。這修辭學，是否即英文之 Rhetoric，何以這位老先生的修辭學題目是如此做的？我還聽見說，這位老先生教學生亦要答駢文，若不能答駢文，就是不懂修辭學。我聽了，更加糊塗起來，心想新青年中說駢文是過去的死文學，假如不會做駢文就不懂修辭學，豈非駢文死了，修辭學亦死了麼？外國有 Rhetoric 亦有駢文麼？講 Rhetoric 的人亦要做駢文麼？我是學問淺陋，不懂什麼，對於此題頗爲懷疑，故寫信請教先生。萬祈先生不要見笑，明白教我，幸甚。

黃介石謹啟　民國八年正月三日

足下這封通信，眞是令我無從回答。我讀了某校修詞學的試題，有幾層感想：（一）覺得這試題，不是現代學校試驗國文的題目，仍舊是古代科場策問的老套頭。（二）我想全班學生總有一大半人不知道這題目問的是什麼。（三）全題所論，多半是文章的派別和變遷，當是這位先生自家見解的修辭學，和西洋的 Rhetoric 不是一物。（四）修辭學只限於駢文，當云「駢文修辭學」，不當泛稱修詞學。以駢文爲文章之全稱名詞，在名學上說不過去。（五）今天才曉得中學學生多半國文還不能通順的緣故。這班國文教習，眞是「誤人子弟……」了。

獨秀

美術革命

記者足下：貴雜誌夙以改革文學爲宗，時及詩歌戲曲，青年讀者，感受極深，甚盛甚盛。竊謂今日之詩歌戲曲，固宜改革，與二者並列於藝術之美術，（凡物象爲美之所寄者，皆爲藝術（Art），其中繪畫彫塑建築三者，必具一定形體於空間，可別稱爲美術（Fine Art），此通行之區別也。我國人多昧於此，常以一切工巧爲藝術，而混稱空間時間藝術爲美術，此誠可笑。至有以圖畫美術爲言者，則尤不知所云。）尤亟 [illegible] 畫者非文士即畫工，雅俗過當，恆人莫由知所謂美焉。近年西畫東輸，學校肄習，美育之說，漸漸流傳，乃俗士鶩利，無微不至，徒襲西畫之皮毛，一變而爲豔俗，以迎合庸眾好色之心。馴至今日，言繪畫者，幾莫不推商家用爲號招之仕女畫爲上。其自居爲畫家者，亦幾無不以作此類不合理之繪畫爲能。（海上畫工，惟此種畫間能成巧，然其面目不別陰陽，四肢不稱全體，則比比是。蓋美術解剖學，純非所知也。至於畫題，全從引起肉感設想，尤堪嘆息。）尤其極必使恆人之美情，悉失其正養，而變思想爲卑鄙齷齪而後已。乃今之社會，竟無人洞見其非，反容其立學校，刊雜誌，以似是而非之教授，一知半解不言論貽害青年。（此等畫工，本不知美術爲何物，其於美術教育之說，更無論矣。其刊行之雜誌，學藝無所取，拾拉雜浮廓之談，且竟有直行抄襲以成者。又雜俎爲鑑賞之問，竟謂西洋畫無派別可言，淺學武斷，爲害何限。）一若美育之事，即在斯焉。嗚乎！我國美術之弊，蓋莫甚於今日，誠不可不亟加革命也。革命之道何由始？曰：闡明美術之範圍與實質，使恆人曉然美術所以爲美術者何在，其一事也。闡明有唐以來繪畫彫塑建築之源流理法，（自唐世佛教大盛而後，我國彫塑與建築之改革，亦頗可觀，惜無人研究之耳。）使恆人知我國固有之美術如何，此又一事也。闡明歐美美術之變遷，與夫現在各新派之眞相，使恆人知美術界大勢之所趨向，此又一事也。即以美術眞諦之學說，印證東西新舊各種美術，得其眞正之是非，而使有志美術者，各能求其歸宿而發明光大之，此又一事也。使此數事盡明，則社會知美術正途所在，視趨一新，嗜好漸變，而後隨俗之徒，不足闢，美育之效，不難期矣。然提倡此數事者，仍屬於言論界。方今習俗輕薄，人事淆然，主持言論者，大率隨波逐流，其能作遠大計而涉及藝術問題者，獨見一貴雜誌耳。貴雜誌其亦用其餘力，引美術革命爲己責，而爲第二之意大利詩歌雜誌乎，其利所及，實非一人一時已也。辭陳鄙意，幸加明教。此頌撰安。

呂澂謹白　十二月十五日

本誌對於醫學和美術，久欲詳論，只因爲沒有專門家擔任，至今還未說到，實在是大大的缺點。現在得了足下的來函，對於美術——特於繪畫一項——議論透闢，不勝大喜歡迎之至。足下能將對於中國現在製作的美術品，詳加評論，寄贈本誌發表，引起

通信　八五

《新青年》（第六卷第六号）

1919年11月1日
济南市博物馆藏

《新青年》第六卷第六号，上海群益书社印行。该期发表了鲁迅（署名唐俟）《我们现在怎样做父亲》、李大钊《我的马克思主义观（下）》等文章。

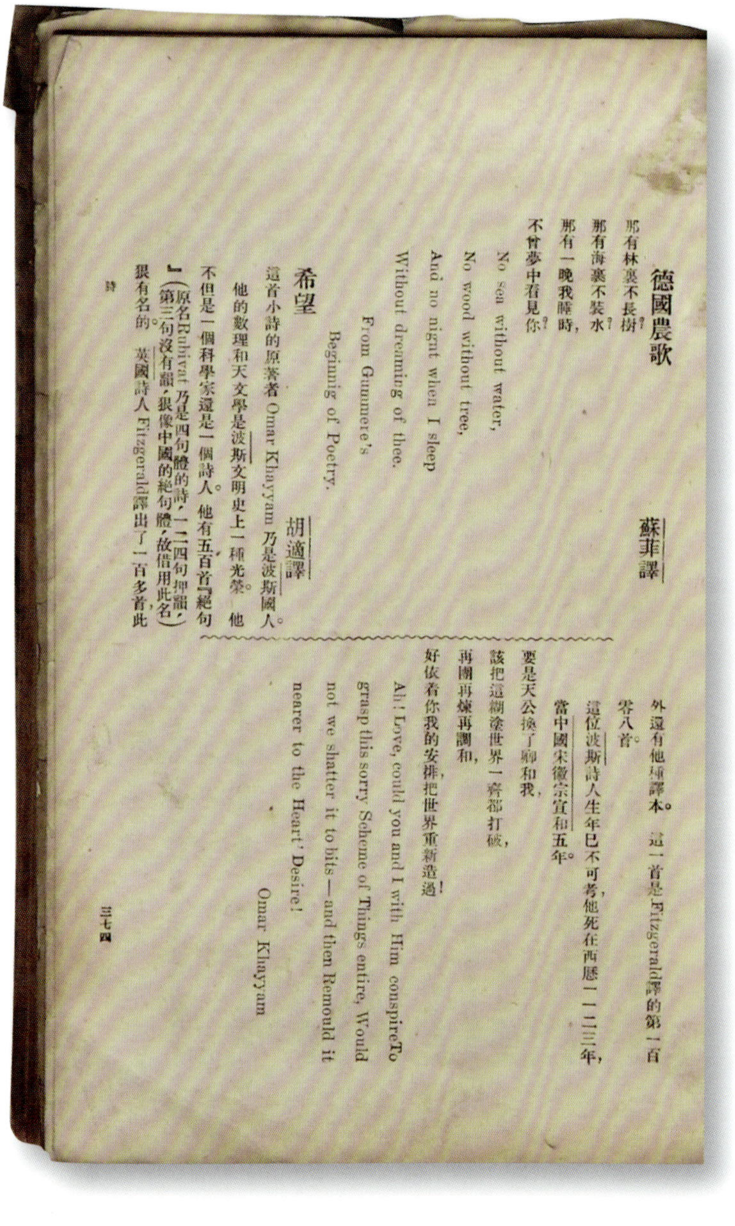
德國農歌
蘇菲譯
那有林裏不長樹？
那有海裏不裝水？
那有一晚我睡時，
不曾夢中看見你？
No sea without water,
No wood without tree,
And no night when I sleep
Without dreaming of thee.
From Gummere's
Beginnig of Poetry.
希望
胡適譯
這首小詩的原著者Omar Khayyam乃是波斯國人。他的數理和天文學是波斯文明史上一種光榮。他不但是一個科學家，還是一個詩人。他有五百首「絕句」（原名Rubiyat乃是四句體的詩，一二四句押韻，第三句沒有韻，狠像中國的絕句體，故借用此名）狠有名的。英國詩人Fitzgerald譯出了一百多首此外還有他種譯本。這一首是Fitzgerald譯的第一百零八首。
這位波斯詩人生年已不可考。他死在西歷一一二三年，當中國宋徽宗宣和五年。
要是天公換了卿和我，
該把這糊塗世界一齊都打破，
再團再煉再調和，
好依着你我的安排，把世界重新造過！
Ah! Love, could you and I with Him conspireTo grasp this sorry Scheme of Things entire, Would not we shatter it to bits — and then Remould it nearer to the Heart's Desire!
Omar Khayyam
詩
三七四

（右頁）

學的根據就是「唯物史觀」他就此自命是「科學的」。因為他說明的論證採用天然科學方法的。

「科學的社會主義」已經漸漸的變成一個「社會式」的經濟了。這大經濟用大計劃式的經濟，人組成大經濟單位之內有許多許多一個大計劃工廠大經濟的實況的現象而行。這大經濟單位經計之內有許多許多的。一個大計劃之內的各經濟單位的本身，是彼此互相連絡工作人的各經濟單位的相互關係等等的法律卻是藉著經濟的意志而行，法律成立的時候工作人作出來的器械工作人所有的是屬於他們自己已。工作人在出來能作生不論他自己的一句話現世的法律想是由古潛襲與古代的「屬於自尊」的經濟，一句話是現代社會的矛所盾與現代社會的衝突。

因為現世的法律想是由古潛襲與古代的「經濟相關的這慣是現代社會的矛所盾與古代的「經濟相關的這慣是現代社會的矛所盾與現代社會的衝突。法律與他的經濟基礎恰恰是按照「唯物史觀」推演法律一定要遵照的「一定要服從經濟生活的。科學的社會主義推論的人往往有一個一個人大計劃到了現在是老子不能存在，這私有財產都變成了。二現實的經濟單位卻沒有一個經濟單位的是有完全的組織無論是中央集權計劃卻工業無利不相連絡差不多計卷無代所換社會之內的各經濟單位之中，一樣紅工業大批卷等序以外。一樣紅工業大批卷等序以外是有完全的組織無論是中央集權社會之下費計多人工精濟計多計劃社會之下。經濟單位沒有一個計劃社會之下他由出馬克思學的經濟現象的勞批。評計多人工精濟計多計劃社會之下費計多人工精濟計多計劃社會之下無政府的批評馬克思學說的人而至要現。批「無政府的社會法」一定歸於滑險的經濟受性的勢不容緩了所謂「廢除無政府的社會出產法」這是皆面的。

（左頁）

消極的這話的正面就是「出產工具作為公產建造社會主義的社會制度」。馬克思學說的人以為這種趨勢是根於天然科學公例的是不能避免的。

如要批評現代所謂「科學的社會主義」一定要批評「唯物史觀」是完全的「唯物史觀」，並不樹立「理想的社會主義」基設「出產工具改為公產」是將來必至之天然結果。

「唯物史觀」在社會科學的重大意義是我們所承認的。但是他的弱點也很多。

引了多少歷史的事實要證明「唯物史觀」富評法完全錯誤了一個研究歷史的方法他所以原來不過是一個研究歷史的方法的性質。「唯物史觀」的卓見與可疑難的地方在於——「社會經濟」與「法律」並非如「唯物史觀」所云：「社會經濟是法律制度所以產生的若干條件之下的若干結果」。社會經濟是法律制度所以產生的若干條件之下的若干結果。

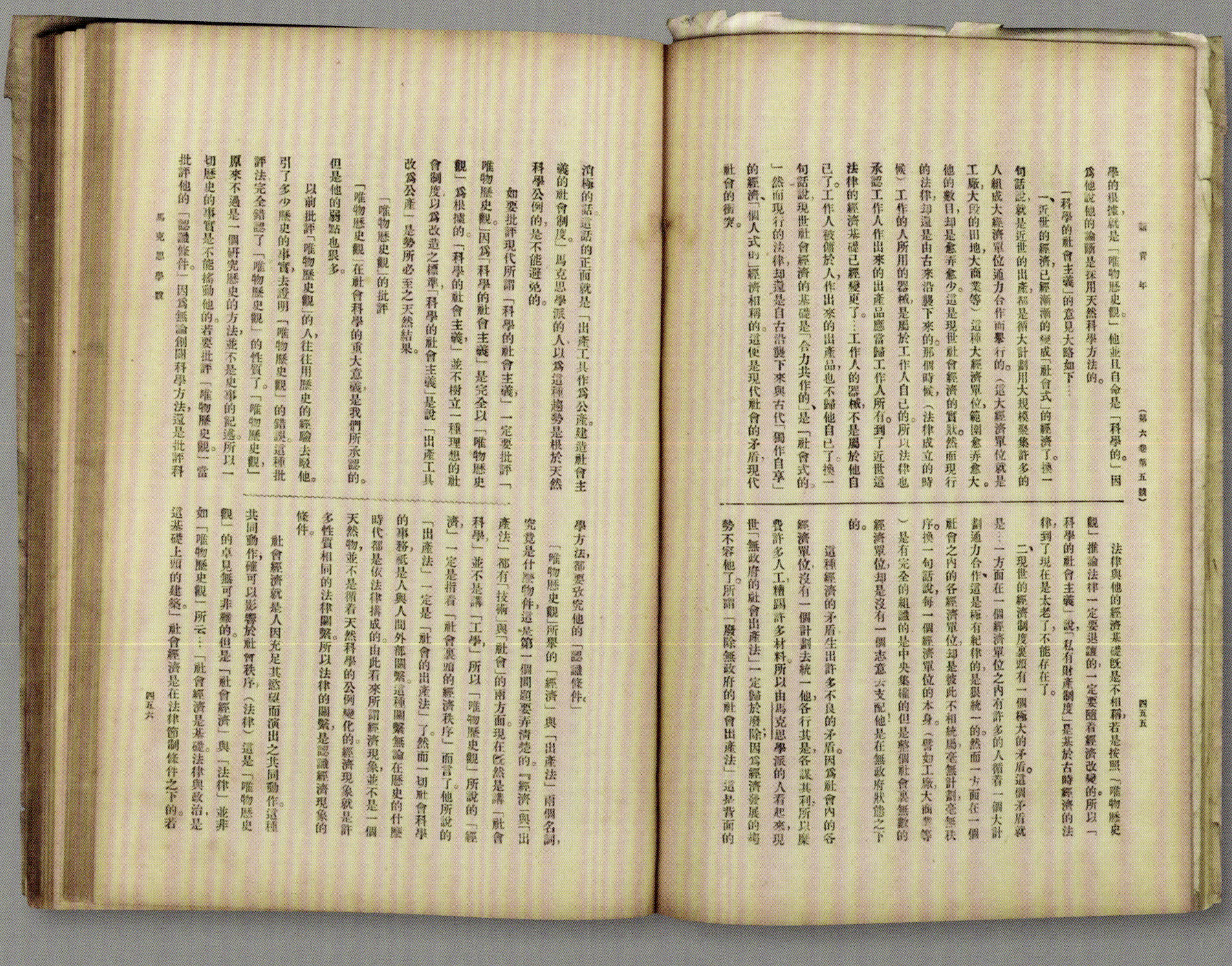

《新青年》（第七卷第一号）

1919年12月1日
山东博物馆藏

《新青年》第七卷第一号，上海群益书社印行。该期发表了胡适《“新思潮”的意义》、陈独秀《实行民治的基础》、张崧年《精神独立宣言》等文，并刊载“新银行团问题”专栏文章四篇。

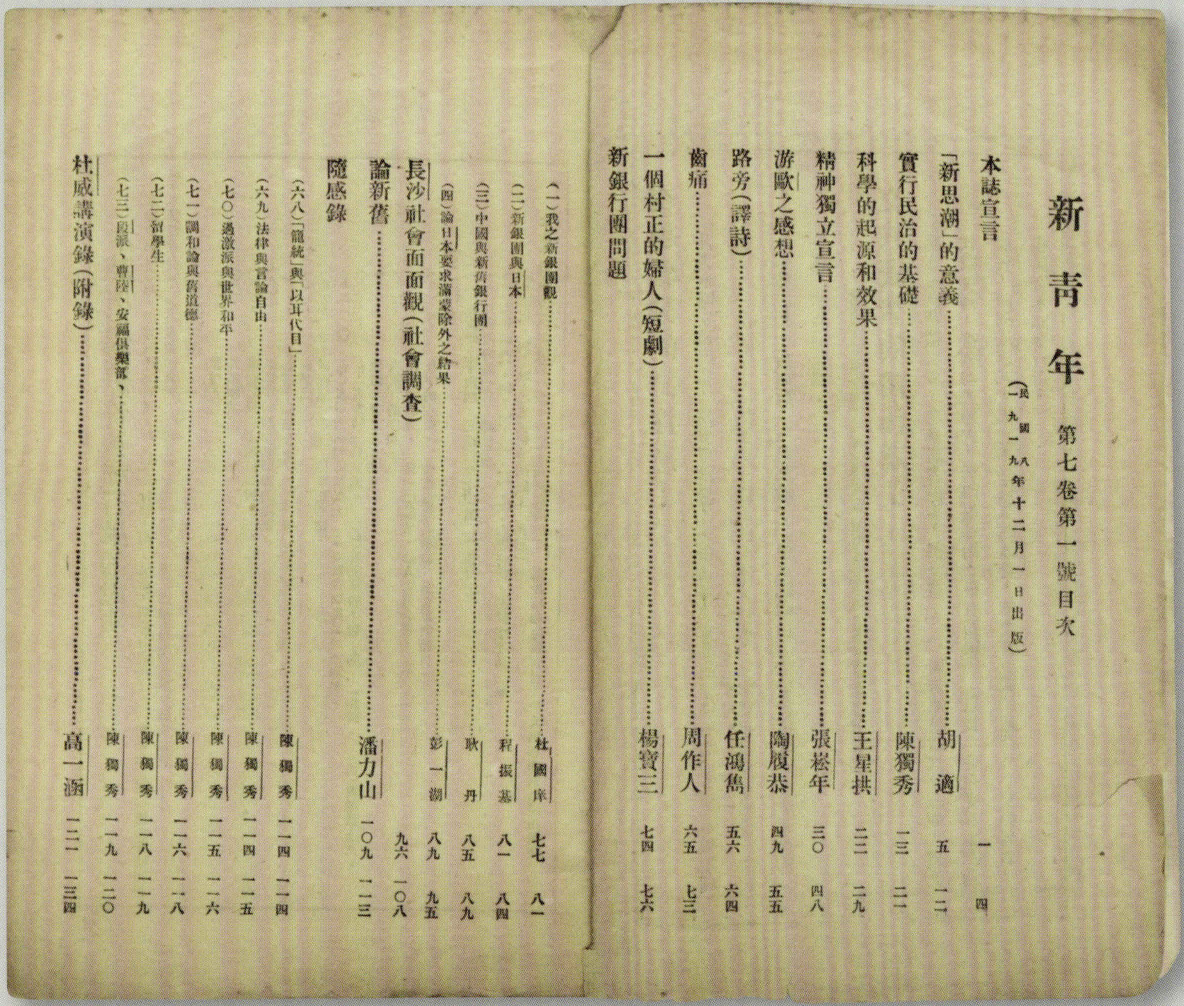

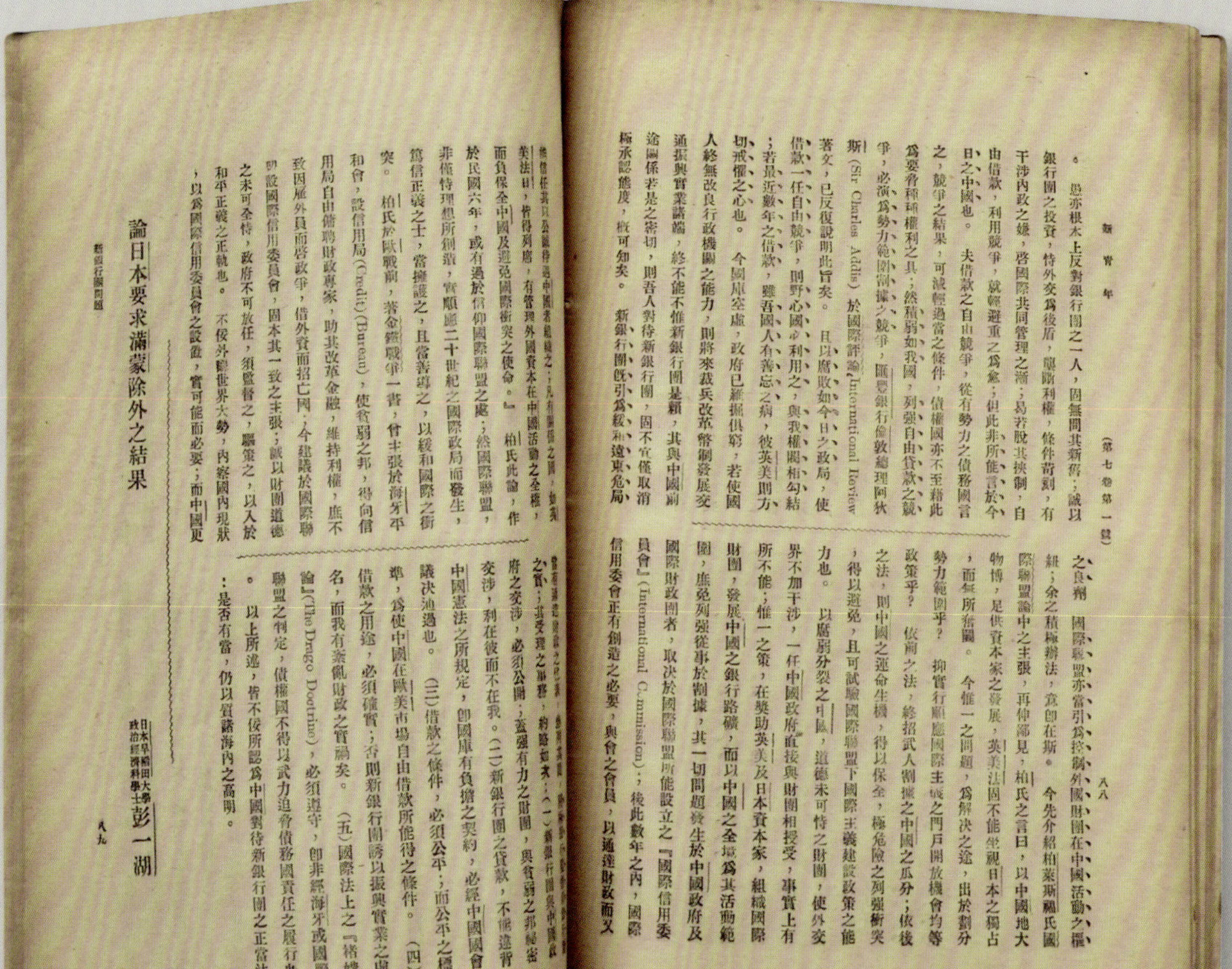

新青年　(第七卷第一號)　八八

。蓋亦根本上反對銀行團之一人，固無問其新舊；誠以銀行團之投資，恃外交爲後盾，壟斷利權，條件苛刻，有干涉內政之嫌，啓國際共同管理之漸；曷若脫其挾制，自由借款，利用競爭，就輕避重之爲愈；但此非所能言於今日之中國也。　夫借款之自由競爭，從有勢力之債務國言之，競爭之結果，可減輕過當之條件，債權國亦不至藉此爲要脅種種權利之具；然積弱如我國，列强自由貸款之競爭，必演爲勢力範圍割據之競爭，匯豐銀行倫敦總理阿狄斯(Sir Charles Addis)於國際評論(International Review)著文，已反復說明此旨矣。　且以腐敗如今日之政局，使借款一任自由競爭，則野心國必利用之，與我權閥相勾結；若最近數年之借款，雖吾國人有善忘之病，彼英美則方切戒懼之心也。　今國庫空虛，政府已羅掘俱窮，若使國人終無改良行政機關之能力，則將來裁兵改革幣制發展交通振興實業諸端，終不能不惟新銀行團是賴，其與中國前途關係若是之密切，則吾人對待新銀行團，固不宜僅取消極承認態度，概可知矣。　新銀行團既引爲緩和遠東危局之良劑　國際聯盟亦當引爲控制外國財團在中國活動之樞紐；余之積極辦法，意即在斯。　今先介紹柏萊斯爵氏國際聯盟論中之主張，再伸鄙見，柏氏之言曰，以中國地大物博，是供資本家之發展，英美法固不能坐視日本之獨占，而無所爲圖。　今惟一之問題，爲解決之途，出於劃分勢力範圍乎？　抑實行順應國際主義之門戶開放機會均等政策乎？　依前之法，終招武人割據之中國之瓜分；依後之法，則中國之運命生機，得以保全，極危險之列强衝突，得以避免，且可試驗國際聯盟下國際主義建設政策之能力也。　以腐弱分裂之中國，道德未可恃之財團，使外交界不加干涉，一任中國政府直接與財團相授受，事實上有所不能；惟一之策，在獎助英美及日本資本家，組織國際財團，發展中國之銀行路礦，而以中國之全境爲其活動範圍，庶免列强從事於割據，其一切問題發生於中國政府及國際財政團者，取決於國際聯盟所能設立之『國際信用委員會』(International Commission)；後此數年之內，國際信用委會正有創造之必要，與會之會員，以通達財政而又

新銀行團問題　八九

爲信任其具公益心者充之，凡有關係之國，如英美法日，皆得列席，有管理外國資本在中國活動之全權，而負保全中國及避免國際衝突之使命。』　柏氏此論，作於民國六年，或有過於信仰國際聯盟之處；然國際聯盟，非僅恃理想所制造，實順應二十世紀之國際政局而發生，篤信正義之士，當擁護之，且當善導之，以緩和國際之衝突。　柏氏於歐戰前，著金錢戰爭一書，曾主張於海牙平和會，設信用局(Credit)(Bureau)，使貧弱之邦，得向信用局自由備聘財政專家，助其改革金融，維持利權，庶不致因雇外員而啓政爭，借外資而招亡國；今建議於國際聯盟設國際信用委員會，固本其一致之主張；誠以財團道德之未可全恃，政府不可放任，須監督之，鞭策之，以入於和平正義之正軌也。　不佞外瞻世界大勢，內察國內現狀，以爲國際信用委員會之設置，實可能而必要；而中國更當有[illegible]之實；其受理之事務，約略如次：(一)新銀行團與中國政府之交涉，必須公開；蓋强有力之財團，與貧弱之邦秘密交涉，利在彼而不在我。(二)新銀行團之貸款，不能違背中國憲法之所規定，即國庫有負擔之契約，必經中國國會議決通過也。　(三)借款之條件，必須公平；而公平之標準，爲使中國在歐美市場自由借款所能得之條件。　(四)借款之用途，必須確實；否則新銀行團將以振興實業之虛名，而我有紊亂財政之實禍矣。　(五)國際法上之『[illegible]論』(The Drago Doctrine)，必須遵守，即非經海牙或國際聯盟之判定，債權國不得以武力迫脅債務國責任之履行也。　以上所述，皆不佞所認爲中國對待新銀行團之正當法：是否有當，仍以質諸海內之高明。

論日本要求滿蒙除外之結果

日本早稻田大學政治經濟科學士　彭一湖

《新青年》（第七卷第二号）

1920年1月1日
济南市博物馆藏

《新青年》第七卷第二号，上海群益书社印行。该期发表了陈独秀的《自杀论》、李大钊的《由经济上解释中国近代思想变动的原因》、鲁迅的《一个青年的梦》、孟真的《山东底一部分的农民状况大略记》等文章。

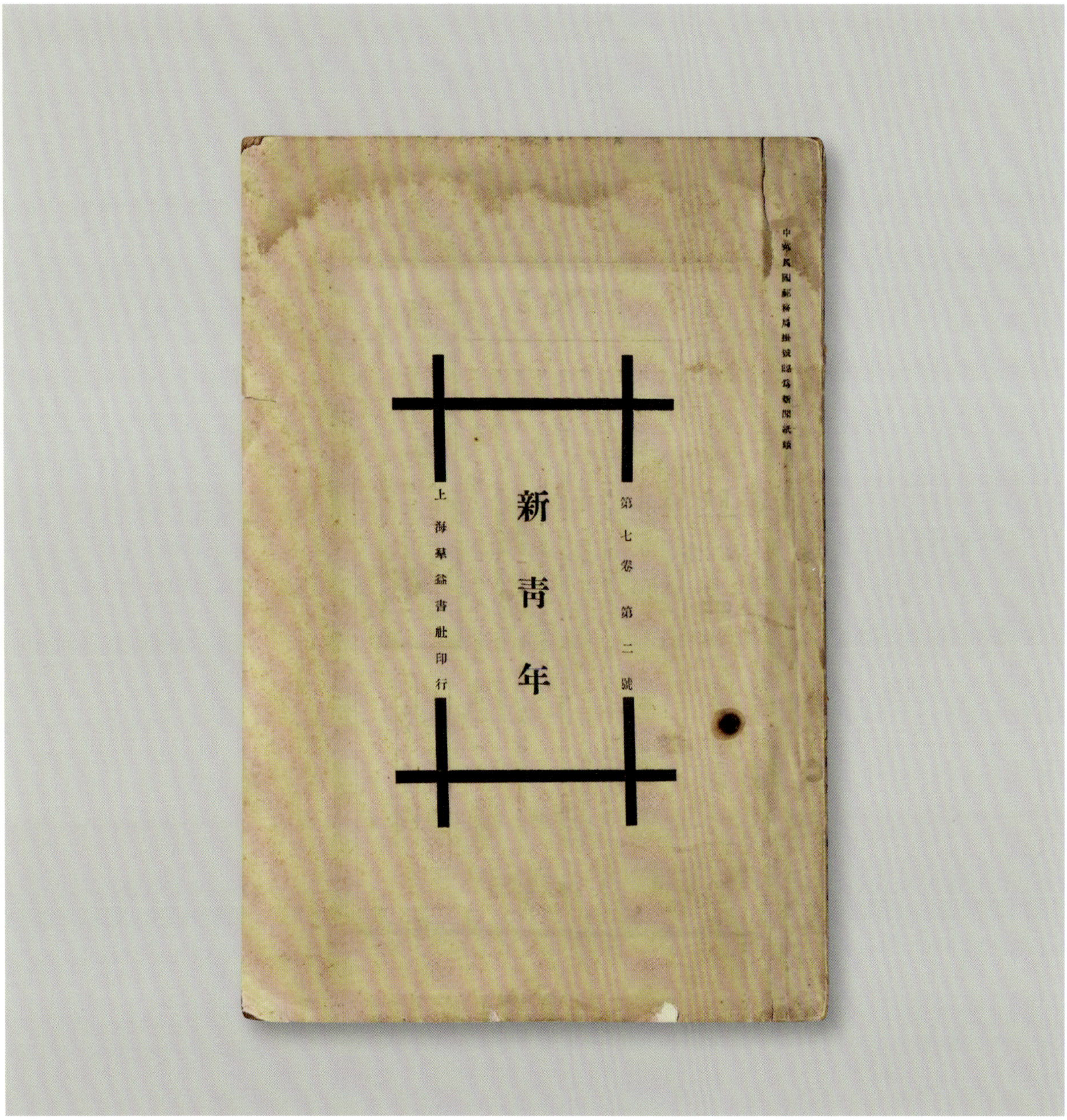

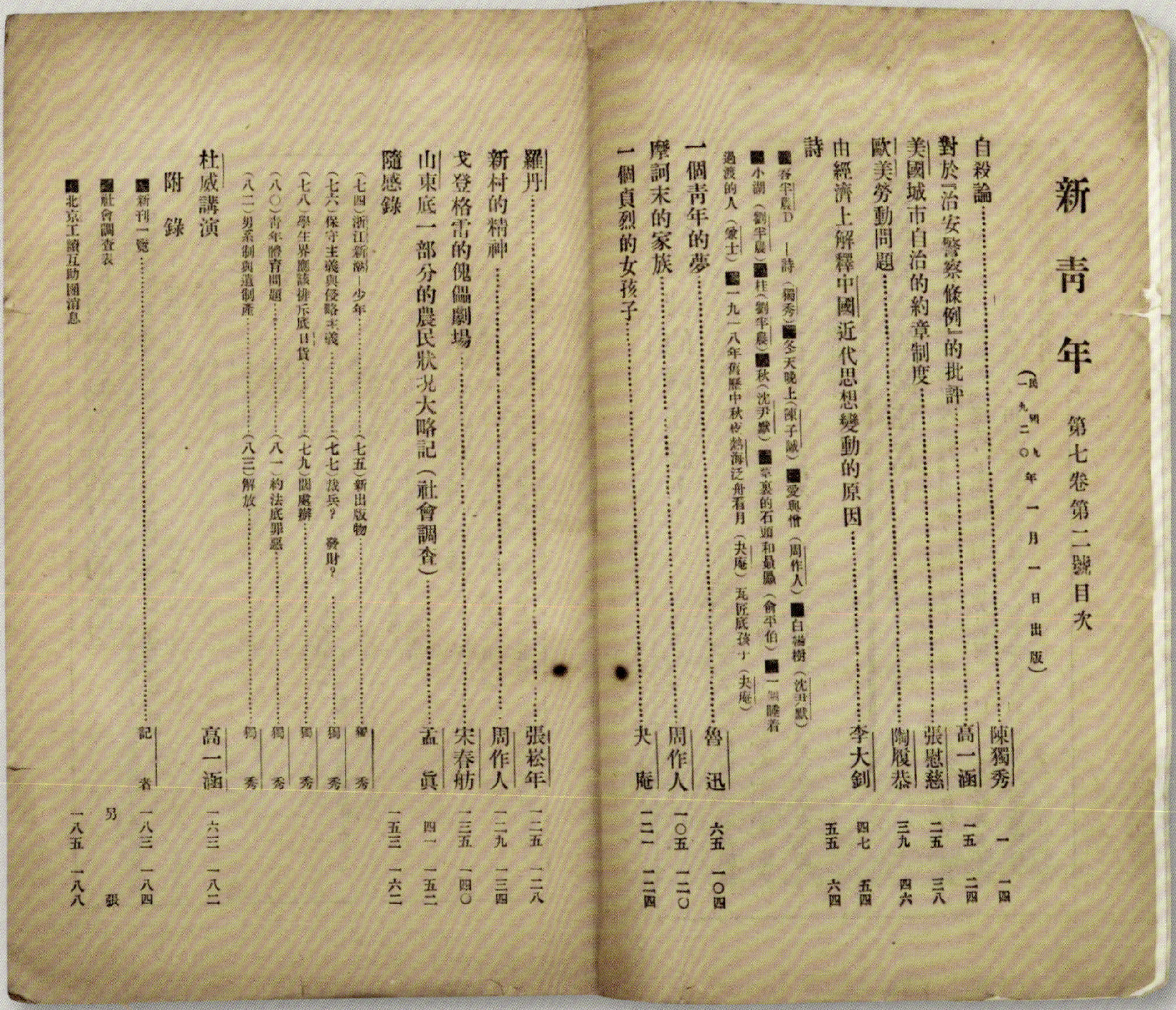

新青年 第七卷第二號目次
(民國九年 一九二〇年 一月一日出版)

自殺論 …… 陳獨秀 一 一四
對於『治安警察條例』的批評 …… 高一涵 一五 二四
美國城市自治的約章制度 …… 張慰慈 二五 三八
歐美勞動問題 …… 陶履恭 三九 四六
由經濟上解釋中國近代思想變動的原因 …… 李大釗 四七 五四
詩 …… 五五 六四
■眷宇晨D——詩(獨秀)■冬天晚上(陳子誠)■愛與憎(周作人)■白楊樹(沈尹默)
■小湖(劉半農)■柱(劉半農)■秋(沈尹默)■草裏的石頭和最鳳(俞平伯)■一個睡着
過渡的人(童士)■一九一八年舊曆中秋夜黃海泛舟看月(夬庵)瓦匠底孩子(夬庵)
一個青年的夢 …… 魯迅 六五 一〇四
摩訶末的家族 …… 周作人 一〇五 一二〇
一個貞烈的女孩子 …… 夬庵 一二一 一二四
羅丹 …… 張崧年 一二五 一二八
新村的精神 …… 周作人 一二九 一三四
戈登格雷的傀儡劇場 …… 宋春舫 一三五 一四〇
山東底一部分的農民狀況大略記(社會調查) …… 孟真 一四一 一五二
隨感錄 …… 一五三 一六二
(七四)浙江新潮——少年 …… (七五)新出版物 …… 獨秀
(七六)保守主義與侵略主義 …… (七七)技兵? 發財? …… 獨秀
(七八)學生界應該排斥底日貨 …… (七九)關處辯 …… 獨秀
(八〇)青年體育問題 …… (八一)約法底罪惡 …… 獨秀
(八二)男系制與遺制產 …… (八三)解放 …… 獨秀
杜威講演 …… 高一涵 一六三 一八二
附錄
■新刊一覽 …… 記者 一八三 一八四
■社會調查表 另張
■北京工讀互助團消息 一八五 一八八

《新青年》（第七卷第四号）

1920年3月1日
济南市博物馆藏

《新青年》第七卷第四号，上海群益书社印行。该期为人口问题专号，发表了顾孟余的《人口问题，社会问题的锁钥》、陈独秀《马尔塞斯人口论与中国人口问题》、马寅初《计算人口的数学》等与人口问题相关的文章。

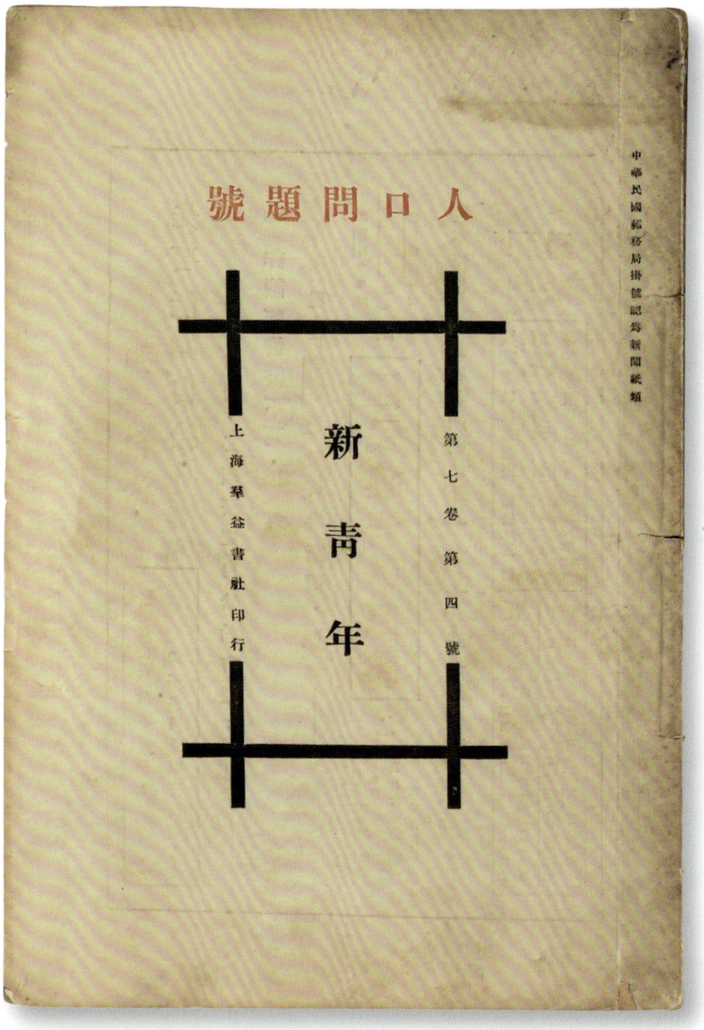

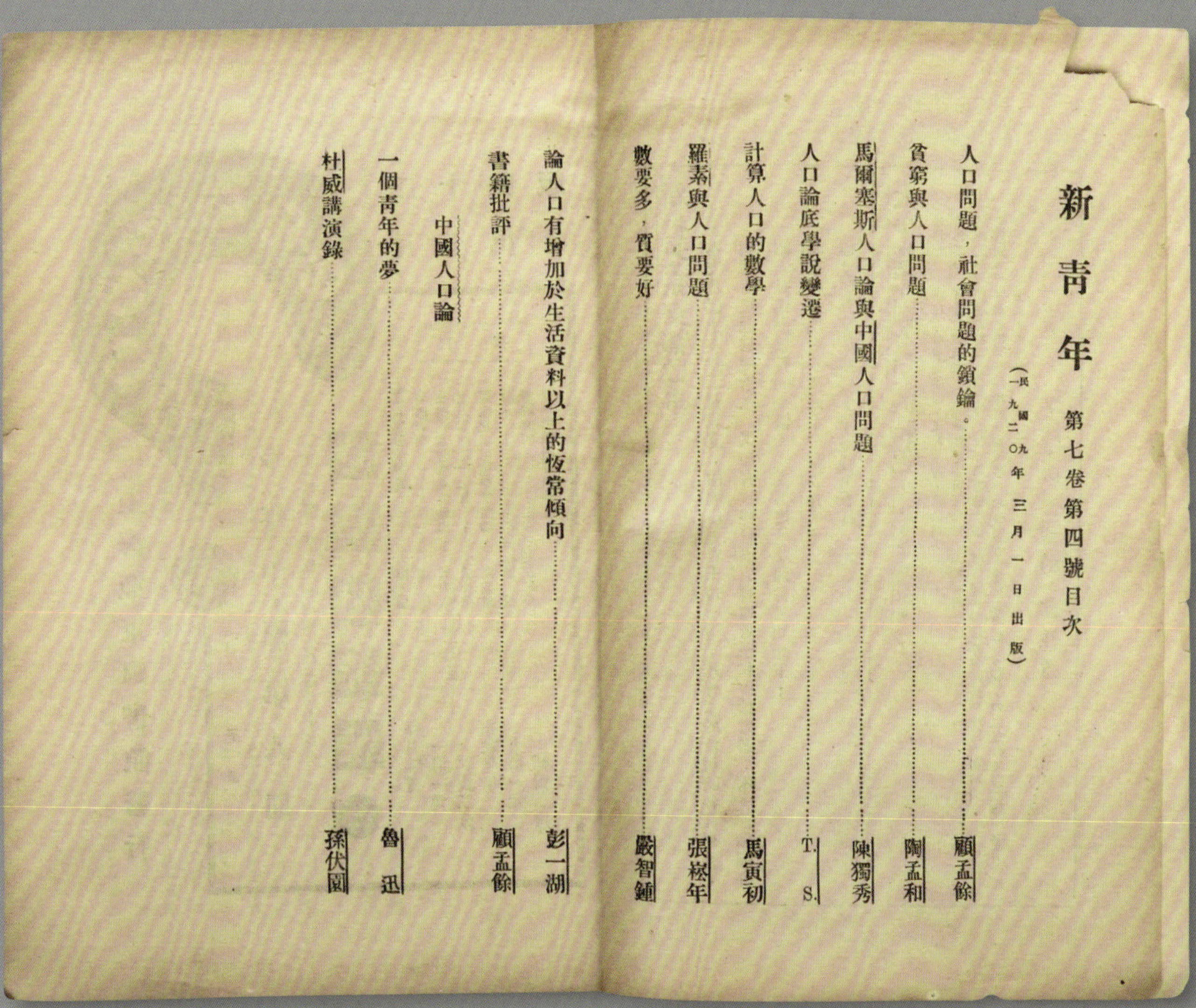

新青年 第七卷第四號目次

（民國九年一九二〇年三月一日出版）

《新青年》（第八卷第一号）

1920年9月1日
济南市博物馆藏

《新青年》第八卷第一号，上海新青年社印行。该期发表了陈独秀《谈政治》《对于时局的我见》、蔡元培《社会主义史序》等文章。从该期开始，《新青年》终止与上海群益书社的合作，改由陈独秀组织的新青年社自主印行，实际成为上海共产党早期组织的机关刊物。

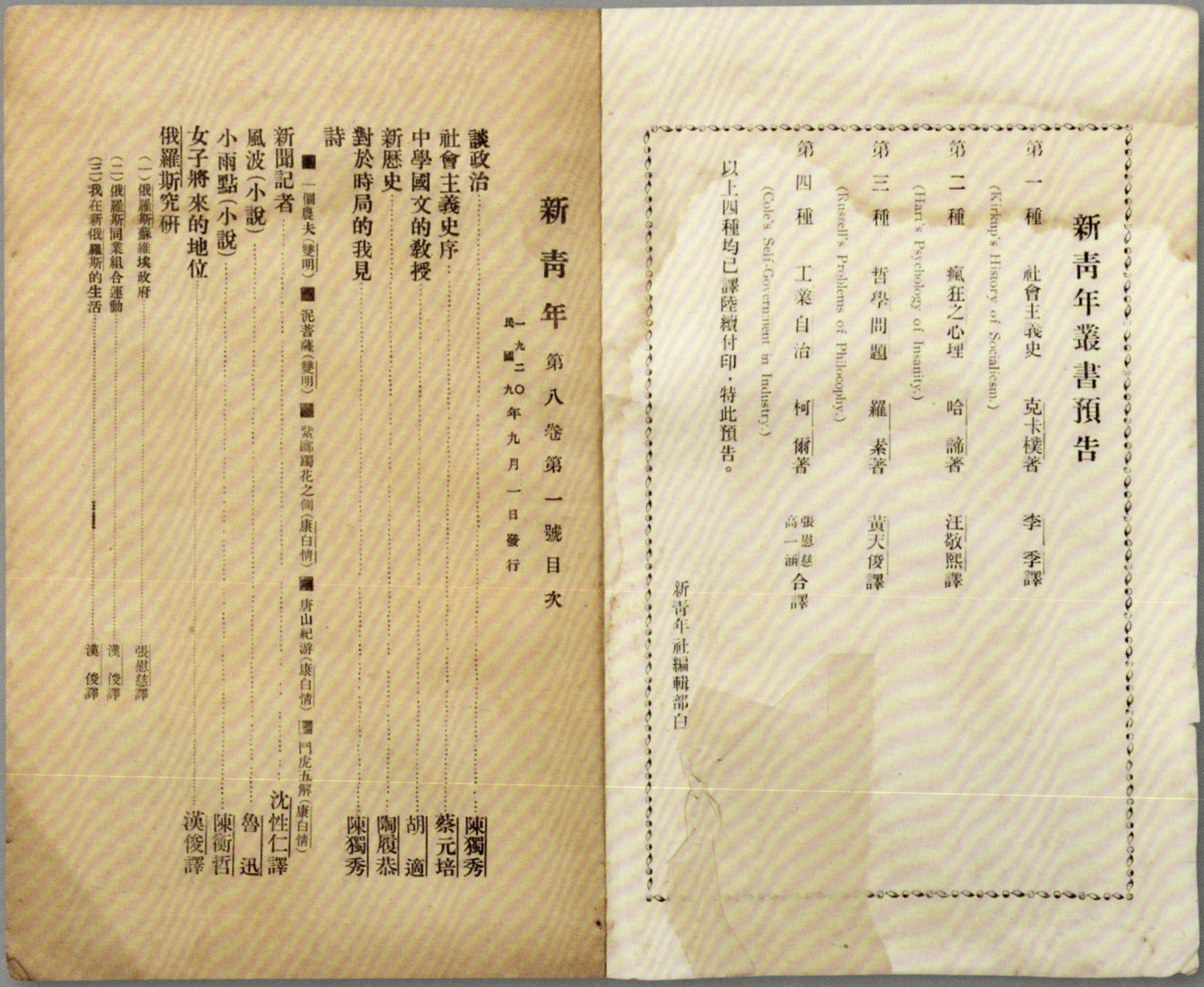
新青年 第八卷第一號目次
一九二〇年 民國九年九月一日發行
談政治……陳獨秀
社會主義史序……蔡元培
中學國文的教授……胡適
新歷史……陶履恭
對於時局的我見……陳獨秀
詩
■一個農夫（雙明）■泥菩薩（雙明）■紫藤花之側（康白情）■唐山紀遊（康白情）■鬥虎五解（康白情）
新聞記者……沈性仁譯
風波（小說）……魯迅
小雨點（小說）……陳衡哲
女子將來的地位……漢俊譯
俄羅斯研究
（一）俄羅斯蘇維埃政府……張慰慈譯
（二）俄羅斯同業組合運動……漢俊譯
（三）我在新俄羅斯的生活……漢俊譯
新青年叢書預告
第一種 社會主義史 克卡樸著 李季譯
(Kirkup's History of Socialism.)
第二種 瘋狂之心理 哈諦著 汪敬熙譯
(Hart's Psychology of Insanity)
第三種 哲學問題 羅素著 黃天俊譯
(Russell's Problems of Philosophy)
第四種 工業自治 柯爾著 張慰慈 高一涵 合譯
(Cole's Self-Government in Industry.)
以上四種均已譯陸續付印，特此預告。
新青年社編輯部白

《新青年》（第八卷第三号）

1920年11月1日
栖霞市牟氏庄园管理服务中心藏

《新青年》第八卷第三号，上海新青年社印行。本期发表了陈独秀《国庆纪念底价值》、茅盾（署名雁冰）翻译《罗素论苏维埃俄罗斯》等文章。

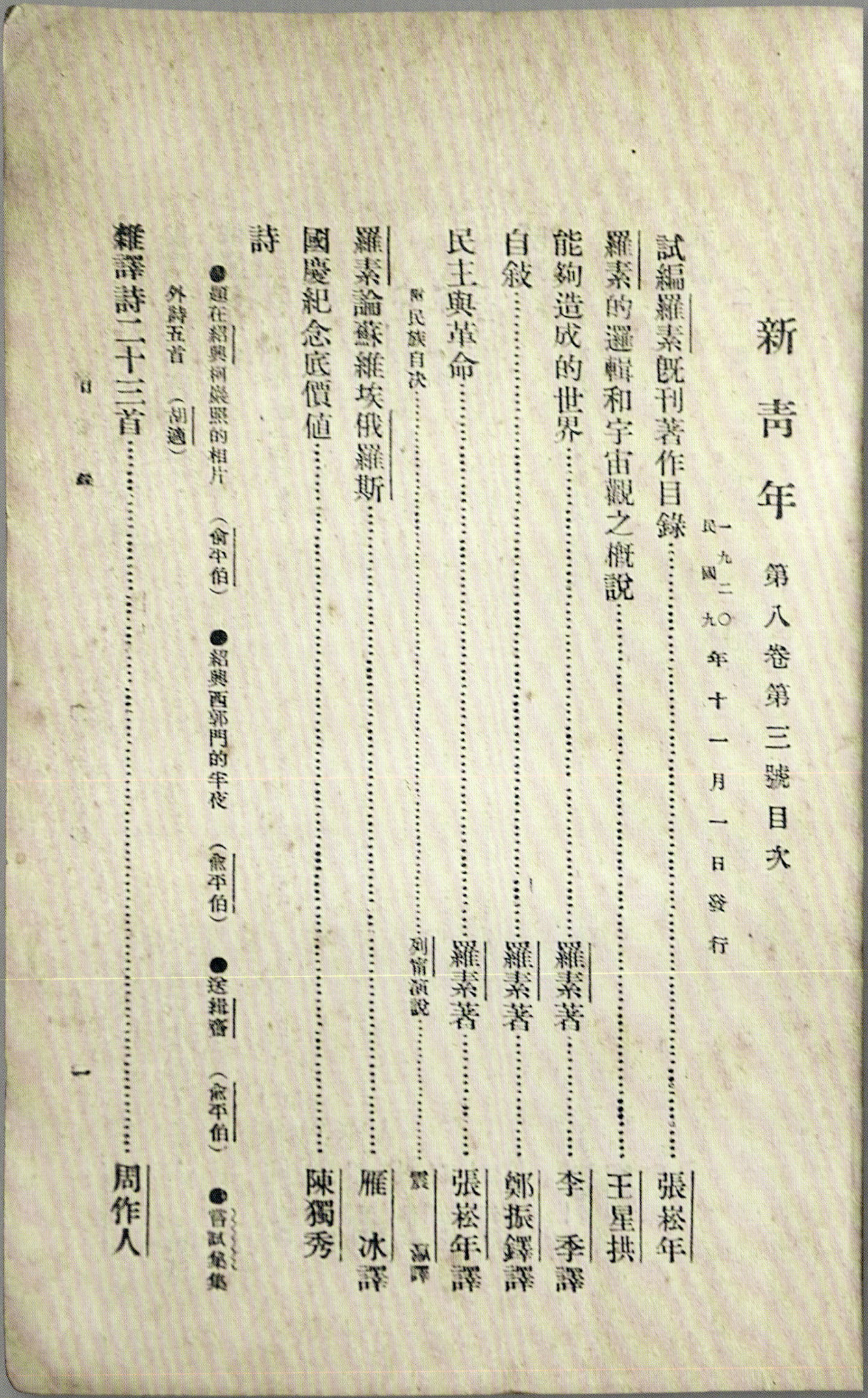

新青年　第八卷第三號目次

一九二〇年　民國九年十一月一日發行

目錄　一

《新青年》（第九卷第五号）

1921年9月1日
栖霞市牟氏庄园管理服务中心藏

《新青年》第九卷第五号，广州新青年社印行。本期发表了陈独秀的《太平洋会议与太平洋弱小民族》、存统的《第四阶级解放呢？全人类解放呢？》等文章。陈独秀在《太平洋会议与太平洋弱小民族》里，指明法国与英、美、日等帝国主义国家并没有太大的分别，弱小民族“在列强自身内被压迫掠夺的阶级即无产阶级联合起来和弱小民族携手努力世界的改造成功以前，绝没有一日能逃帝国主义资本主义之铁蹄和算盘蹂躏的”。

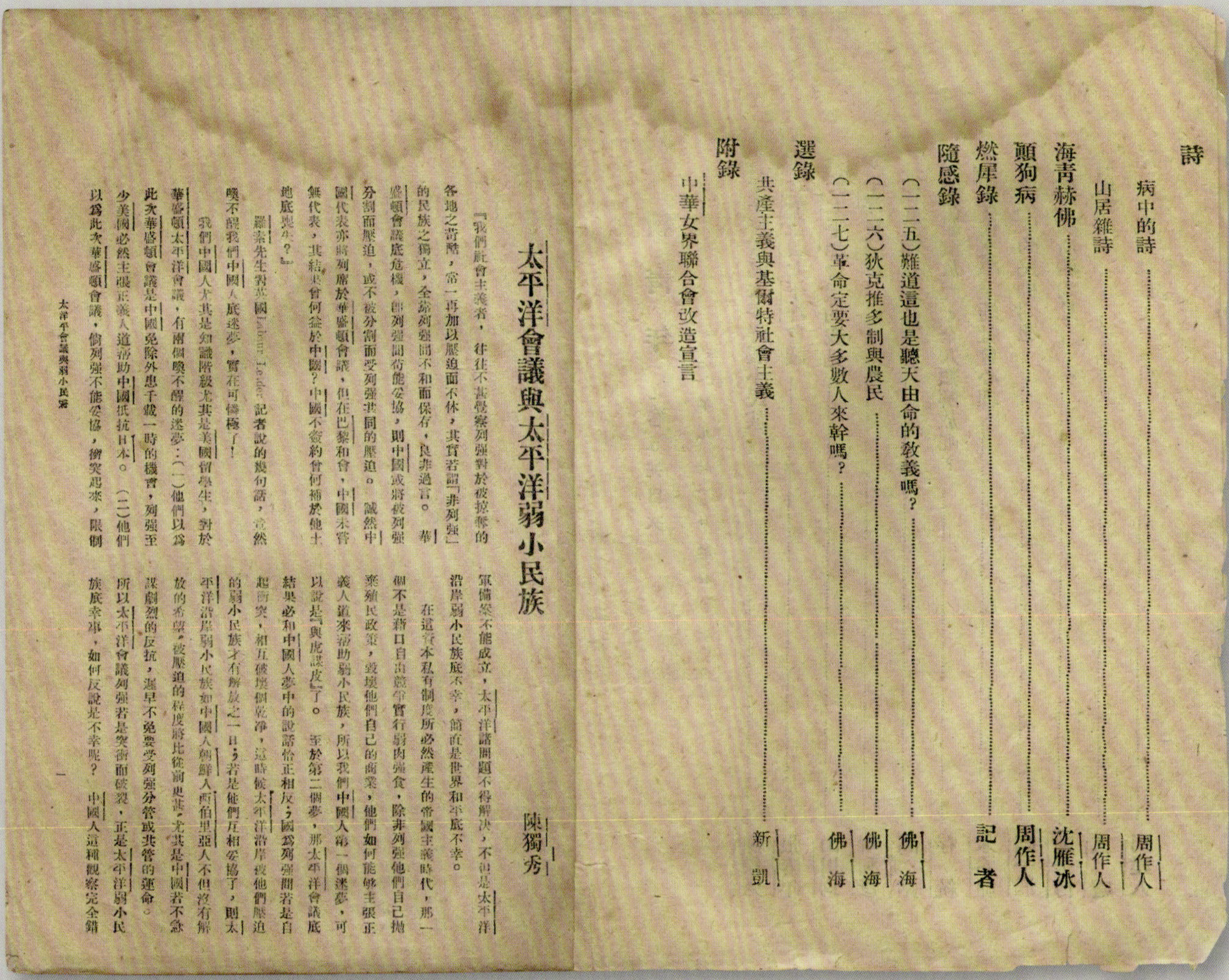

詩

病中的詩……周作人

山居雜詩……周作人

海青赫佛……沈雁冰

顛狗病……周作人

燃犀錄……記　者

隨感錄

（一二五）難道這也是聽天由命的教義嗎？……佛　海

（一二六）狄克推多制與農民……佛　海

（一二七）革命定要大多數人來幹嗎？……佛　海

選錄

共產主義與基爾特社會主義……新　凱

附錄

中華女界聯合會改造宣言

太平洋會議與太平洋弱小民族

陳獨秀

『我們社會主義者，往往不甚覺察列強對於被掠奪的各地之苛酷，當一再加以壓迫而不休，其實若謂「非列強」的民族之獨立，全靠列強間不和而保存，良非過言。華盛頓會議底危機，即列強間苟能妥協，則中國或將被列強分割而壓迫，或不被分割而受列強共同的壓迫。誠然中國代表亦將列席於華盛頓會議，但在巴黎和會，中國未嘗無代表，其結果曾何益於中國？中國不簽約曾何補於他土地底喪失？』

羅素先生對英國 Labour Leader 記者說的幾句話，竟然喚不醒我們中國人底迷夢，實在可憐極了！

我們中國人尤其是知識階級尤其是美國留學生，對於華盛頓太平洋會議，有兩個喚不醒的迷夢：（一）他們以為此次華盛頓會議是中國免除外患千載一時的機會，列強至少美國必然主張正義人道帮助中國抵抗日本。（二）他們以為此次華盛頓會議，倘列強不能妥協，衝突起來，限制軍備案不能成立，太平洋諸問題不得解決，不但是太平洋沿岸弱小民族底不幸，簡直是世界和平底不幸。

在這資本私有制度所必然產生的帝國主義時代，那一個不是藉口自由競爭實行弱肉強食，除非列強他們自己拋棄殖民政策，毀壞他們自己的商業，他們如何能夠主張正義人道來帮助弱小民族，所以我們中國人第一個迷夢，可以說是『與虎謀皮』了。至於第二個夢，那太平洋會議底結果必和中國人夢中的說話恰正相反；因爲列強間若是自起衝突，相互破壞個乾淨，這時候太平洋沿岸被他們壓迫的弱小民族才有解放之一日；若是他們互相妥協了，則太平洋沿岸弱小民族如中國人朝鮮人西伯里亞人不但沒有解放的希望，被壓迫的程度將比從前更甚，尤其是中國若不急謀劇烈的反抗，遲早不免要受列強分管或共管的運命。所以太平洋會議列強若是衝突而破裂，正是太平洋弱小民族底幸事，如何反說是不幸呢？　中國人這種觀察完全錯

太平洋會議與弱小民族

一

《新青年》（“列宁号”专刊）

1925年4月22日
山东博物馆藏

《新青年》“列宁号”专刊，该期登载了列宁的《专政问题的历史观》《第三国际及其在历史上的位置》《社会主义国际的地位和责任》等重要文章。

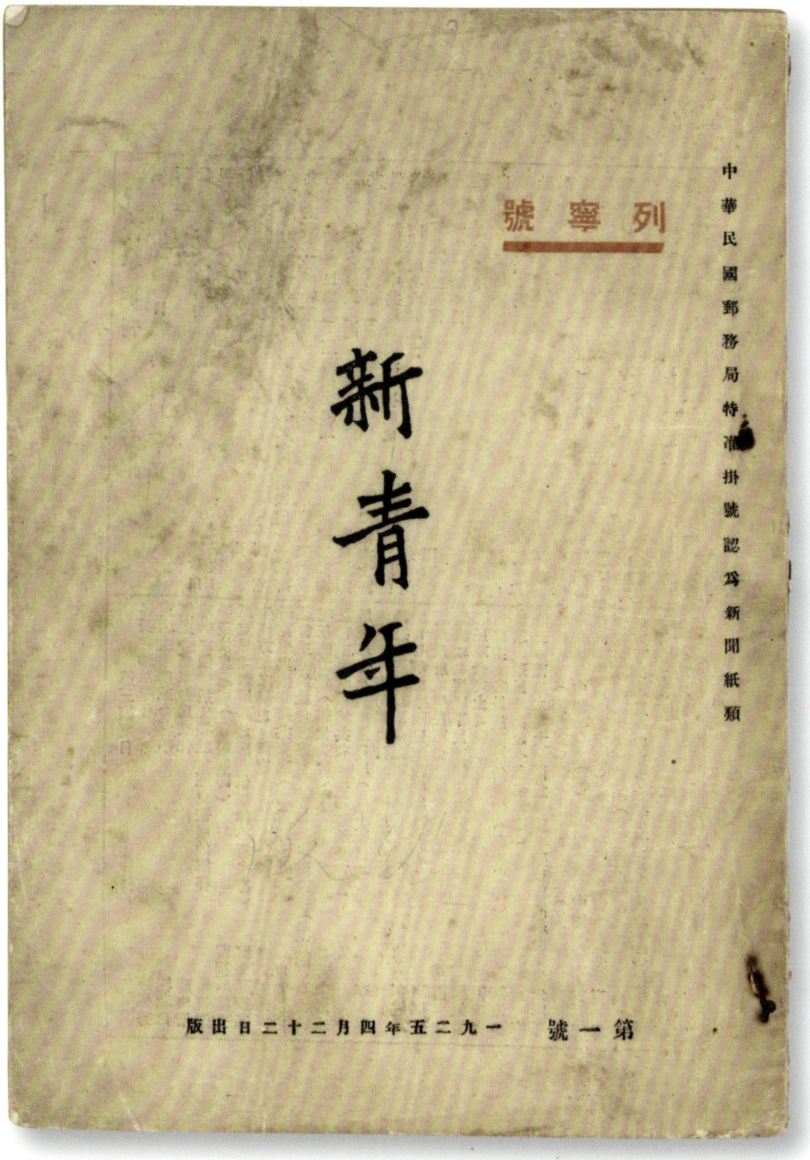

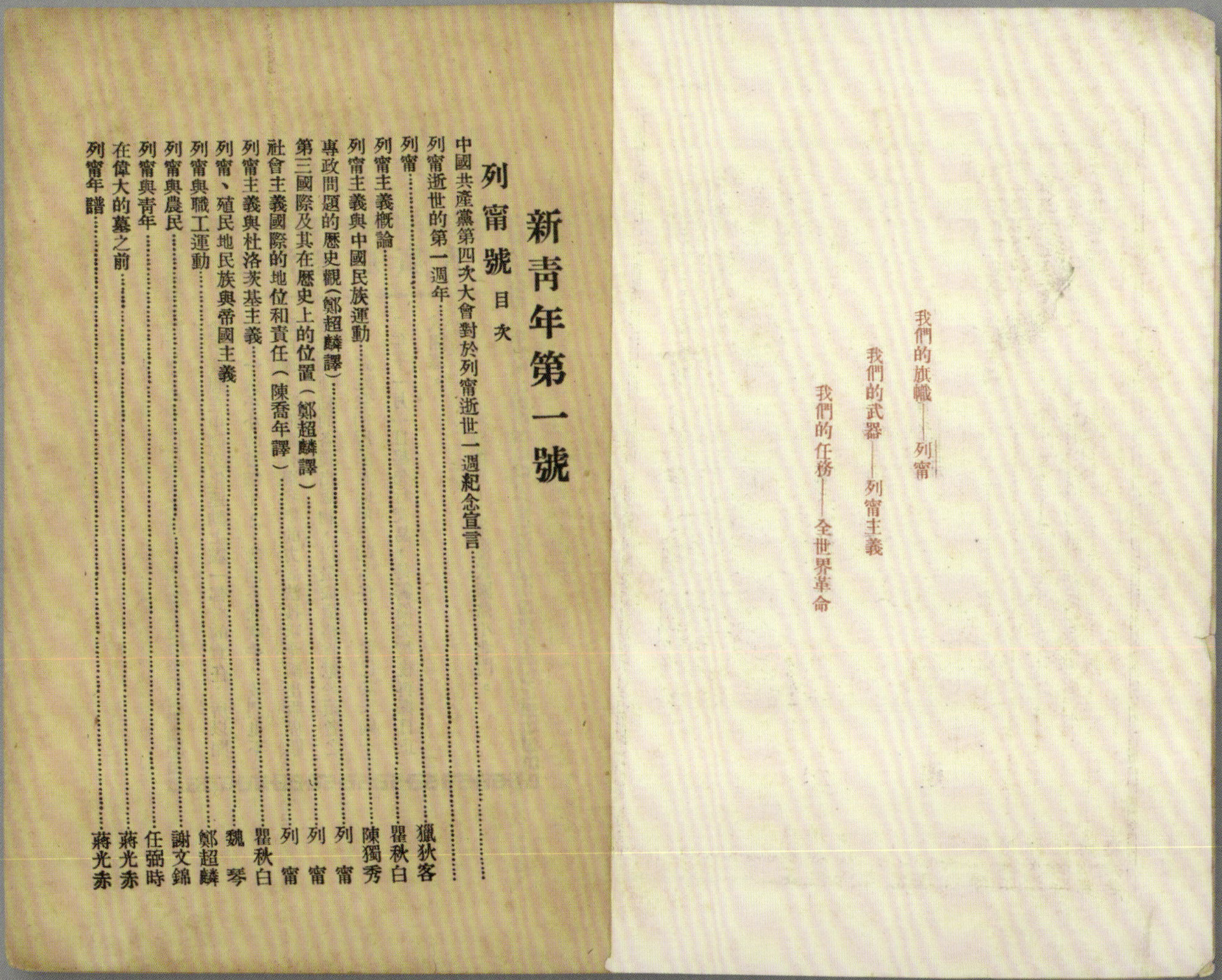

我們的旗幟——列寧
我們的武器——列寧主義
我們的任務——全世界革命

新青年第一號

列寧號 目次

1918年底，傅斯年、罗家伦等人在北京大学发起成立“新潮社”，成员包括孟寿椿、康白情、俞平伯、顾颉刚、周作人、叶圣陶、冯友兰、朱自清等40余人，胡适任顾问。该社“专以介绍西洋近代思潮，批评中国现代学术上、社会上各问题为职司”，并大力提倡白话文和学术思想解放，反抗传统礼教，主张“伦理革命”。在呼应新文化运动民主和科学两大旗帜时鲜明地将“批判的精神”“科学的主义”和“革新的文字”作为其编辑方针，倡导“学术救国”，积极探讨中国的妇女解放问题、劳工问题和教育改造问题，契合了社会心理，努力汇入冲决旧思潮的洪流，产生了不可忽视的影响。

《新潮》杂志自1919年1月1日创刊，北京大学出版部出版。1922年3月1日出至第三卷第二期终刊，共出版12期。《新潮》杂志的创刊得到了陈独秀、李大钊与蔡元培的支持。创刊伊始，《新潮》以《新青年》为楷模，五四运动前后，《新潮》刊登了许多代表文学革命的小说、诗歌等白话文学作品，表现了鲜明的反对封建道德和封建文学的战斗色彩。

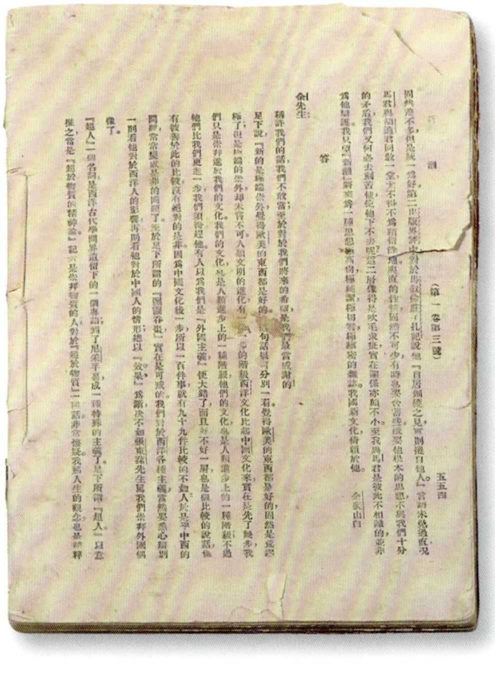

《新潮》杂志

1920年8月，陈望道译《共产党宣言》中国首版中文全译本，全文56页，共印1000册，其封面为赭石色，印有马克思微侧半身肖像。由于排版疏忽，封面书名“共产党宣言”错印成了“共党产宣言”，同年9月再版时做了更正，封面也由红底改成了蓝底。

在首页右下角有“葆臣”印，左上角有钤印“刘世厚印”，证明此书被张葆臣、刘世厚收藏过。

该本《共产党宣言》是山东共产党早期组织的创建者王尽美参加中共一大后带回山东的，之后在早期接受马克思主义的知识分子中流传。1926年，刘雨辉和延伯真、刘俊才一同回家乡广饶时，把最早的《共产党宣言》中文全译本及其他一些宣传马克思主义的书籍带到刘集村，送给刘集党支部书记刘良才，成为刘集村党组织接受马克思列宁主义的宝贵学习资料。1927年大革命失败后，刘集支部被迫转入地下活动。1931年，刘良才调任潍县县委书记前，将此书转交支部委员刘考文保存。1932年8月以后，刘考文将此书转交共产党员刘世厚保存。刘世厚把此书用油纸包好，秘密封到了屋山墙的雀眼里。抗战时期，日、伪军曾三次到刘集村“扫荡”，最严重的一次是1941年1月18日，1000多名日、伪军突然包围了刘集村，制造了骇人听闻的刘集惨案。此时，突围出去的刘世厚，心里惦记着此书，于是不顾个人安危，偷偷潜回村内，把即将被大火吞噬的《共产党宣言》抢救出来。1975年秋，84岁高龄的刘世厚将这册《共产党宣言》捐献给了国家，现存于东营市历史博物馆。

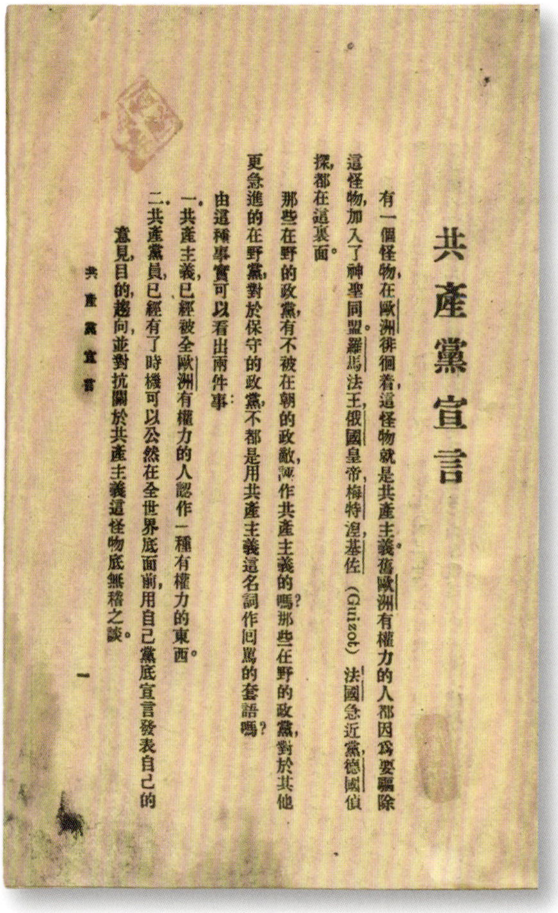
共產黨宣言

有一個怪物在歐洲徘徊着，這怪物就是共產主義。舊歐洲有權力的人都因爲要驅除這怪物，加入了神聖同盟。羅馬法王，俄國皇帝，梅特涅，基佐（Guizot），法國急近黨，德國偵探，都在這裏面。

那些在野的政黨，有不被在朝的政敵誣作共產主義的嗎？那些在野的政黨，對於其他更急進的在野黨，對於保守的政黨，不都是用共產主義這名詞作回罵的套語嗎？

由這種事實可以看出兩件事：

一，共產主義已經被全歐洲有權力的人認作一種有權力的東西。

二，共產黨員已經有了時機可以公然在全世界底面前，用自己黨底宣言發表自己的意見，目的，趨向，並對抗關於共產主義這怪物底無稽之談。

共產黨宣言　一

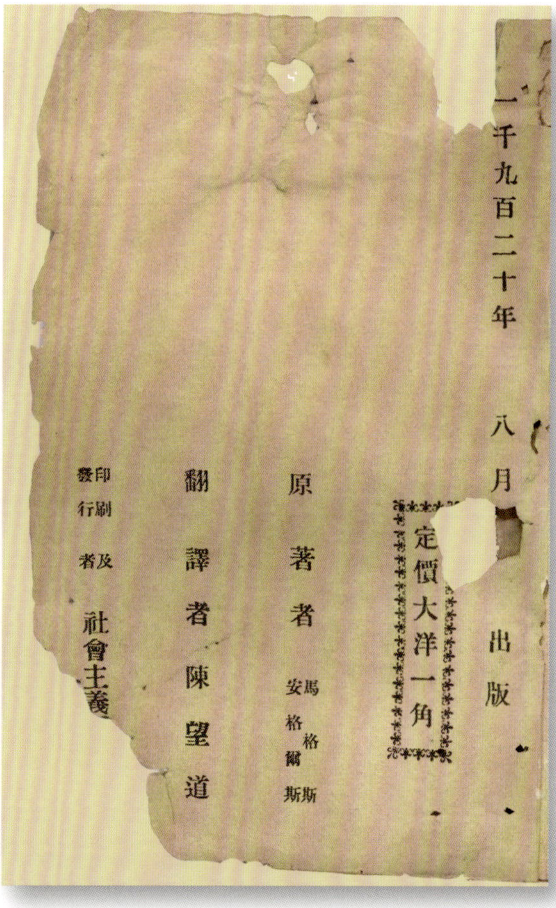
一千九百二十年八月出版

定價大洋一角

原著者　馬格斯　安格爾斯

翻譯者　陳望道

印刷及發行者　社會主義

大众社、华北新华书店等翻印的《共产党宣言》

革命历史时期
山东省图书馆藏

山东省图书馆藏《共产党宣言》共11个版本：大众社1939年翻印版、华北新华书店1946年6月版、山东新华书店1946年9月版、胶东新华书店1946年10月版、山东新华书店1948年3月版、解放社1948年11月版、华东新华书店1949年2月版、解放社1949年5月版、太岳新华书店1949年6月版、解

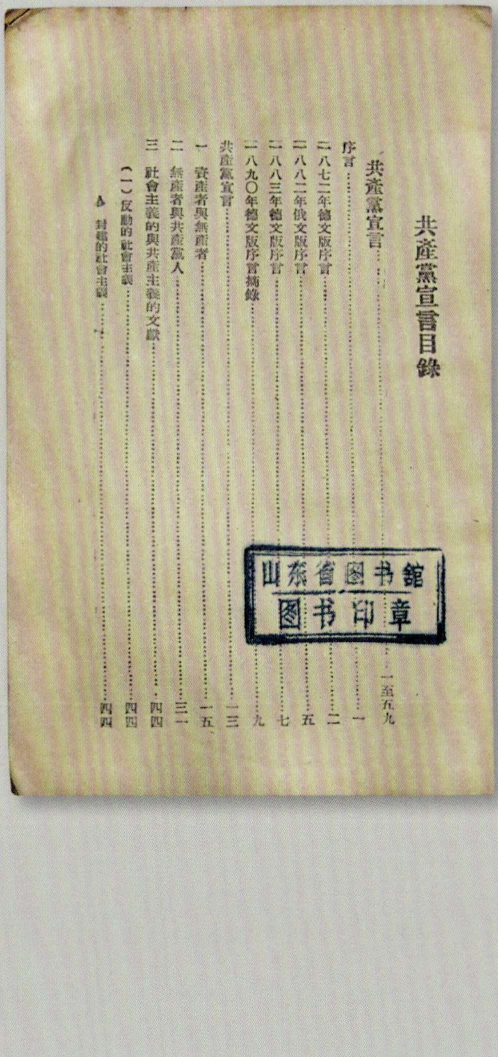
共產黨宣言目錄

放社1949年6月版、华北军区政治部翻印版。

《共产党宣言》又被译为《共产主义宣言》，是马克思和恩格斯为共产主义者同盟起草的纲领，是国际共产主义运动第一个纲领性文献，也是马克思主义诞生的重要标志。从1920年陈望道第一次将《共产党宣言》全文翻译成中文开始，大量中文译本陆续问世，译文质量不断提高，发行数量日益扩大。1938年党在延安建立了中共中央出版发行部，并用“解放社”的名义出版马列著作等书籍。《共产党宣言》等马列著作大多数由解放社出版，或者翻印自解放社。

刘良才

1890—1933

革命烈士，山东广饶县刘集村人，东营地区第一个农民党员。曾任中共广饶县委书记。他出生于一个富裕的农民家庭，少年时代读过私塾，14岁那年父亲病逝，从此辍学务农，曾从事农活、小贩，做木工、打磨。1925年2月，经刘子久介绍加入中国共产党，积极宣传马列主义思想，在本村秘密发展党员，建立了中共刘集支部，任支部书记。此后，在菜园、耿集等村秘密发展党员，建立党组织。

刘良才做木工使用过的钻

1925年
中共刘集支部旧址纪念馆藏

革命战争时期，广饶县刘集村共产党员刘良才曾用木匠的身份做掩护从事革命工作。这是他当时做木匠使用过的工具。

刘良才烈士的家属证照片

1953年
东营市历史博物馆藏

刘良才烈士的家属证原件已经遗失，此照片是不可多得的重要参考资料。

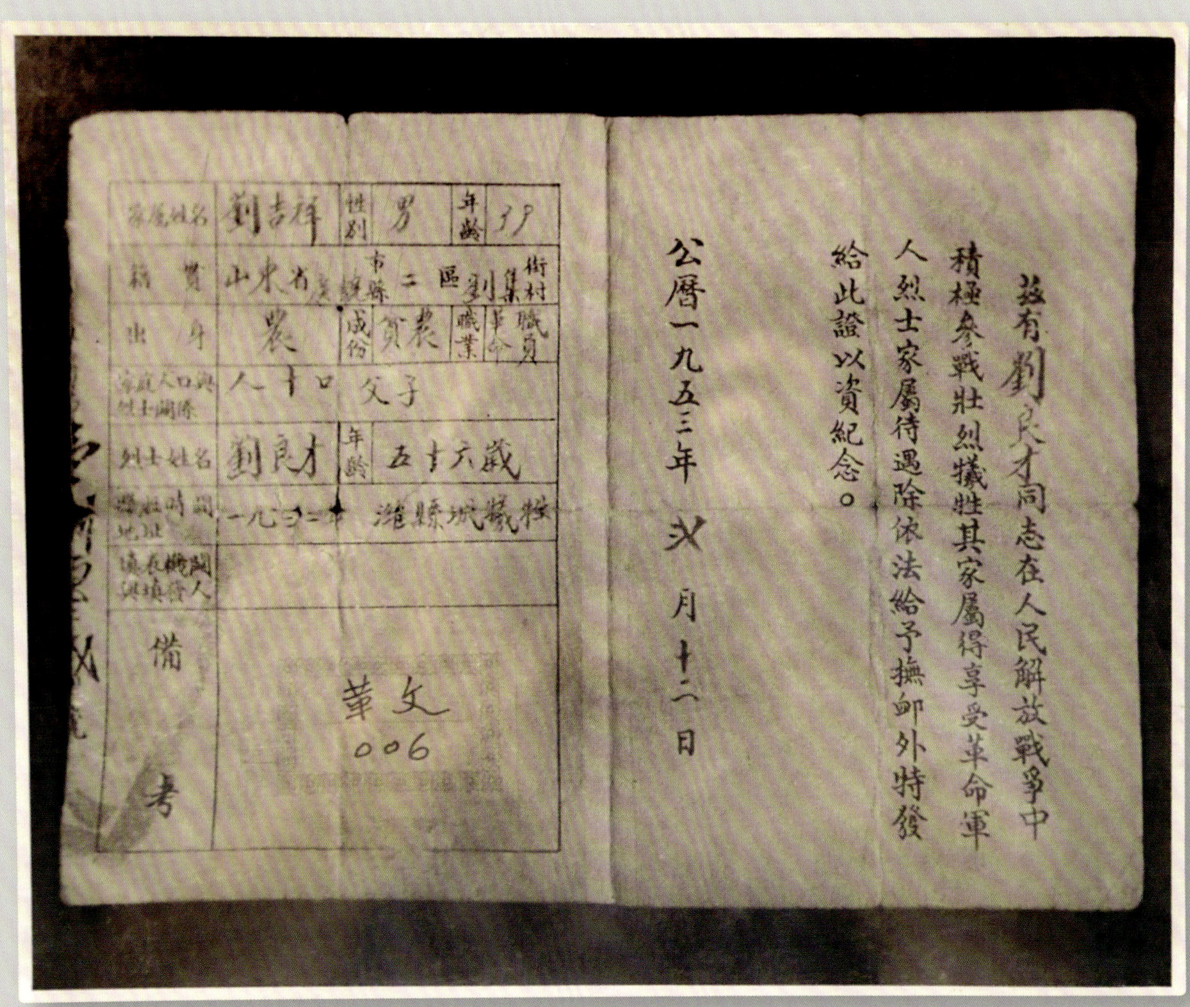

家屬姓名	劉吉祥	性別	男	年齡	39
籍貫	山東省廣饒縣二區劉集村				
出身	農	成份	貧農	職業	革命職員
家庭人口與烈士關係	[illegible]口 父子				
烈士姓名	劉良才	年齡	五十六歲		
犧牲時間地址	一九三二年 濰縣城犧牲				
填發機關與填發人					
備考	華文 006				

兹有劉良才同志在人民解放戰爭中積極參戰壯烈犧牲其家屬得享受革命軍人烈士家屬待遇除依法給予撫卹外特發給此證以資紀念。

公曆一九五三年[illegible]月十二日

新民主主义革命时期山东党组织、党员发展数量一览表

年份	组织名称	基层党组织数量	党员数量
1922 年 5 月	中共济南独立组	无	9 人
1927 年 6 月	中共山东区执行委员会	100 多个党支部	近 1500 人
1937 年 7 月	中共山东省委员会	无	约 2000 人
1945 年 8 月	中共中央山东分局	无	20 多万人
1949 年 9 月	中共中央山东分局	41478 个党支部	754123 人

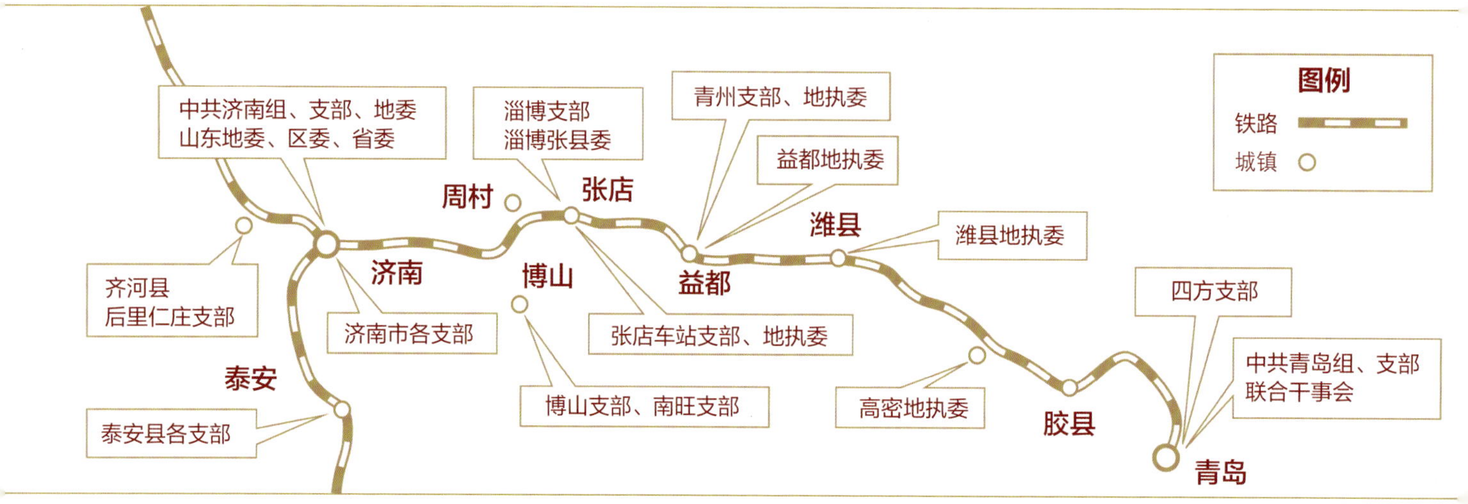

国民大革命时期，津浦铁路、胶济铁路沿线成为山东党组织传播革命火种最快的地方

油画《暗夜曙光》，作者王卫东、王瀚文，山东博物馆藏。

刘雨辉

1900—1985

原名刘玉惠，广饶县刘集村人，是东营地区第一名女共产党员。1917 年 8 月，刘雨辉就读于济南女子养蚕讲习所。1922 年 7 月，就读苏州女子产业学校，1925 年夏毕业。1925 年 7 月，在济南女子职业学校任教。同年，经济南女子职业学校于佩贞和朱秀荣介绍加入中国共产党。

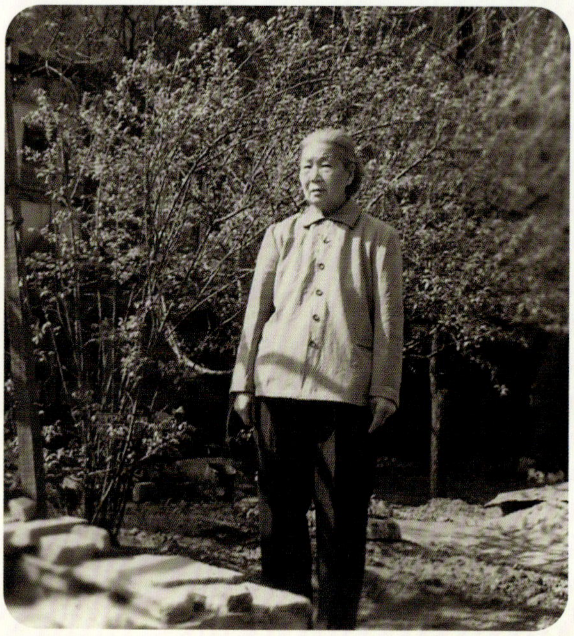

刘雨辉转业军人证书

解放战争时期
中共刘集支部旧址纪念馆藏

1925年刘雨辉入党后，经常和在济南的早期共产党人张葆臣（江苏无锡人）、延伯真、刘俊才（即刘子久）、李耘生等一起学习关于共产主义的书刊，宣传新思想、新文化。1926年4月，她与延伯真结为伴侣，先后在烟台、青岛等地工作。1928年9月与延伯真一起先后在哈尔滨、东宁、穆棱等地工作，并协助延伯真为共产国际远东情报局从事秘密情报工作。1931—1941年，他们受共产国际的派遣，赴东宁县，建立东宁地下情报站。在此期间，最大的贡献是发现“东宁要塞”。刘雨辉将延伯真侦察得知的日本“东宁要塞”情报缝制在棉衣内，成功将情报传递出去，为第二次世界大战和东北的彻底解放作出了贡献。1946年参加中国人民解放军，1952年转业到地方。

中国人民解放军
转业军人证明书
中华人民共和国国防部

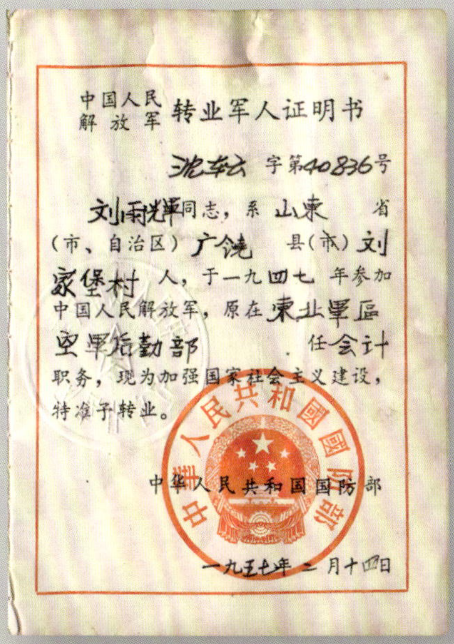

中国人民解放军 转业军人证明书

沈转云 字第40836号

刘雨辉同志，系 山东 省（市、自治区）广饶 县（市）刘家堡村 人，于一九四七 年参加中国人民解放军，原在东北军区空军后勤部 任会计职务，现为加强国家社会主义建设，特准予转业。

中华人民共和国国防部

一九五七年 二 月十四日

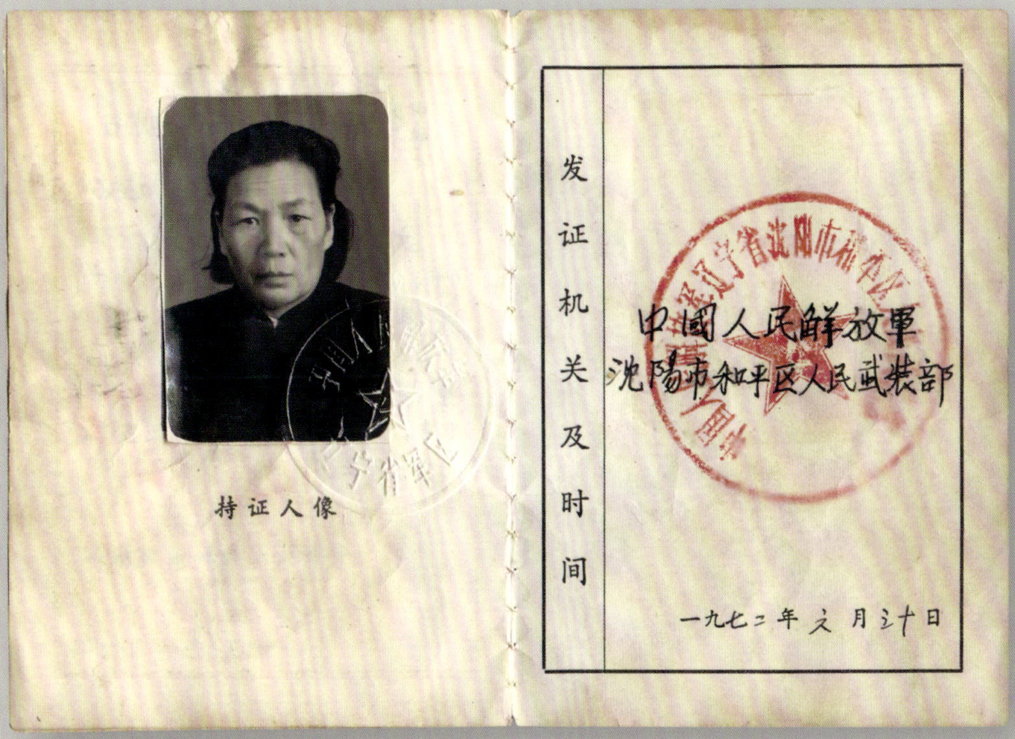

持证人像

发证机关及时间

中国人民解放军
沈阳市和平区人民武装部

一九七二年 六 月 三十 日

中共刘集支部旧址位于广饶县大王镇刘集后村，省级文物保护单位。旧址内按当时生活环境条件进行了复原，如为掩护地下革命工作者而特制的掩饰门、地道等设施，再现了当年艰苦卓绝的斗争环境。旧址现已被打造成中共刘集支部旧址纪念馆。中共刘集支部成立于1925年春，是全国最早的农村党支部之一。这里曾保存了首版首印的《共产党宣言》中文译本，这是中华人民共和国成立后发现的最早和唯一在农村党支部流传的《共产党宣言》藏本。

中共刘集支部旧址（现位于山东省东营市广饶县大王镇刘集村）

刘集村老党员合影

20世纪中期
东营市历史博物馆藏

合影拍摄于20世纪中期，照片人物为刘集村老党员。刘集村位于广饶县大王镇，中共刘集支部是山东省最早的农村党支部之一，支部党员有刘子久、刘雨辉、延伯真、刘良才、刘考文、刘世厚等人。他们带领群众开展了“砸木行”“掐谷穗”等一系列革命活动。

第二章

誓死力争 还我青岛

巴黎和会上，中国外交失败。在全国民众“誓死力争，还我青岛”“收回山东权利”的呼声中，五四爱国运动爆发。饱受德、日帝国主义殖民统治之苦的山东人民在全国率先发起收回主权的斗争，很快组织起以商、工、农、学诸界为主体的救亡联盟，形成以济南为中心、以声援北京学生和“外争主权，内惩国贼”为主要内容的群众性爱国运动浪潮。在此期间，烟台、淄博、潍坊、济宁、临沂、聊城、惠民等地工人群众都积极参加反帝爱国运动，其范围之广，在全国是十分突出的。五四运动是近代以来中国人民不妥协地反对帝国主义和封建主义的伟大运动，标志着新民主主义革命的伟大开端。运动更促进了马克思主义在中国的广泛传播，无产阶级开始以独立的姿态登上历史舞台，奠定了山东共产党早期组织产生的阶级基础。

第一次世界大战期间，中国陆续向俄、法、英等协约国派遣劳工。其中，在欧洲西线战场上与英、法、俄并肩作战的近 15 万华工之中，有 8 万人来自山东。华工在欧洲战场上从事大量战争支援和后勤保障工作，是中国参加一战最主要的形式，为协约国取得最终胜利，为恢复世界和平作出了巨大贡献和牺牲。

1917年部分华工编卫队赴欧前在威海的合影

第一次世界大战期间，各交战国由于长期战争，劳力供应空前紧张，欲从中国招募劳工前往欧洲服军事劳役。北洋政府亦主张“以工代兵”，可使“本国政府不费分文”即可“获战胜后之种种权利”。于是，法、英、俄等国在中国设招工局，在胶济铁路沿线设招工办事处，招募大批劳工到欧洲战场服劳役。1917 年 4 月至 1918 年 3 月，英国政府委托和记洋行从胶济铁路沿线招募了 50315 人，在青岛德华缫丝厂（今青岛国棉八厂）集中，分乘 22 艘船只，取道美国运往欧洲。这批赴欧华工主要是山东半岛的农民，抵达欧洲战场后，大部分从事挖掘战壕、搬运军用物资等繁重的体力劳动，饱受政治上的歧视和生活上的虐待，不少人死于饥寒和疾病。1919 年 2 月 14 日，赴欧山东华工 1200 人乘英国轮船由欧洲返回青岛，之后有 4 万人先后回国，也有部分华工留居欧洲各国。中国华工为恢复世界和平和东西方文明交融作出了巨大贡献。

1917年，部分华工离开威海，启程前往欧洲。

第一次世界大战华工纪念章（编号：NO.97121）

1919年
安丘市博物馆藏

铜质。正面为英国国王乔治五世（1910—1936）头像，周围环写“GEORGIVS V BRITT: OMN: REX ET IND: IMP:”，意为英国国王兼印度王乔治五世。背面是一赤身裸体的将军，手持利剑骑于骏马之上，马蹄下踏波浪、盾牌和骷髅；马头上方有太阳，意为“日不落帝国”；左上为“1914”，右中为“1918”，为一战纪年。周边断面上铸有“NO.97121”“CHINESE L.C.”字样。

第一次世界大战华工纪念章（编号：NO.27960）

1919年
青岛市博物馆藏

此章为铜质，正面为英国乔治五世头像，背面为骑士图案及纪年数字“1914—1918”，在章的滚边铸有“NO.27960”的编号与英文“CHINESE L.C.”。该纪念章是英国政府为表彰中国劳工在欧战中的突出表现和贡献而颁发的。

16 LE MIROIR

ARRIVÉE DE TRAVAILLEURS CHINOIS EN FRANCE

Cheminots réparant nos voies ferrées. – Un groupe de Célestes

La Chine a fait cause commune avec nous, ne l'oublions pas. Si elle n'est pas en mesure, pour le moment, d'envoyer ses soldats combattre à côté des nôtres, elle peut en revanche nous envoyer un nombre considérable de travailleurs. D'importantes équipes de cheminots et d'ouvriers ont déjà débarqué dans nos ports et sont déjà à pied d'œuvre. Voici : 1° des cheminots réparant nos voies ferrées à l'arrière du front; 2° un groupe de Célestes à leur arrivée dans une ville du midi de la France.

Le gérant, VERDIER. Paris. — VERDIER, imprimeur, 18, rue d'Enghien.

1918年6月9日，法国《镜报》刊登一战华工修缮前线战场铁路的消息（山东华侨博物馆提供）。

第一次世界大战华工纪念章（编号：NO.15990）

1919年
山东博物馆藏

铜质。1919年英国政府为表彰中国劳工在欧战中的突出表现和贡献而颁发。正面为英国乔治五世头像，周围环写“GEORGIVS V BRITT: OMN: REX ET IND: IMP:”，意为英国国王兼印度王乔治五世。背面为骑士图案及纪年数字“1914—1918”。滚边分别铸有“NO.15990”数字编号与英文“CHINESE L.C.”。

1919 年初，第一次世界大战战胜国在法国巴黎召开“和平会议”，中国以战胜国名义参加，然巴黎和会不仅拒绝中国提出废除“二十一条”、收回山东主权的要求，而且决定将德国在山东的各项权益让给日本。中国在巴黎和会外交失败，引发了国内轰轰烈烈的五四反帝爱国运动。五四运动是中国近代史上划时代的里程碑，它以辛亥革命所不曾有的姿态，展开了彻底的反对帝国主义和封建主义的斗争，标志着中国新民主主义革命的开端。

《泣告全国同胞速起救国歌》

1919年
山东博物馆藏

1919年山东爱国群众印发的抗日救国歌曲。《泣告全国同胞速起救国歌》列举国人悲惨遭遇，控诉了日本的累累罪行，提出不买日货，不用日货，不替日本人工作等“十不”主张，表达饱受德、日帝国主义殖民统治之苦的山东人民的愤慨。

中国在巴黎和会上外交失败后，山东民众在全国率先发起收回主权的斗争，成为五四运动的先声。1919年2月5日，山东旅京人士为力争收回青岛，组织了外交后援会。4月20日，山东各界万余人在济南召开国民请愿大会，呼吁社会各界协力共争、决不妥协。5月2日，济南3000余名工人召开收回青岛演讲大会，强烈要求北洋政府据理力争、不失一寸国土。《晨报》曾高度称赞山东人民的斗争精神，呼吁“设能举国一致，皆如山东人之热烈，则众志成城，收效必大。是所望于全国同胞者也”。5月4日五四运动爆发后，饱受德、日帝国主义殖民统治之苦的山东人民很快组织起以商、工、农、学诸界为主体的救亡联盟，形成了以济南为中心、以声援北京学生和“外争主权，内惩国贼”为主要内容的群众性爱国运动浪潮。

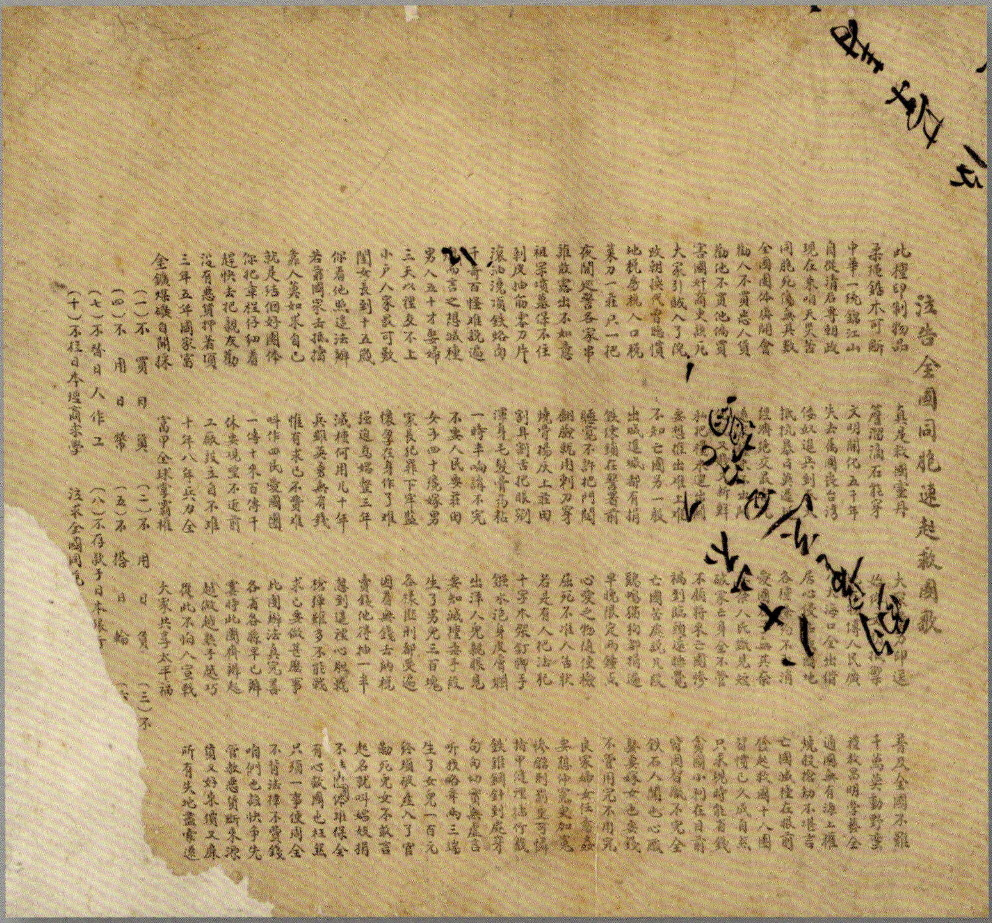
泣告全國同胞速起救國歌

山东是全国最早也是唯一向巴黎和会直接派出请愿代表的省份，并两次派出各界请愿团赴京请愿，在全国产生了重大影响。

1919年4月山东各界公举赴欧和谈代表与外交部、省议会等请愿团代表临行前合影

1918年11月，山东省立工业专门学校学生发起五四运动前全国第一个学生爱国组织——山东学生外交后援会，要求收回青岛及其丧失的一切权益。1919年5月7日，济南学生举行了示威游行并召开了国耻大会。

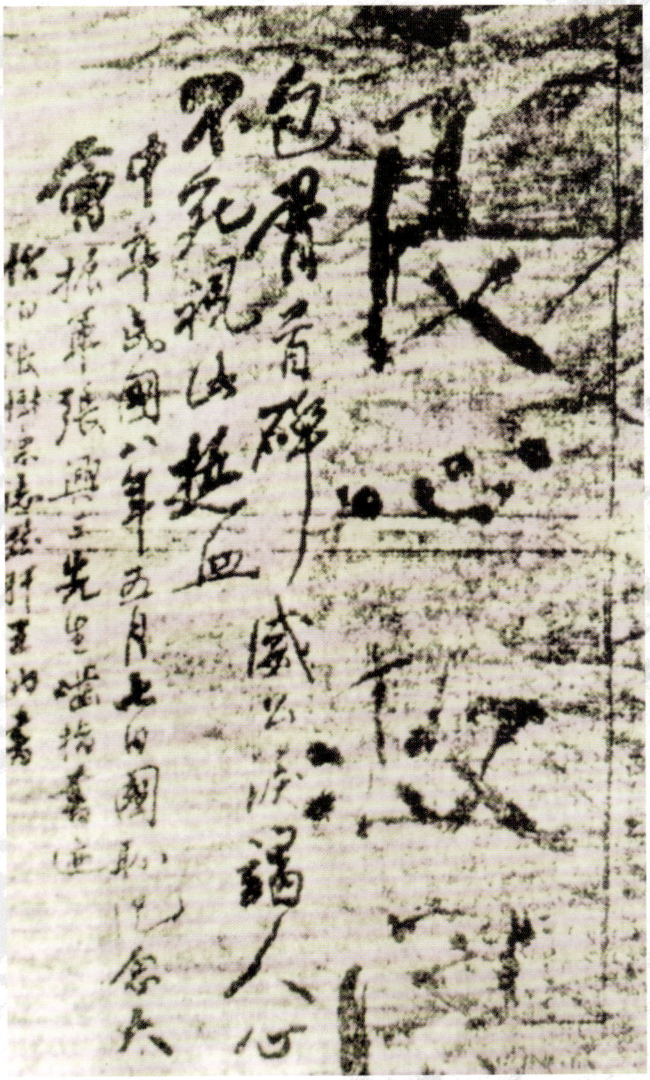

国耻纪念大会时，山东爱国青年破指血书“良心救国”。

山东各界的爱国斗争激烈，形成了以济南为中心、以声援北京学生和“外争主权，内惩国贼”为主要内容的群众性爱国运动。

1919年4月20日，济南国民请愿大会是五四运动爆发前全国最早的万人群众集会，已成为全国反帝爱国运动的前奏。

1919年6月20日，山东各界请愿团与在京其他学生代表团500余人，冒雨在北京总统府门（新华门）前进行的请愿活动。

五四运动游行示威旗

1919年
青州市博物馆藏

这面旗是山东省内唯一保存完整的五四运动游行示威旗，上面书写着“拒绝鲁案直接交涉　废除二十一条件”15字。

1919年5月24日，青州工、农、商、学、绅各界万余人在法庆寺集会，各界人士纷纷登台，痛斥北洋政府的卖国行径。声援北京五四爱国运动，第十中学学生杨同照登台演说，咬破手指血书“赤心报国，身死志存”，群情激愤。大会致电北洋政府及出席巴黎和会的中国专使，要求拒绝签和约。会后，成立“青州学生救国联合会”，抵制日货，捣毁继续出售日货的“怡翰斋”。在这次大会中，有一个由商人组成的特殊方队，每人举着一面用国产的细棉白布书写的旗子，表达他们坚决抵制日货的决心。青州城北门里裕咸东洋广铺的主人李相东将铺内的白布裁下一段，写上“拒绝鲁案直接交涉　废除二十一条件”15个大字，做成一面旗帜。将这面旗帜悬挂在自己的店铺门前，以示向死难同胞致哀，同时也表示拒售日货。1962年，李相东将珍藏多年的这面五四示威旗帜主动捐献给益都县博物馆（今青州市博物馆）。

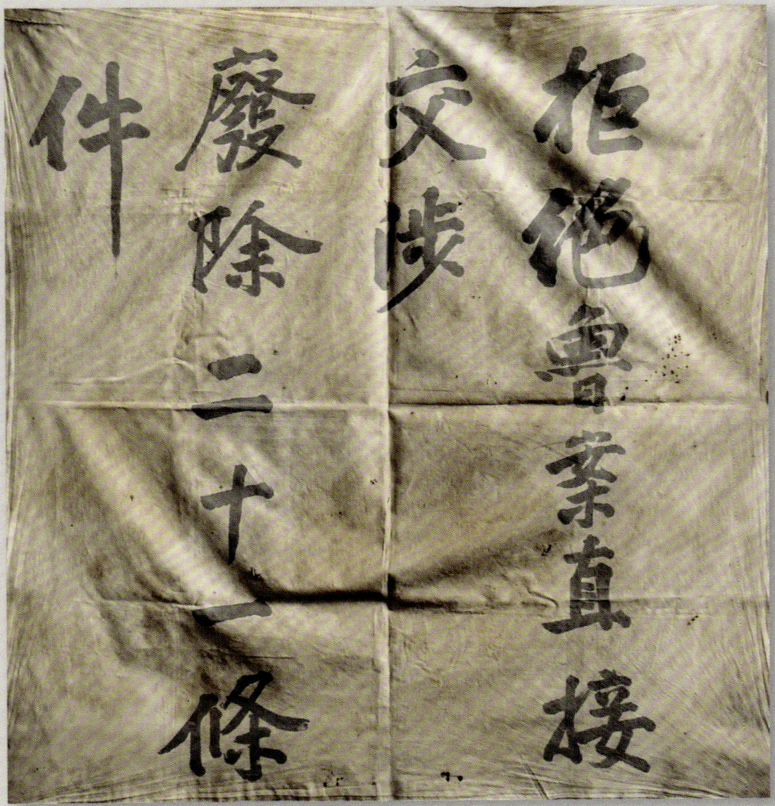

马云亭

1855—1919

字云亭，山东章丘人，回族。12岁时因生活所迫，到青州府（今青州市）东关真教寺当“海里凡”（伊斯兰教学徒）。在目睹清政府腐败无能的黑暗时局中奔赴东北从戎，投入清军回族爱国将领左宝贵麾下，1894年中日甲午战争期间随其抗击日军。马云亭在军中注重运用医道技能，在抗击日军中屡建功勋。甲午战败清兵退守东三省后，马云亭满怀愤懑离开清军，在沈阳一带行医。后返回山东，在济南正觉寺街路南开设保安堂药店，自任坐堂先生。他行医不分回汉，以济世救人为宗旨，深得济南各族群众的赞誉。在行医之余，他还热心公益事业，曾担任过清真寺小学校长，在回族中享有很高威望。

1919年五四运动中，济南学生与各界人民掀起声势浩大的反帝反封建爱国运动。64岁的他出于爱国之心，召集朱春焘（原山东高等学校教师）、朱春祥（山东河务局职员）等回族进步青年秘密组织了“回教救国后援会”，并任会长，利用伊斯兰教的“主麻日”（星期五）在清真南大寺内做完礼拜后秘密集会，对回族群众宣传革命道理，组织参加爱国游行示威，并千方百计揭露反动军阀段祺瑞在山东的爪牙马良等人的卖国求荣罪行。济南各界穆斯林在“回教救国后援会”的发动下，在很短的时间内便组织起数以百计的“回民救国十人团”。他们进一步深入发动全市回民群众，在清真南大寺和北大寺集合，配合爱国学生组织及各界民众团体游行示威。1919年7月21日，参与捣毁亲日派报纸《昌言报》和屡发谬论攻击学潮的日商办《济南日报》报馆。山东督军张树元下令严厉镇压，济南镇守使马良派卫队以“结党扰乱社会治安”罪名，将马云亭及回族爱国青年朱春涛、朱春祥逮捕。8月5日，马云亭在经受严刑拷打后被绑赴城南圩子门外刑场，壮烈牺牲。马云亭是回族群众抗日斗争的一面旗帜。

回族爱国运动领袖马云亭遗物：行医所用青花药钵

1919年
山东博物馆藏

青花药钵，为五四运动时期爱国运动领袖马云亭的行医用具。

陈干

1881—1927

字明侯，山东昌邑人。1905 年赴日本，后加入中国同盟会，走上民主革命之路。1908 年春，在青岛办“震旦公学”，为中国同盟会在山东的发展作出了重要贡献。中华民国成立后陈干任陆军部中将参议。

陈干的一生，最为时人称道的是对日本的外交谈判，他因此也成为收复青岛乃至山东主权的关键人物。1922 年经两湖巡阅使吴佩孚推荐，陈干被大总统黎元洪任命为“鲁案”中日联合委员会第一部委员。因陈干曾在“鲁案”接收时作出过重要贡献，所以在政府因威海卫交涉一事进退两难之际，山东乡绅亦推其出面交涉威海卫归还的问题。

陈干与王正廷论青岛土地权书暨威案函电碑

1924年3月
昌邑市博物馆藏

此碑青石质，圆首。保存较好，碑分阴阳两面。

此碑碑文主要内容陈述陈干在青岛归还问题上，激烈地反对王正廷关于“青岛暂由日本管理”的妥协态度，并就其他事宜据理力争，坚持维护国家主权，促使青岛接收顺利完成。后陈干将办理“鲁案”交涉时往来的重要函件汇集成册题名《鲁案》。

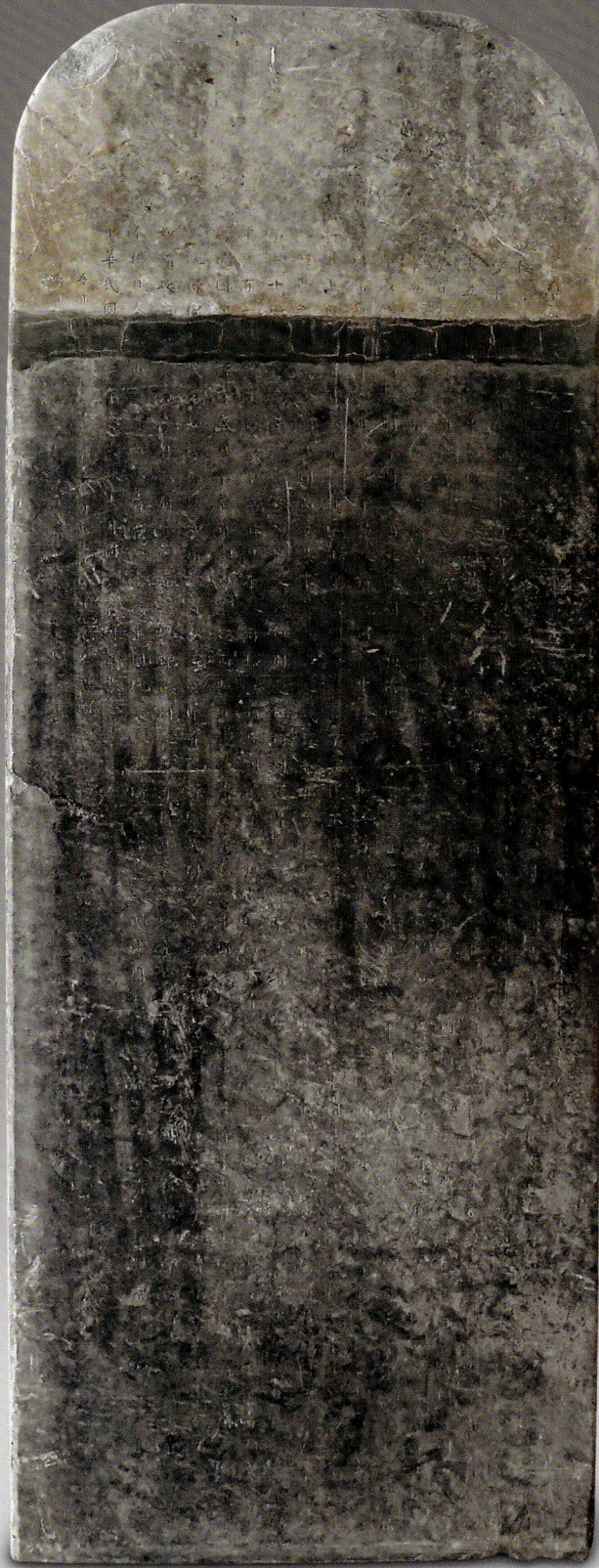

华盛顿会议会场

在美英斡旋下，中日两国于 1922 年 2 月 4 日在华盛顿会议（又称太平洋会议）之外签订了《解决山东悬案条约》及其附约，条约规定恢复中国对山东的主权。

山东各界联合会代表力争“鲁案”宣言

1922年7月
山东博物馆藏

“鲁案”指20世纪一二十年代中日围绕山东问题而展开的一系列交涉事件。1914年第一次世界大战欧洲战场初起，日本利用列强无暇东顾之际趁火打劫，强占青岛。1919年巴黎和会，中国外交虽几经努力而终告失败，要求日本直接归还青岛而不可得，“山东问题”成为悬案。1922年华盛顿会议上，中日代表经过谈判签署《解决山东悬案条约》及其附约。会后进入“鲁案”善后谈判阶段。

在巴黎和会前后，山东各界联合会即公推代表亲赴巴黎，奔走呼吁、力争主权。这份宣言写于1922年“鲁案”善后谈判阶段，其中代表多来自省议会、绅界、教育界和律师公会等，宣言中来自律师公会界的鲁佛民（山东济南人）被公推为首席民意代表，列席“鲁案”善后谈判会议。会议从6月开始，直至1923年1月结束。在“鲁案”交涉过程中，遇有损及国权之处，或有瑕疵可指者，鲁佛民即代表民意“抗言责喝，忠实于国家民族利益的原则”。经过全国上下不懈的努力，在中日双方长达5个月的反复谈判和善后交涉后，终于于1922年12月1日在北京签署《山东悬案细目协定》，中国付出巨款赎回了青岛主权和胶济铁路。1922年12月10日，中国政府正式从日本军方手中收回对青岛的管辖权，这标志着历经德、日殖民统治了25年的青岛，重新回到祖国的怀抱。

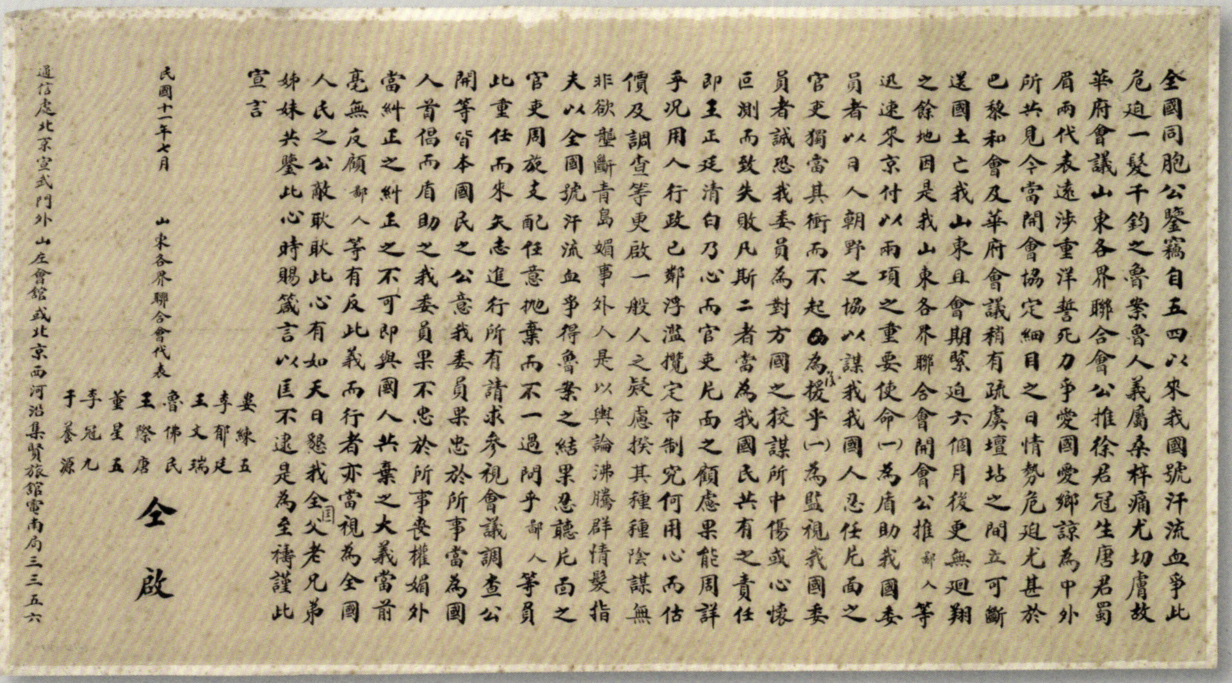
全國同胞公鑒竊自五四以來我國號汗流血爭此危迫一髮千鈞之魯案魯人義屬桑梓痛尤切膚故華府會議山東各界聯合會公推徐君冠生唐君蜀眉兩代表遠涉重洋誓死力爭愛國愛鄉諒為中外所共見今當開會協定細目之日情勢危廹尤甚於巴黎和會及華府會議稍有疏虞壇坫之間立可斷送國土亡我山東且會期緊迫六個月後更無廻翔之餘地因是我山東各界聯合會開會公推鄙人等迅速來京付以兩項之重要使命(一)為盾助我國委員者以日人朝野之協以謀我我國人忍任片面之官吏獨當其衝而不起而為援乎(一)為監視我國委員者誠恐我委員為對方國之狡謀所中傷或心懷叵測而致失敗凡斯二者當為我國民共有之責任即王正廷清白乃心而官吏片面之顧慮果能周詳乎況用人行政已鄰浮濫攬定市制究何用心而估價及調查等更啟一般人之疑慮揆其種種陰謀無非欲壟斷青島媚事外人是以輿論沸騰群情髮指夫以全國號汗流血爭得魯案之結果忍聽片面之官吏周旋支配任意拋棄而不一過問乎鄙人等負此重任而來矢志進行所有請求參視會議調查公開等皆本國民之公意我委員果忠於所事當為國人首倡而盾助之我委員果不忠於所事喪權媚外當糾正之糾正之不可即與國人共棄之大義當前毫無反顧鄙人等有反此義而行者亦當視為全國人民之公敵耿耿此心有如天日懇我全國父老兄弟姊妹共鑒此心時賜箴言以匡不逮是為至禱謹此宣言

民國十一年七月 山東各界聯合會代表 婁練五 李郁廷 王文瑞 魯佛民 王際唐 董星五 李冠九 于養源 全啟

通信處北京宣武門外山左會館 或北京西河沿集賢旅館電南局三三五六

山东鲁案善后研究会所拟《中日山东条约》（草案）

1922年

山东博物馆藏

山东鲁案善后研究会所拟《中日山东条约》（草案）。1922年2月4日，在华盛顿会议召开期间，中日双方签署了《解决山东悬案条约》及附约。日本政府同意将所有原来德国在山东的权利交还给中国。由于权利种类繁多，进一步关于细节的谈判仍需继续进行，定在年底最后期限。1922年3月2日，北洋政府徐世昌颁布大总统令，任命王正廷为“鲁案”善后督办，组织起“鲁案”善后公署

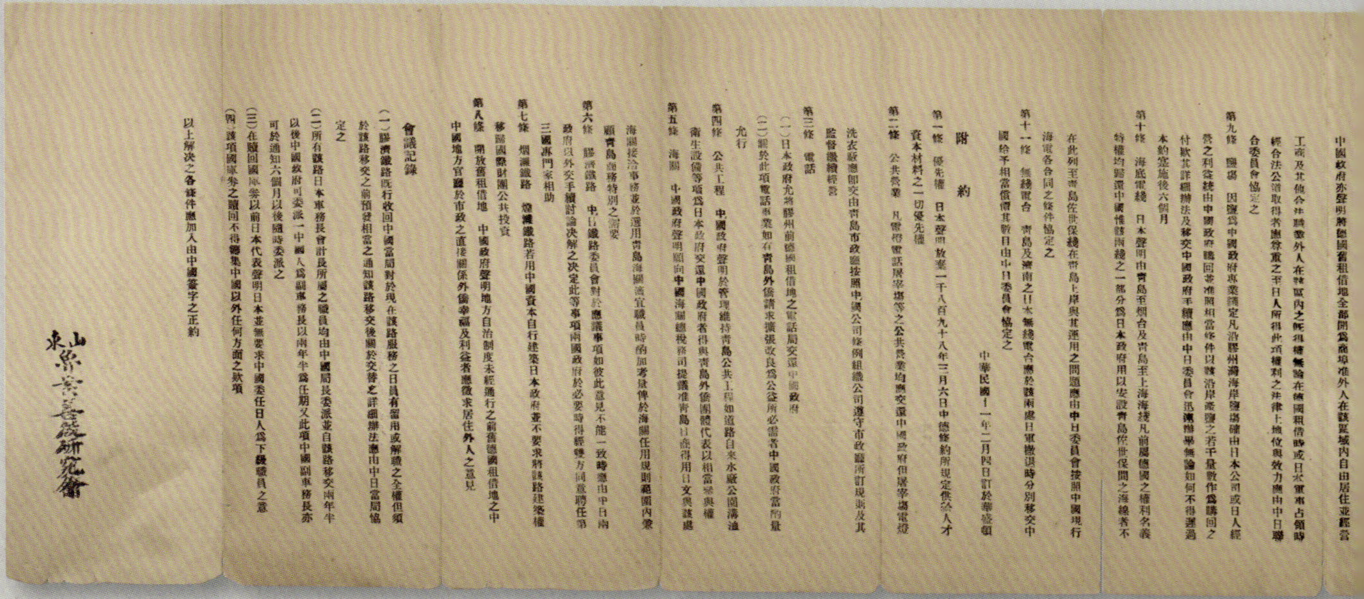
中國政府亦聲明將德國舊租借地全部開爲商埠准外人在該區域內自由居住並經營
工商及其他合法職業外人在該區內之既得權無論在德國租借時或日本軍事占領時
經合法公道取得者應尊重之至日人所得此項權利之法律上地位與效力應由中日聯
合委員會協定之
第九條　鹽場　因鹽爲中國政府專業議定凡沿膠州灣海岸鹽場確由日本公司或日人經
營之利益統由中國政府購回並准照相當條件以該沿岸產鹽之若干量數作爲購回之
付款其詳細辦法及移交中國政府手續應由中日委員會迅速辦畢無論如何不得遲過
本約實施後六個月
第十條　海底電綫　日本聲明由青島至烟台及青島至上海海綫凡前屬德國之權利名義
特權均歸還中國惟該兩綫之一部分爲日本政府用以安設青島佐世保間之海綫者不
在此列至青島佐世保綫在青島上岸與其運用之問題應由中日委員會按照中國現行
海電各合同之條件協定之
第十一條　無綫電台　青島及濟南之日本無綫電台應於該兩處日軍撤退時分別移交中
國給予相當價償其數目由中日委員會協定之
中華民國十一年二月四日訂於華盛頓
附　約
第一條　優先權　日本聲明放棄一千八百九十八年三月六日中德條約所規定供給人才
資本材料之一切優先權
第二條　公共營業　凡電燈電話屠宰場等之公共營業均應交還中國政府但屠宰場電燈
洗衣廠應即交由青島市政廳按照中國公司條例組織公司遵守市政廳所訂規則及其
監督繼續經營
第三條　電話
（一）日本政府允將膠州前德國租借地之電話局交還中國政府
（二）關於此項電話事業如有青島外僑請求擴張改良爲公益所必需者中國政府當酌量
允行
第四條　公共工程　中國政府聲明於管理維持青島公共工程如道路自來水廠公園溝渠
衛生設備等項爲日本政府交還中國政府者得與青島外僑團體代表以相當參與權
第五條　海關　中國政府聲明願向中國海關總稅務司提議准青島日商得用日文與該處
海關接洽事務並於選用青島海關適宜職員時酌加考量俾於海關任用規則範圍內兼
顧青島商務特別之需要
第六條　膠濟鐵路　中日鐵路委員會對於應議事項如彼此意見不能一致時應由中日兩
政府以外交手續討論決解之決定此等事項兩國政府於必要時得經雙方同意聘任第
三國專門家相助
第七條　烟濰鐵路　烟濰鐵路若用中國資本自行建築日本政府並不要求將該路建築權
移歸國際財團公共投資
第八條　開放舊租借地　中國政府聲明地方自治制度未經通行之前舊德國租借地之中
中國地方官廳於市政之直接關係外僑幸福及利益者應徵求居住外人之意見
會議記錄
（一）膠濟鐵路既行收回中國當局對於現在該路服務之日員有留用或解雇之全權但須
於該路移交之前預發相當之通知該路移交後關於交替之詳細辦法應由中日當局協
定之
（二）所有該路日本車務長會計長所屬之職員均由中國局長委派並自該路移交兩年半
以後中國政府可委派一中國人爲副車務長以兩年半爲任期又此項中國副車務長亦
可於通知六個月以後隨時委派之
（三）在贖回國庫券以前日本代表聲明日本並無要求中國委任日人爲下級職員之意
（四）該項國庫券之贖回不得籌集中國以外任何方面之款項
以上解決之各條件應加入由中國簽字之正約
山東魯案善後研究會

的班底，随后中日双方开始先期谈判。1922年6月2日，中日双方在北京外交部举行两国批准《解决山东悬案条约》换文仪式，条约随即生效。按照条约第二条规定，中日两国各派委员三人，组织联合委员会，商定移交事宜。1922年6月7日北洋政府颁发大总统令，特派王正廷为"鲁案"中日联合委员会委员长，田中玉为"鲁案"善后会办，派何宗莲、唐在章、徐东藩为"鲁案"中日联合委员会第一部委员，不久后何宗莲称病告退，由陈干接替其职。

经过半年的交涉和谈判，1922年12月1日，中日《山东悬案细目协定》终于在北京签署。12月5日，中日《山东悬案铁路细目协定》也正式签署。中日双方定于1922年12月10日正午交接青岛的行政主权。1923年1月1日，交接胶济铁路的管理权。

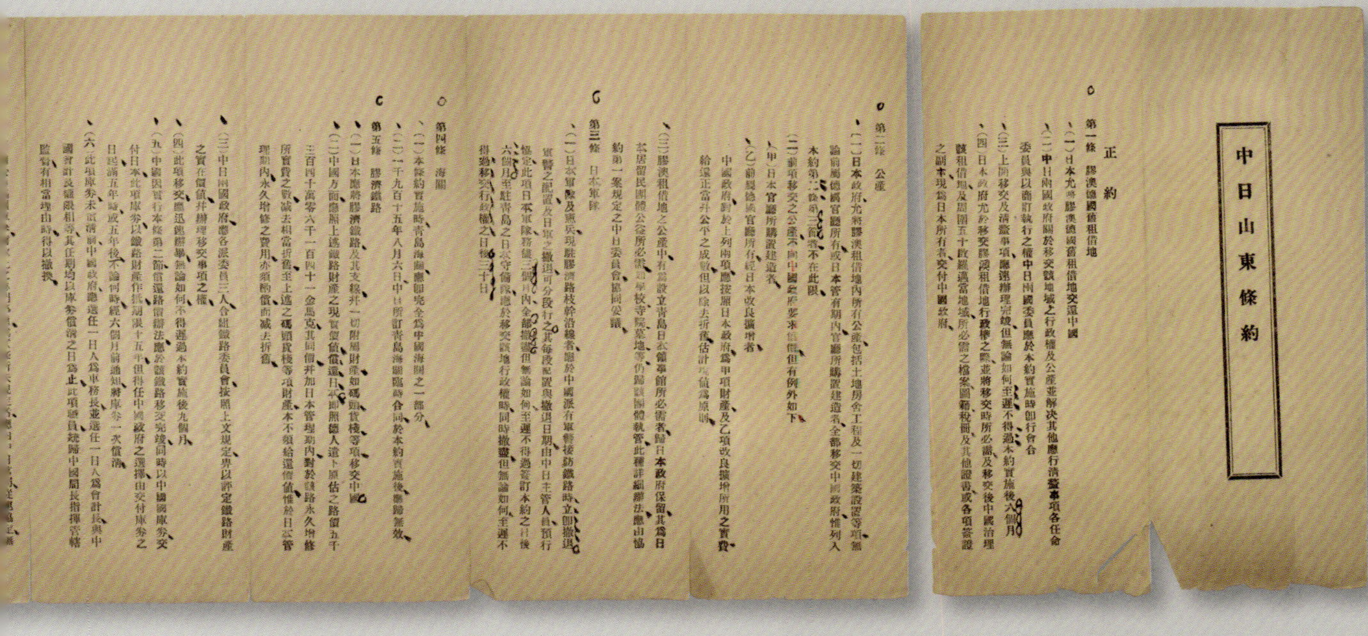

1904 年 5 月，当时的北洋大臣兼直隶总督袁世凯和山东巡抚周馥联名奏请自开济南商埠，并同时开设周村、潍县两处分埠，立即得到清廷批准，经过一年多筹备，济南商埠于 1905 年 11 月 12 日正式开埠，济南近代化发展的序幕也由此揭开。

济南商埠旧景

山东济南商埠商会与济南各面粉公司关于取消日本免税案函件

1921年7月
山东博物馆藏

1904年1月，清廷颁布《商会简明章程》规定“凡属商务繁盛之区可设商务总会”“商务稍次之地可设商务分会”。1905年，山东济南商务总会成立。由于济南开埠，商埠区也在1911年成立了一个济南商埠商会，到1914年，按北洋政府公布的《商会法》，这两个商会分别改称山东济南总商会和山东济南商埠商会。当年济南总商会会员达1800余家，商埠商会会员即有580余家。

此函件即是济南各面粉公司致济南商埠商会函和济南商埠商会的批复。1921年7月13日，济南茂新机器面粉公司、丰年机器面粉公司、惠丰机器面粉公司和济丰机器面粉公司联名致函济南商埠商会，要求商埠商会呈请山东省省长转咨外交部和税务处。力求取消日本在济南所设满洲面粉厂的免税特权，疾言“商等天良尚在，寸心未死，惟有誓死力争”“以维国权”。8月5日，济南商埠商会批复“应照来函所称办理”。

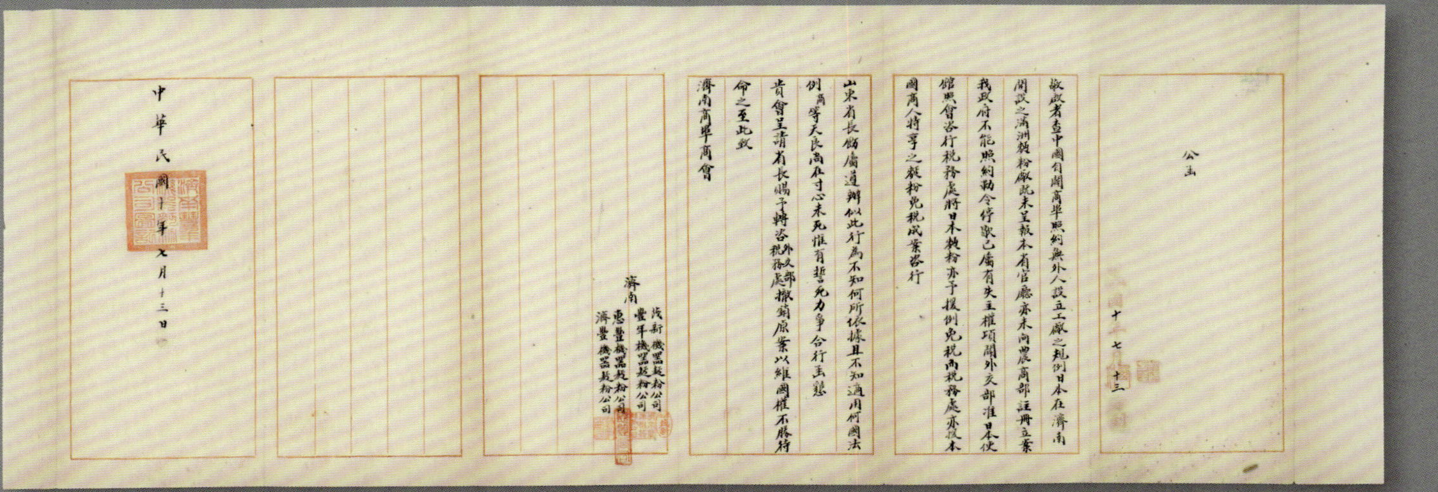
公函

十 七 十三

敬啟者查中國有關商埠照約無外人設立工廠之規例日本在濟南
開設之滿洲製粉廠既未呈報本省官廳亦未向農商部註冊立案
我政府不能照約勒令停歇已屬有失主權頃聞外交部准日本使
館照會咨行稅務處將日本製粉亦予援例免稅而稅務處亦援本
國商人特享之製粉免稅成案咨行
山東省長飭廳遵辦似此行為不知何所依據且不知適用何國法
例商等天良尚在寸心未死惟有誓死力爭合行函懇
貴會呈請省長賜予轉咨外交部稅務處撤銷原案以維國權不勝待
命之至此致
濟南商埠商會

濟南
茂新機器麵粉公司
豐年機器麵粉公司
惠豐機器麵粉公司
濟豐機器麵粉公司

中華民國十年七月十三日

济南历城县公署与济南商埠商会关于日本人强拆房屋雇凶杀人案等事函

1922年
山东博物馆藏

1922年8月针对多起在济日本人杀伤商人、袭击巡警、焚烧等暴行，济南商埠商会与山东省政府、山东交涉公署、历城县公署等机构的来往函件。

第一次世界大战中，日本趁对德宣战之机强占青岛，并将山东纳入其势力范围，利用不平等条约带来的特权进行殖民和资本侵略。1922年8月，日本人在济南制造了多起暴行。此前，日本人御园生欠债抵赖，杀死商人谢东生一案始终未能判决。8月3日，日本人贞松四郎又在通惠街白石洋行附近枪杀儿童。4日，日本人中村晚成和宫崎矶一郎在升平街德祥号杂货铺索要烟草未果，便放火焚烧店铺，并殴打警察张福祥。日本人的种种行径激起极大民愤，济南商埠商会因此呈文山东省省长田中玉及山东交涉公署，要求其据理力争，严惩日本行凶者，并联系济南总商会外交协会和提倡国货会学生会，希望其协力抗争，以息公愤。历城公署列举日本人在济南所犯种种要案，向日方提出赔偿，并希望济南商埠商会提供证据协助，并统计损失。

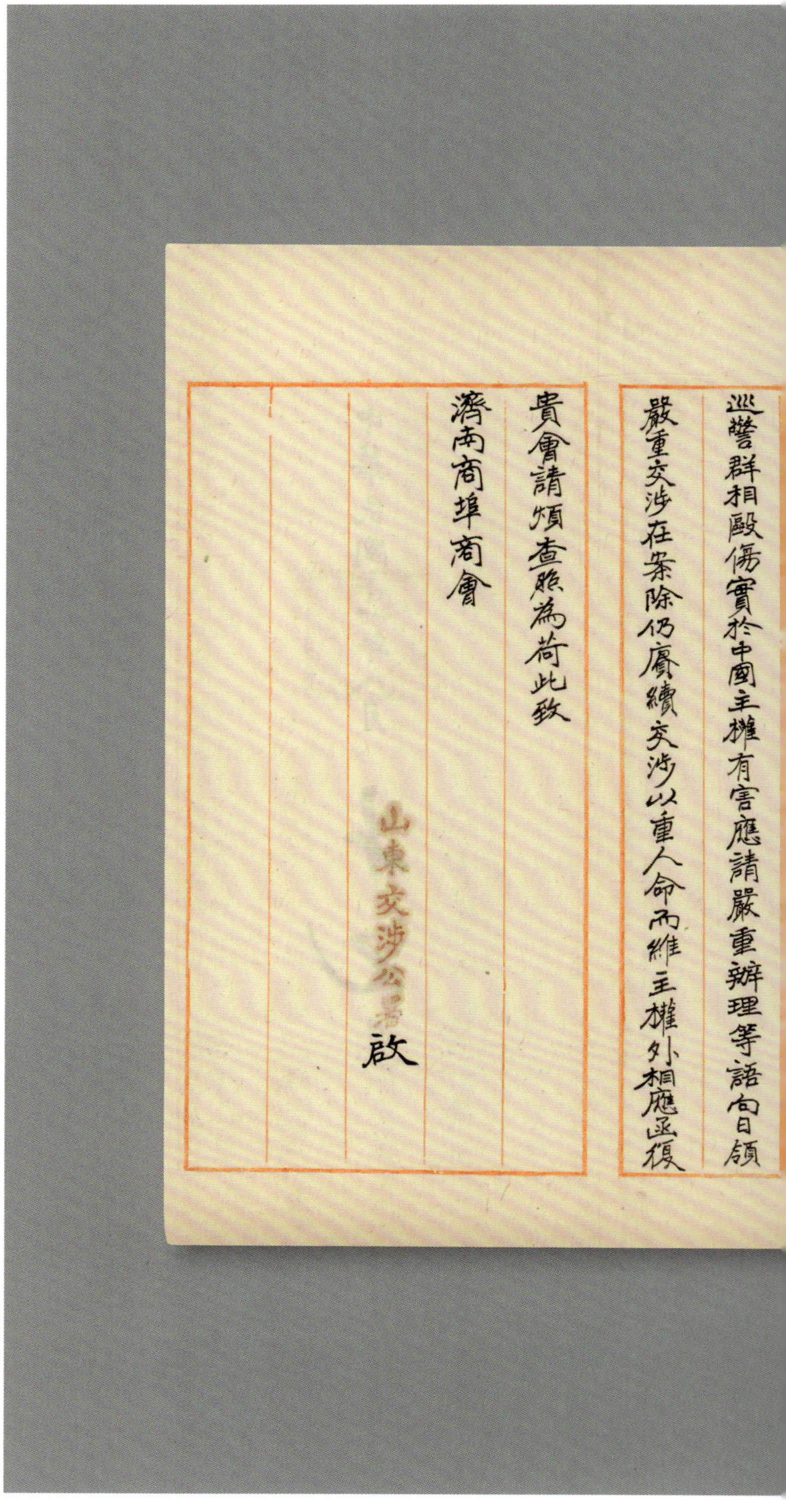
巡警群相毆傷實於中國主權有害應請嚴重辦理等語向日領
嚴重交涉在案除仍賡續交涉以重人命而維主權外相應函復
貴會請煩查照為荷此致
濟南商埠商會
山東交涉公署啟

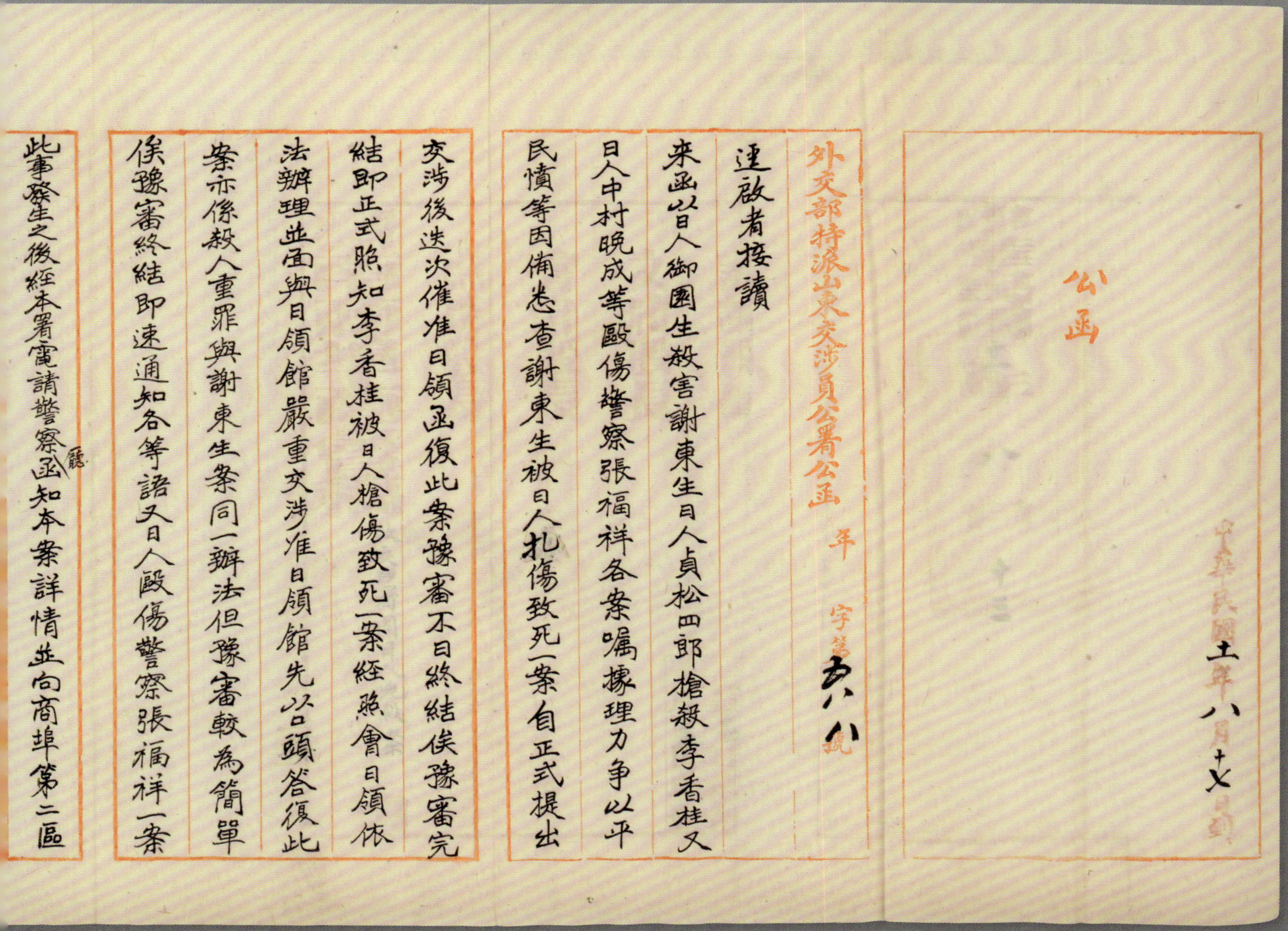
公函

中華民國十一年八月十七日到

外交部特派山東交涉員公署公函 年 字第五八八號

逕啓者接讀
來函以日人御園生殺害謝東生日人貞松四郎槍殺李香桂又
日人中村晩成等毆傷警察張福祥各案囑據理力爭以平
民憤等因備悉查謝東生被日人扎傷致死一案自正式提出
交涉後迭次催准日領函復此案豫審不日終結俟豫審完
結即正式照知李香桂被日人槍傷致死一案經照會日領依
法辦理並面與日領館嚴重交涉准日領館先以口頭答復此
案亦係殺人重罪與謝東生案同一辦法但豫審較為簡單
俟豫審終結即速通知各等語又日人毆傷警察張福祥一案
此事發生之後經本署電請警察廳函知本案詳情並向商埠第二區

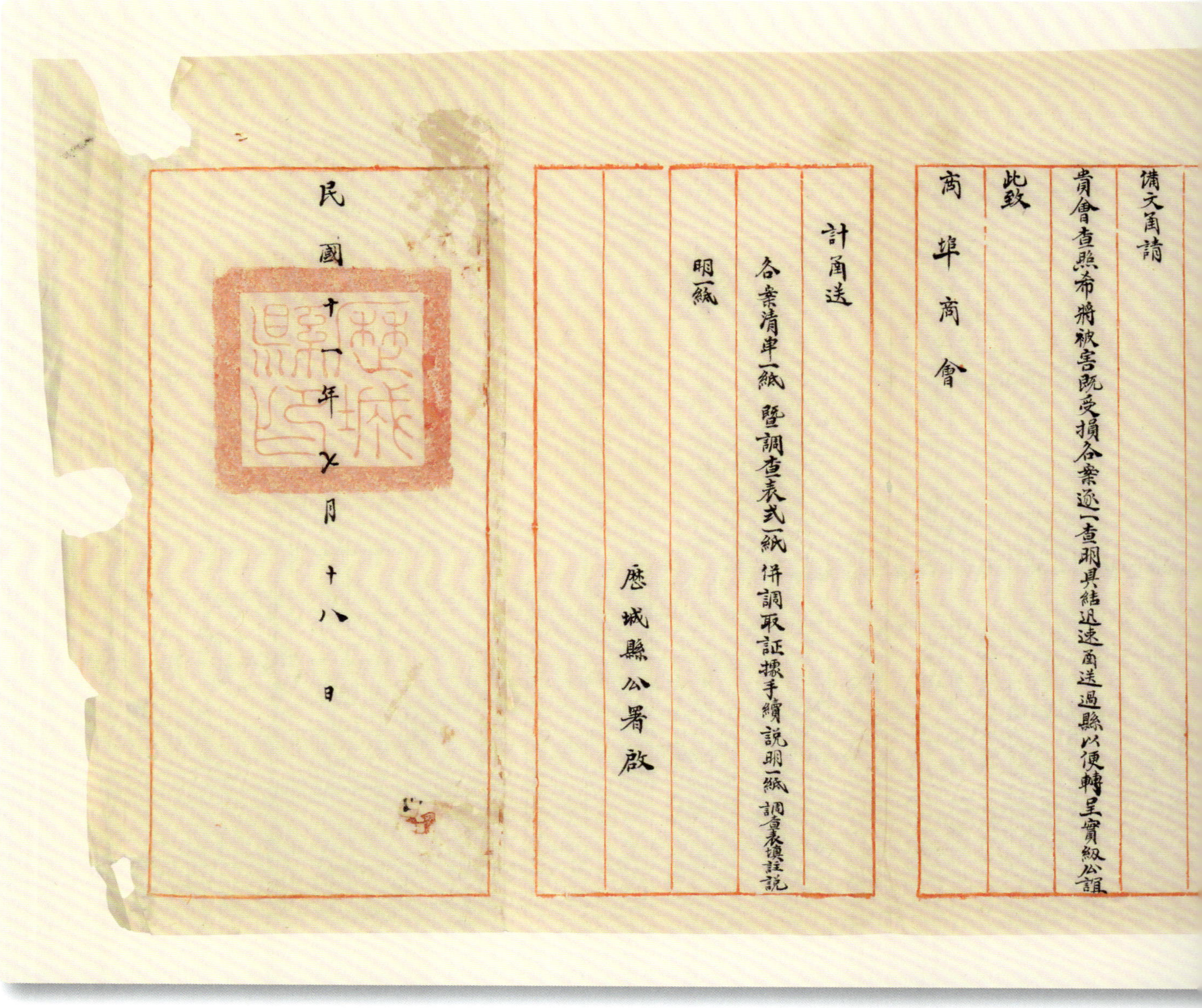

備文函請

貴會查照希將被害既受損各案逐一查明具結迅速函送過縣以便轉呈實紉公誼

此致

商埠商會

計函送

各案清單一紙 暨調查表式一紙 併調取証據手續說明一紙 調查表填註說明一紙

歷城縣公署啟

民國十一年七月十八日

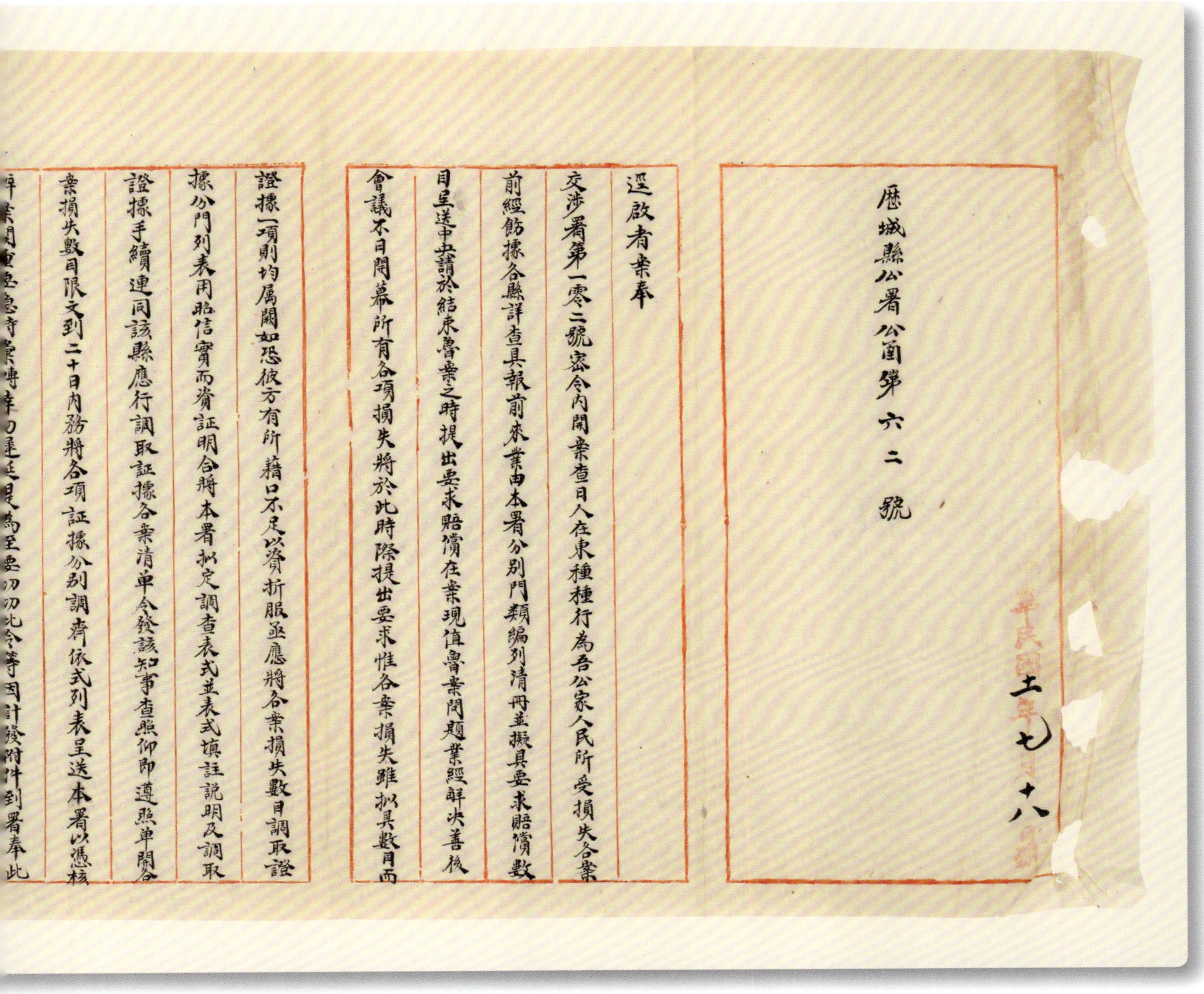
歷城縣公署公函第六二號

中華民國十一年七月十八日

逕啟者案奉
交涉署第一零二號密令內開案查日人在東種種行為吾公家人民所受損失各案
前經飭據各縣詳查具報前來業由本署分別門類編列清冊並擬具要求賠償數
目呈送中央請於結束魯案之時提出要求賠償在案現值魯案問題業經解決善後
會議不日開幕所有各項損失將於此時際提出要求惟各案損失雖擬具數目而
證據一項則均屬闕如恐彼方有所藉口不足以資折服亟應將各案損失數目調取證
據分門列表用昭信實而資証明合將本署擬定調查表式並表式填註說明及調取
證據手續連同該縣應行調取証據各案清單令發該知事查照仰即遵照單開各
案損失數目限文到二十日內務將各項証據分別調齊依式列表呈送本署以憑核業案月運思急寺眾專年□運迄是要切切此令等因計發附件到署奉此

山东济南商埠商会为日本浪人在青岛勾结土匪事致大总统电公函

1922年

山东博物馆藏

纸质公函，署济南总商会、商埠商会、银行公会、商业研究会四团体名称，钤有“山东济南商埠商会”朱印。1922年12月青岛回归前夕，日本浪人勾结青岛本地土匪，公然在市内设立机关，绑架勒索官绅，抢劫行人，而日本宪警故意放任不管，意图给青岛交接制造混乱。济南总商会、商埠商会、银行公会、商业研究会就此情况向总统府致电，要求山东督军、省长加强警备，并请求北洋政府与日使交涉，令其管束该国浪人。

1922年2月4日，中日在华盛顿会议上签署了《解决山东悬案条约》及附约。1922年6月2日，中日双方在北京外交部举行两国批准《解决山东悬案条约》换文仪式，条约随即生效。1922年12月1日，中日《山东悬案细目协定》在北京签署，12月5日中日《山东悬案铁路细目协定》也正式签署。按照协定，中国将于1922年12月10日正午收回青岛的行政主权，1923年1月1日收回胶济铁路的管理权。日本政府虽然签订条约，但仍心有不甘，指示日本浪人在青岛、济南等地制造混乱，以阻止青岛主权的正常交接。后日本政府迫于中外舆论和各国侨民的谴责，训令驻青司令官对通匪纵匪者严行惩办。

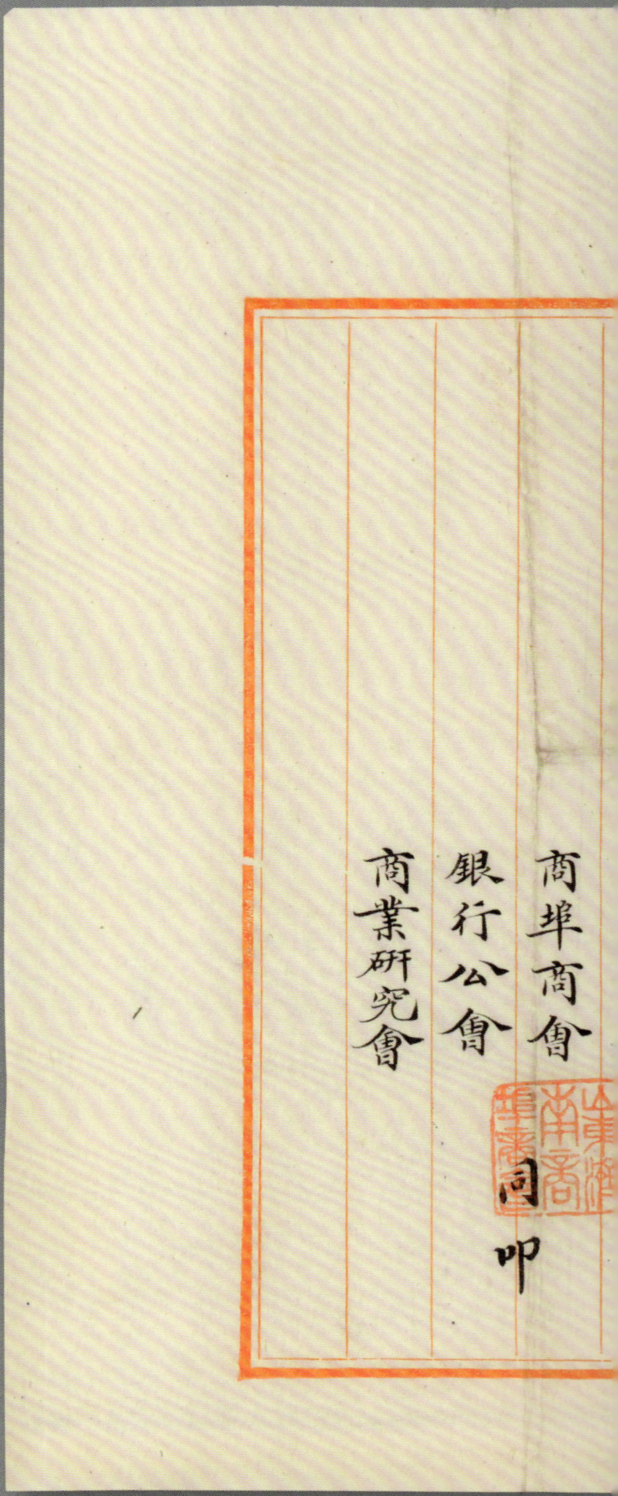

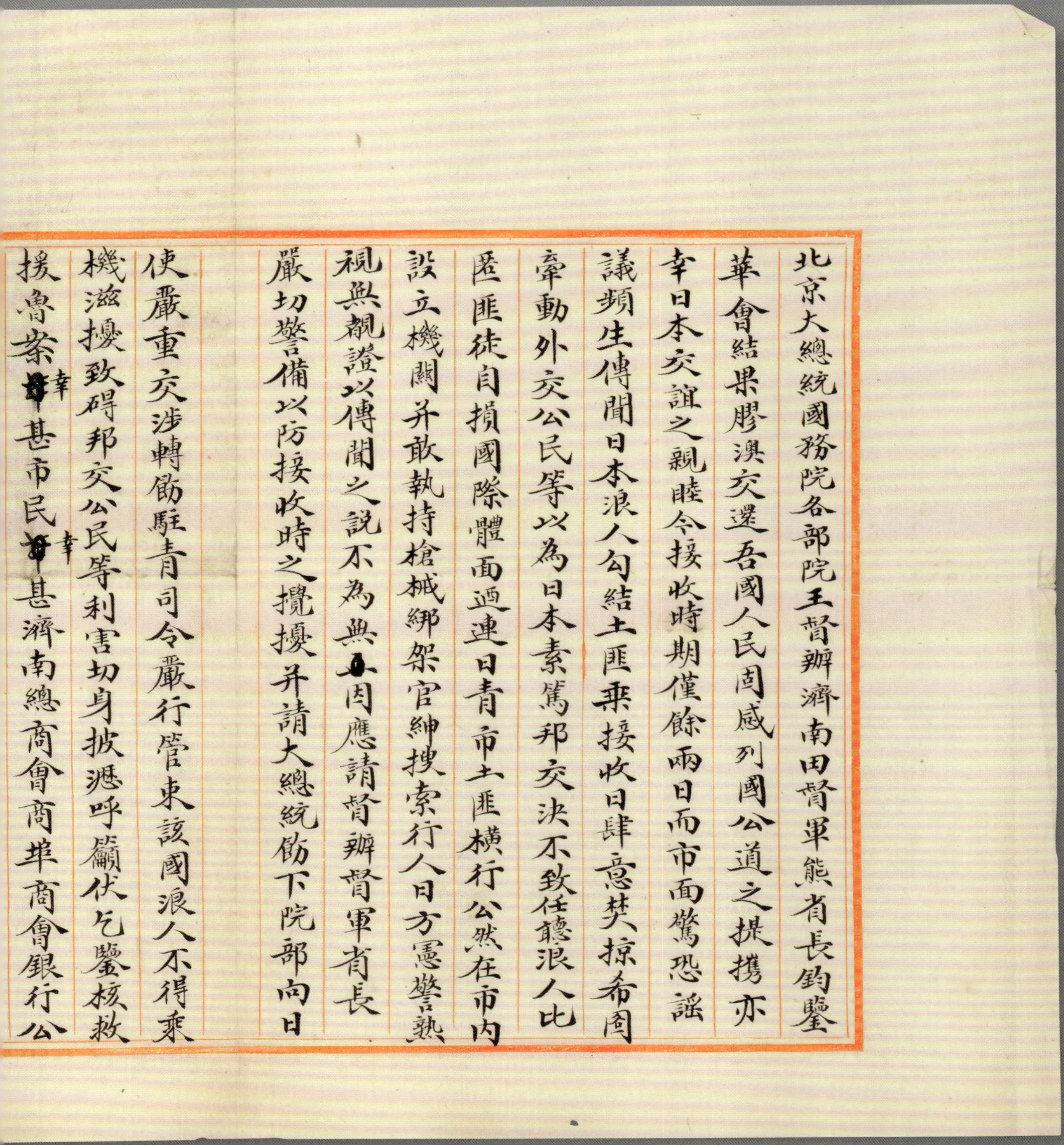

北京大總統國務院各部院王督辦濟南田督軍熊省長鈞鑒
華會結果膠澳交還吾國人民同感列國公道之提攜亦
幸日本交誼之親睦今接收時期僅餘兩日而市面驚恐謠
議頻生傳聞日本浪人勾結土匪乘接收日肆意焚掠希圖
牽動外交公民等以為日本素篤邦交決不致任聽浪人比
匿匪徒自損國際體面適連日青市土匪橫行公然在市內
設立機關并敢執持槍械綁架官紳搜索行人日方憲警熟
視無覩證以傳聞之說不為無因應請督辦督軍省長
嚴切警備以防接收時之攪擾并請大總統飭下院部向日
使嚴重交涉轉飭駐青司令嚴行管束該國浪人不得乘
機滋擾致碍邦交公民等利害切身披瀝呼籲伏乞鑒核救
援魯案幸甚市民幸甚濟南總商會商埠商會銀行公

1897 年 11 月 14 日，德军借口“巨野教案”占领胶州湾，1898 年德国与清政府签订了《胶澳租借条约》，其中规定在山东修建几条铁路。1898 年 9 月，胶济铁路开始动工，1904 年 6 月全线通车。胶济铁路东起青岛，西至济南，铁路干线全长 394.06 公里。胶济铁路的建成通车使德国有了一条攫取山东各地物产资源的通道，与此同时也极大地改变了山东的交通格局和经济形态，客观上改变了山东社会发展和民众的生产生活方式。

1904年2月第一列施工列车抵达济南车站时德方组织的仪式

山东济南商埠商会
关于募款赎回胶济铁路函

1923年
山东博物馆藏

纸质信函，1923年3月18日由中华全国商会联合会总事务所致中华全国商会联合会山东事务所、山东济南总商会。1923年中华全国商会联合会第四届常委会在武汉开会，会上中华全国商会联合会山东事务所及济南总商会提议，胶济铁路交还在即，请大会通函各省商会，倡议募集股款，以赎回胶济铁路。大会当场表决通过了提案，并由中华全国商会联合会总事务所致函各省商会查照办理。

第一次世界大战结束后，根据中日两国签订的《解决山东悬案条约》和《山东悬案铁路细目协定》，该线由中国高价赎回。为募集赎回胶济铁路资金，北洋政府及民间曾多次发起筹款活动，但均以失败告终。1923年1月1日起中方收回胶济铁路的管理权，此后胶济铁路的营收利润成为偿还赎回胶济铁路债务的主要来源，至1937年中国对日宣战后停止偿还。

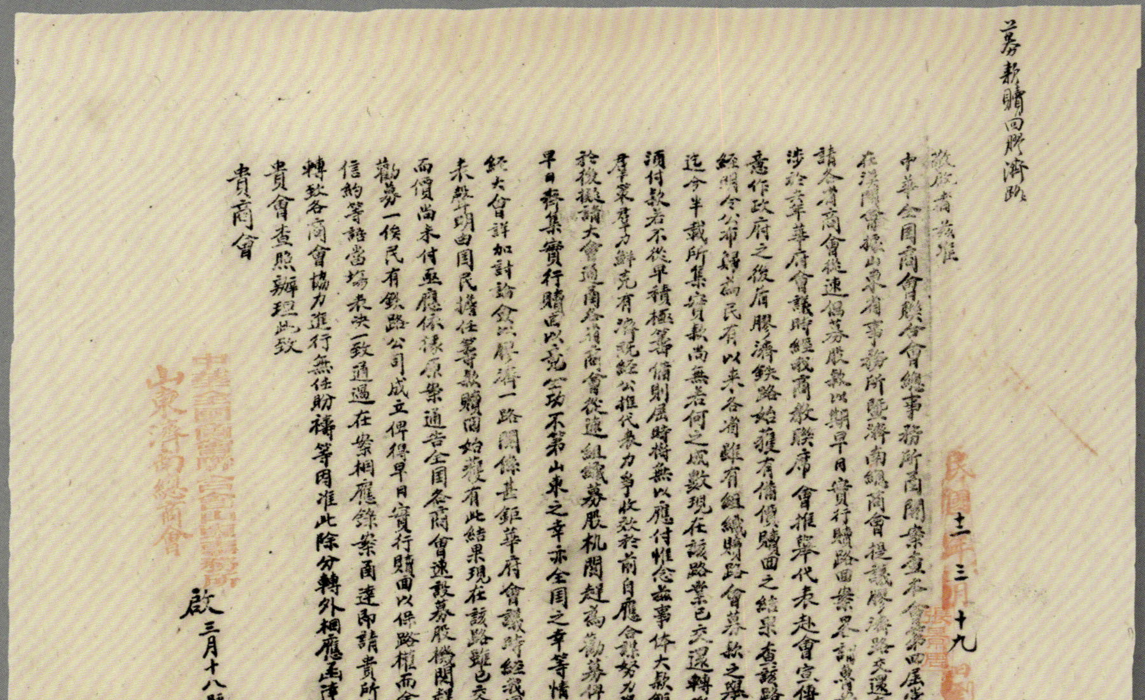
募款贖回膠濟路
敬啟者 茲准
中華全國商會聯合會總事務所函開 案查本會第四屆常會
在漢開會 據山東省事務所暨濟南總商會提議 膠濟路交還在即
請各省商會從速倡募股款 以期早日實行贖路由案 略稱 貴省試
涉於華府會議時 經我商教聯席會推舉代表赴會 宣傳民
意 作政府之後盾 膠濟鐵路始獲有備價贖回之結果 查該路自
經明令公布歸為民有以來 各省雖有組織贖路會募款之舉 然
迄今半載 所集實款尚無若何之成數 現在該路業已交還 轉瞬即
須付款 若不從早積極籌備 則屆時將無以應付 惟念茲事體大 款鉅非
群策群力 鮮克有濟 既經公推代表力爭收效於前 自應合謀努力進行
於後 擬請大會通函各省商會 從速組織募股機關 赶為勸募 俾路款
早日籌集 實行贖回 以竟全功 不第山東之幸 亦全國之幸 等情 當
經大會詳加討論 僉以膠濟一路 關係甚鉅 華府會議時 經我國代
表艱苦折衝 始獲有此結果 現在該路雖已交還
而價尚未付 亟應依據原案 通告全國各商會 速設募股機關 赶為
勸募 一俟民有鐵路公司成立 俾得早日實行贖回 以保路權而全用
信約等語 當場表決 一致通過在案 相應錄案函達 即請 貴所查照
轉致各商會 協力進行 無任盼禱 等因 准此 除分轉外 相應函達
貴會查照辦理 此致
貴商會
中華全國商會聯合會山東事務所 山東濟南總商會 啟 三月十八號
民國十二年三月十九 張景周

1922年北洋政府接收青岛后的胶澳商埠督办公署，作为胶澳行政之中枢（位于山东省青岛市市南区观海山南麓沂水路11号）。

山东济南总商会等电促王正廷来东接收青岛函

1922年
山东博物馆藏

纸质公函，为山东济南总商会等团体致北京大总统、北京“鲁案”督办王正廷电文草稿。

1922年2月4日，中日在华盛顿会议上签署了《解决山东悬案条约》及附约。规定日方将所有原来德国在山东的权利交还给中国，以当年年底为最后期限。1922年3月2日，北洋政府徐世昌颁布大总统令，任命王正廷为“鲁案”善后督办，开始先期谈判。1922年6月2日，中日双方在北京外交部举行两国批准《解决山东悬案条约》换文仪式，条约随即生效。1922年12月1日，中日《山东悬案细目协定》在北京签署。12月5日中日《山东悬案铁路细目协定》也正式签署。中国于1922年12月10日正式收回青岛的行政主权，1923年1月1日收回胶济铁路的管理权。

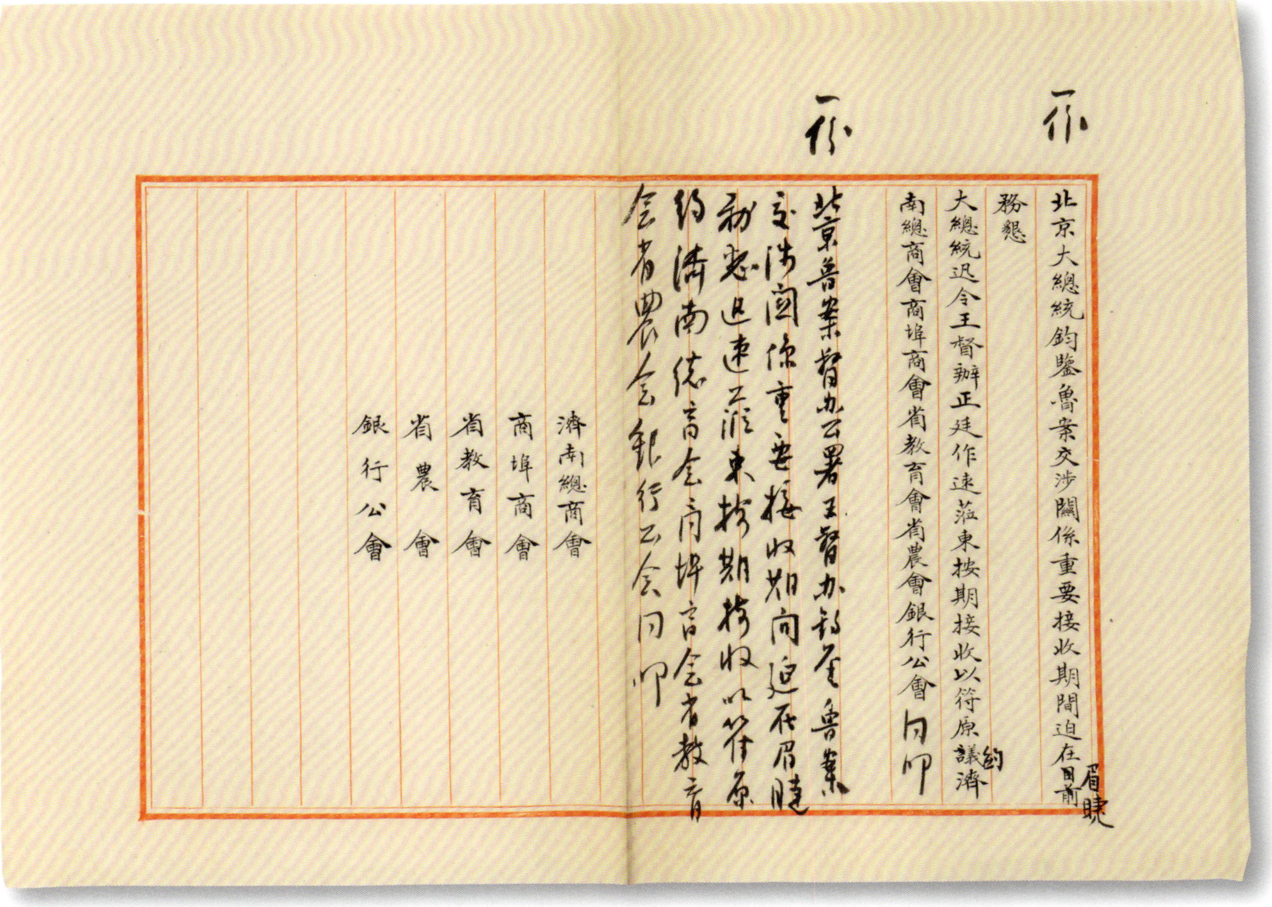
示 示
北京大總統鈞鑒魯案交涉關係重要接收期間迫在眉睫
務懇
大總統迅令王督辦正廷作速蒞東按期接收以符原約濟
南總商會商埠商會省教育會省農會銀行公會同叩
北京魯案督辦公署王督辦鈞鑒魯案交涉關係重要接收期間迫在眉睫務懇迅速來東按期接收以符原約濟南總商會商埠商會省教育會省農會銀行公會同叩
濟南總商會
商埠商會
省教育會
省農會
銀行公會

胶济铁路收归国有后的实寄封

1923年
山东博物馆藏

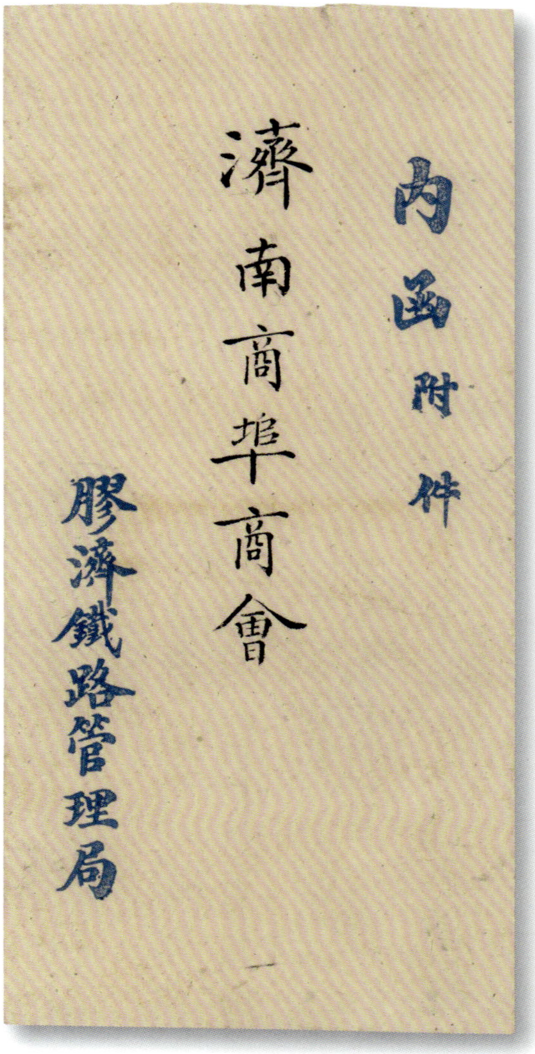

纸质信封。1923年中国收回胶济铁路主权后，胶济铁路管理局寄给济南商埠商会的实寄封。实寄封是经过通信寄递后的信函封套或者其他邮政用品的总称。

第一次世界大战爆发后不久，日本趁德国无力东顾之机，以“英日联盟”为借口，对德宣战。1914年10月6日占领济南及胶济铁路西段，11月7日进据青岛，不久控制了胶济铁路全线。日本临时铁道联队随军进行接管，实行军事管制，并将该线改名为“山东铁道”。为了进一步加强对该线的控制，翌年3月24日成立了山东铁道管理部，并将矿山港口合并一起经营，隶属于青岛守备军民政部。第一次世界大战结束后，根据中日两国签订的《解决山东悬案条约》和《山东悬案铁路细目协定》，该线由中国高价赎回。1922年，北洋政府交通部组建了胶济铁路理事会，并于同年12月29日设立胶济铁路股份有限公司筹备处，筹备接收该线。

1923年1月1日北洋政府正式从日本手中收回了胶济铁路主权，恢复了胶济铁路名称，由新成立的胶济铁路管理局进行管理，隶属于北洋政府交通部。根据交通部颁布的编制专章，胶济铁路管理局设总务、车务、机务、工务、会计、材料、警察七处。但是，由于赎路款当时尚未还清，该路管理的实权仍然控制在日本人手中。

亚细亚煤油公司新领地租照

1923年
青岛市博物馆藏

公函。1922年12月10日，中国收回青岛主权，设立胶澳商埠督办公署，直隶于北洋政府，胶澳土地行政事宜则由胶澳商埠财政局兼办。英国亚细亚煤油公司为获取新的领地租照而向胶澳商埠提出申请。该套函件包含了1923年青岛英国副领事代英商亚细亚煤油公司向北洋政府胶澳商埠申请工业用地的申请、胶澳商埠的批复等材料。

1898年中德签订不平等条约《胶澳租借条约》，青岛沦为德国的殖民地，被迫开埠通商，列强各国均到青岛设立公司，侵占商品市场。1912年1月，英商在青岛吴淞路25号开设亚细亚煤油公司青岛分公司，经营煤油、汽油、机油、柴油，并在昌乐路9号设立油库一处，内有煤油罐三座，总容量为7500吨，汽油罐一座，容量为2500吨。至1921年，亚细亚公司与美商美孚、德商德士古完全垄断了青岛煤油、汽油、柴油和机油市场。

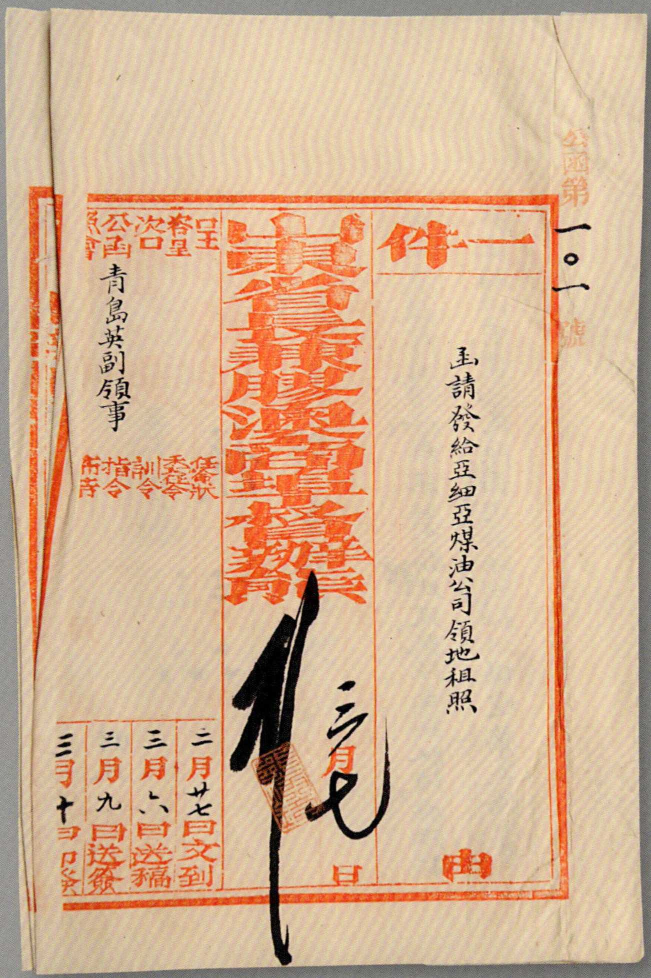

胶济铁路员工证章

1923—1937年
青岛市博物馆藏

中华民国时期胶济铁路员工佩戴的徽章。铜制，正面为白底蓝字的“胶济”二字的篆书变体，背面为阿拉伯数字编号“315”。

胶济铁路为德占青岛时所修筑，东起青岛，西至济南，1904年通车，最初名为“山东铁路”，是横贯山东的运输大动脉。一战后，胶济铁路为日本所攫取运营，并将该线改名为“山东铁道”。1922年2月4日，中日在华盛顿会议上签署了《解决山东悬案条约》及附约，规定青岛主权交还中国、胶济铁路由中国赎回。中日双方定于12月10日正午，交接青岛的行政主权。1923年1月1日，开始交接胶济铁路主权。1922年，为接收胶济铁路，北洋政府交通部组建了胶济铁路理事会，并于同年12月29日设立胶济铁路股份有限公司筹备处，筹备接收该线。1923年1月1日北洋政府正式从日本手中收回了胶济铁路主权，恢复了胶济铁路名称，由新成立的胶济铁路管理局进行管理。此枚徽章就是1923年中国政府接收胶济铁路后至1937年全面抗战爆发前这段时间所发行的。

关于日商松永霸占农民土地的控诉呈文和胶澳商埠批稿

1923年
青岛市博物馆藏

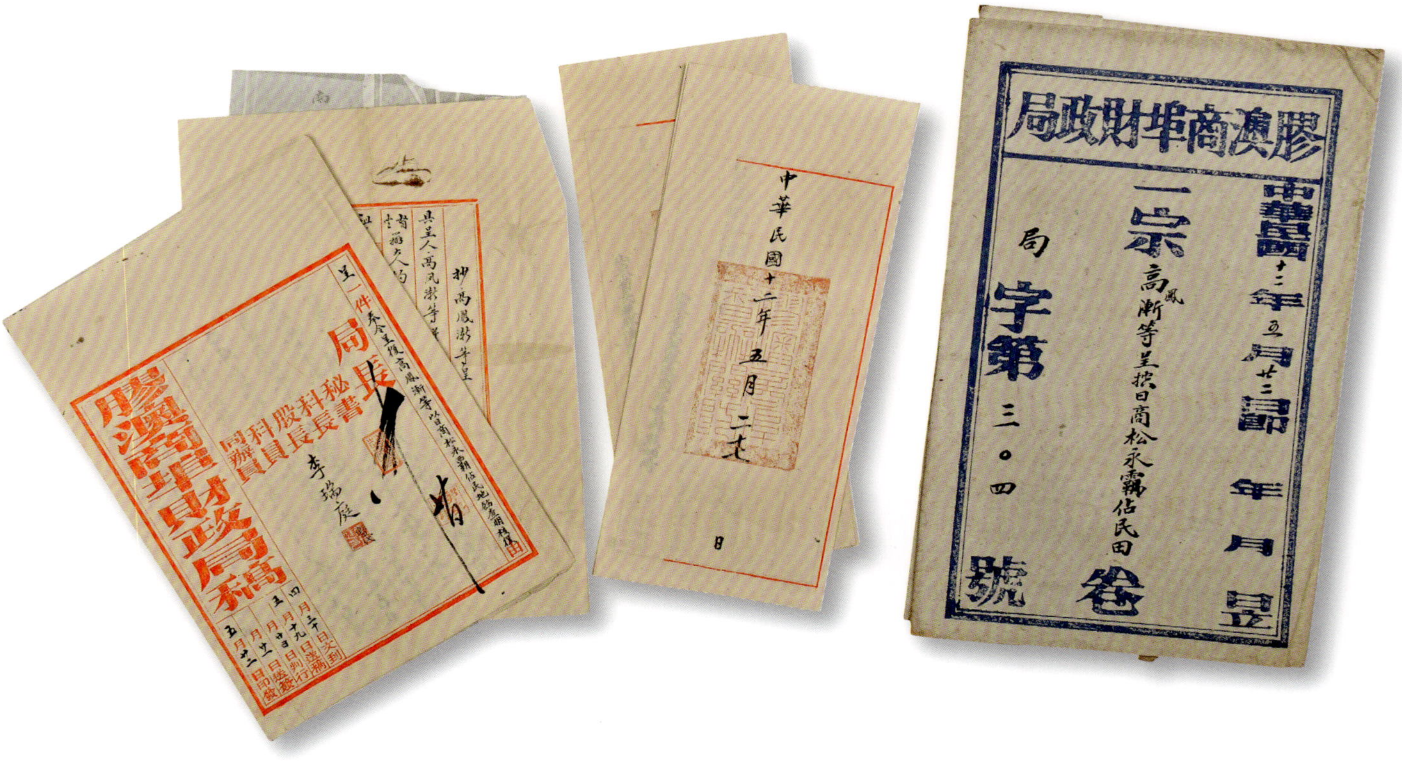

公函，共5件，包括高风渐等控诉日商松永霸占农民土地的呈文、胶澳商埠财政局收录此事的案卷、胶澳商埠财政局批稿和财政科指令，盖有官印“胶澳商埠督办关防”和官员名印。

1914年日本侵占青岛后，日本政府宣布青岛对日本本土居民开放。日侨大批移居青岛。为便于日侨在青生活和经营，日本当局向日侨出租、出售大批地产，日侨强买中国市民土地的情况屡有发生。凭借各种优惠，日资企业也大肆圈地，甚至强占民业、霸占民田。青岛主权回归中国后，日本在青岛的势力仍然十分猖獗。1922年12月10日，中国收回青岛主权，设立胶澳商埠督办公署，直隶于北洋政府，胶澳土地行政事宜则由胶澳商埠财政局兼办。青岛民众向胶澳商埠财政局提交诉状后，胶澳商埠政府依据《解决山东悬案条约》和《山东悬案细目协定》中的规定，打算收回日本企业所占土地，但遭到拒绝。为此，胶澳商埠督办公署、胶澳商埠局、青岛特别市政府先后与日本驻青总领事馆进行了旷日持久的交涉。

接收當日換掛國旗時之儀式

膠澳商埠督辦公署爲前日本之守備軍司令部亦即日本管理青島各項政務之總機關終日在樓頂懸掛日本國旗及十二月十日午砲一鳴即將日本國旗卸下換掛中國國旗當五色國旗上升時警察作樂並舉行槍禮式既國旗換畢而交替之儀式遂於此告終焉

1922年12月10日，中国收回青岛主权。图为12月10日午间，胶澳商埠督办公署楼顶换挂中华民国国旗时，中国警察行礼情形（图片选自班鹏志《接收青岛纪念写真》，商务印书馆1924年版）。

《胶济铁路接收第一周年纪念》

1924年
山东博物馆藏

本书收录了胶济铁路接收前之准备、接收时之经过、接收后之设施、接收一周年大事记等文字介绍，并附有胶济铁路接收后比较上年收入表、接收后十个月营业收入表、逐月大宗货运表等图表。

班鹏志编著《接收青岛纪念写真》

1924年
山东博物馆藏

1924年4月出版发行的《接收青岛纪念写真》，青岛摄影家班鹏志编著，是青岛第一部写真新闻图片集，以珍贵影像记录了中国政府收回青岛主权的全过程。全集内有照片279幅，并以文字作序和说明，创造了以照片形式写志的先例。共分3部分，第一编为接收青岛之起源，有31幅照片，有巴黎和会和华盛顿会议的照片、学生排日演讲及北京国民大会等反映五四运动的珍贵照片，还有督办“鲁案”善后事宜的照片。第二编为接收，有154幅照片，有青岛的全貌和市街图，各接收专员，接收时中国警察、中国军舰、中国海军、边防陆军到青岛时的情景，接收时、接收后各单位部门的照片。第三编为沿革，有94幅照片，有清末照片、德日侵占青岛照片、各街道建筑照片及青岛的民俗照片。

接收青島紀念寫真
Souvenir Photographs of the
Restoration of Tsingtau 1923

序

昔者繪圖貼說用以明地方之梗概寫影傳眞借以留人物之丰釆蓋所以徵事實也然筆墨雖精究不能情景畢露每詳其近而忽其遠繪畫雖工終不能面目逼肖祇具其形而失其神苟欲借此爲紀事之確證詎可得乎

自光學大昌照像發明無論其爲地方爲人物一攝之間廬山即現於目前恍然親履其境晤對其人也噫嘻用照像以佐記載其所謂信史者何以加此

日人交還青島誠爲我國外交史上開一新紀元是不可不有公正確鑿之著作物以爲接收青島之紀念品本會美術部幹事班鵬志君夙具深心精於工藝或物色諸同人或親手所寫照舉凡關於青島交涉上接收上沿革上之地方及人物並各處之風景製爲銅版編輯成册復經教育部幹事郭應敏君幫同品評撮要紀事俾閱者得洞悉接收青島之本眞焉

嗟乎黨派紛岐是非靡定世風日下著述難憑班郭兩君秉大公無私之衷懷爲至明且確之紀錄余加以斟酌略事修正使天下後世咸知斯時斯土之地方與人物一切之眞實情形其有功於社會豈淺鮮哉是爲序

中華民國十二年四月

膠澳中國青年會會長鄺洸元誌

例言

(一)青島爲東亞重鎭環球注目此次交還中國實爲中國外交史上開一新紀元是書之編聊備紀念之意

(一)本寫眞帖共分三編首編述接收青島之起原次編述接收青島事跡末編述青島以往之沿革

(一)本寫眞之照片除巴黎和會華府會議等件係徵求自國際寫眞通信社外其餘俱係編者親歷其境實地攝取

(一)本寫眞每幅照片之下俱加以極簡明之記事雖未歷青島者手此一編亦可當臥遊也

(一)本寫眞倉卒成書恐多遺誤尙望海內君子隨時賜教再版庶可更正

編者誌

—(1)—

第三章

建党筑梦 大道之行

在马克思列宁主义同中国工人运动结合的过程中，中国共产党应时应运而生。1921年7月，中国共产党成立。这是中华民族发展史上开天辟地的大事变，犹如擎起的一支熊熊火炬，给近代饱受战乱、灾难深重的中国人民带来了光明和希望。

五四运动后期，马克思主义开始在山东传播。1921年春，济南共产党早期组织成立，山东是国内最早建立党组织的六个地区之一。1921年7月，王尽美、邓恩铭出席中共一大。山东党组织按照中央决定，一面大力宣传马克思主义，一面集中主要力量开展工人运动。随着革命运动的发展，山东党组织不断壮大。

1921 年 7 月 23 日，中国共产党第一次全国代表大会在上海召开。党的一大宣告中国共产党正式成立，中国革命面貌从此焕然一新。

党的一大会址——上海法租界望志路106号（现兴业路76号）

由于会场受到暗探注意和法租界巡捕搜查，党的一大最后一天的会议转移到浙江嘉兴南湖的游船上举行。

王尽美

1898—1925

原名王瑞俊，山东诸城大北杏村（时属莒县）人。中国共产党创始人之一，山东党组织早期组织者和领导者。1918年，王尽美考入山东省立第一师范学校。1919年，参加五四运动。1920年，与邓恩铭等人发起成立励新学会，创办《励新》半月刊。励新学会同齐鲁书社是山东较为系统传播马克思主义的主要渠道，所开展的一系列活动被当时的进步报刊称"济南文化运动之曙光"。1921年春，与邓恩铭等发起创建济南共产党早期组织，创办《济南劳动周刊》，同年7月赴上海出席中共一大。他在会上立志要改变中国贫困落后的面貌，要让中国尽善尽美，并改名为王尽美。1922年，任中国劳动组合书记部山东支部主任，创办《山东劳动周刊》。1922年8月，调任中国劳动组合书记部北方分部副主任，领导了山海关铁工厂、秦皇岛码头、京奉铁路工人大罢工。1923年回到山东，全面主持山东党的工作。曾数次到青岛指导建党建团工作和工人运动。1924年1月出席国民党第一次全国代表大会。1925年1月，以孙中山国民会议特派宣传员身份到青岛，指导青岛国民会议促成运动。同年春，参加领导四方机厂和青岛日商纱厂工人大罢工。8月19日因积劳成疾，在青岛病逝。病重期间，他口授遗嘱："全体同志要好好工作，为无产阶级和全人类的解放和共产主义的彻底实现而奋斗到底。"

王尽美个人像

20世纪初

济南革命烈士陵园（济南战役纪念馆）藏

王尽美留下的唯一一张肖像照，是王尽美回乡探亲时留给其母亲的。

1921 年夏，山东第一个共产党领导的工会性质的工人组织——津浦铁路济南大槐树机厂工人俱乐部成立，是全国建立的最早的工会组织之一。

1922年6月18日，津浦铁路济南大槐树机厂工会成立大会。

王尽美在济南领导革命斗争时使用的饭盒

1921年
青岛市博物馆藏

铝质饭盒，为王尽美在济南领导革命斗争时所使用。1921年秋王尽美从济南回故里探亲时，将饭盒送给了其表姐郑明淑（郑明淑是王尽美母亲的养女），保存至今。

1922 年 1 月，共产国际在莫斯科克里姆林宫召开远东各国共产党及民族革命团体第一次代表大会，王尽美、邓恩铭等人参加了大会。

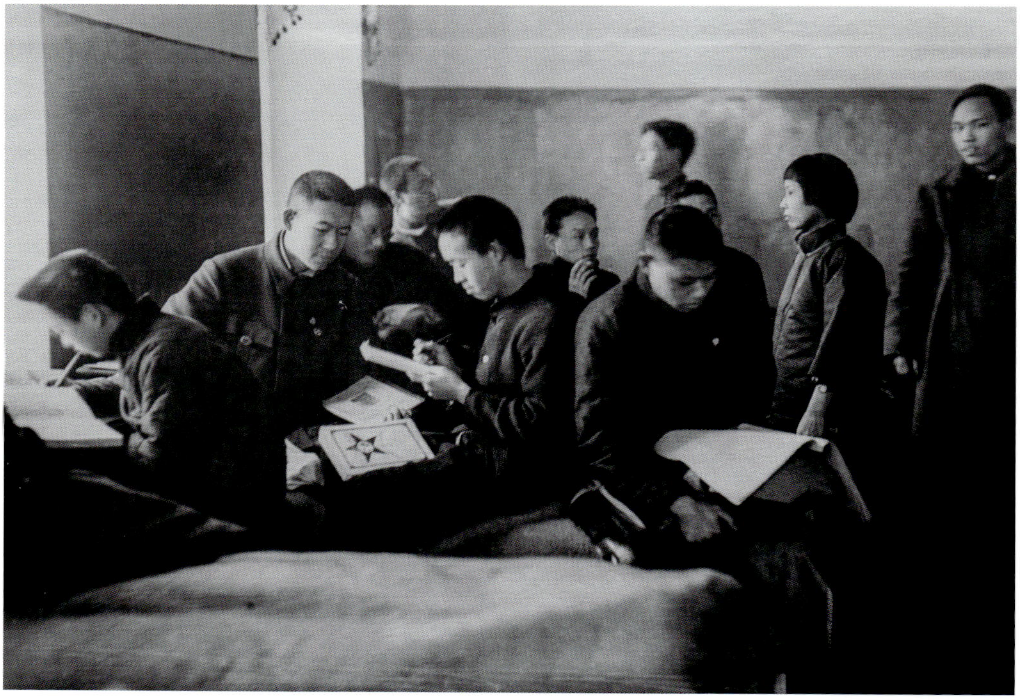

王尽美（左二）、邓恩铭（左五）在大会期间的留影

王尽美赴苏俄时使用的毯子

1922年
青岛市博物馆藏

毯子为棉线编织。1922年1月，王尽美赴莫斯科出席远东各国共产党及民族革命团体第一次代表大会。同年秋季，王尽美回故里探亲时，将他在苏俄时用的线毯送给表姐郑明淑（郑明淑是王尽美母亲的养女），保存至今。

山东党组织在城市和矿区发动工人运动，建立工会组织，以充分显示山东工人阶级的政治力量。1922 年 6 月，山东第一个由共产党领导的基层产业工会组织——津浦铁路大槐树机厂工会成立。图为工会旧址（现济南大槐树北街 57 号）。

《山东劳动周刊》（第一号）

1922年7月9日
济南市博物馆藏

中国劳动组合书记部山东支部的机关刊物。1922年7月9日在济南创刊。前身是1921年5月1日以“本社同人”名义刊出的《大东日报》副刊《济南劳动周刊》。改名出版后，为4开4版报。社长王尽美，总编辑王翔千。

该刊在《本刊出版的宣言》中说：“易名为《山东劳动周刊》，作为劳动组合书记部山东支部的刊物，也就是我山东劳动界同人交换智识联络感情的纯粹机关。”并照录一年前的《济南劳动周刊》的出版宣言，重申其方针不变：①增进劳动者的智识；②提高劳动者的地位；③改造劳动者的生活。声称改名后“现在的周刊直接就是劳动界自有的机关，劳动界自有的喉舌”。设有宣言、特别记事、传单、劳动消息、外埠消息、来件、通讯、诗歌、随感录等栏目。第1号刊有王尽美起草的《中国劳动组合书记部山东支部宣言》和《矿业工会淄博部开发起会志盛》等文，对山东工人运动的消息有详细报道。1923年停刊。

世界的工人們聯合起來啊

中國勞動組合書記部山東支部出版

山東勞動週刊

一九二二年七月九號

第一號

◉本刊出版的宣言

本刊同人

本刊的同人 自從去年「五一」節後 組織了一個濟南勞動週刊社 當時曾有一份簡單的宣言 寫在前頭 想來大家注意過的 應當還能記的 嗣後因爲經濟不繼 不得已宣告停止 在同人心中總覺著非常抱歉了 現在感於世界的潮流 和勞動界的需要 更覺著這種刊物的印行 實在是刻不容緩 所以又勉竭綿䠞 繼續進行 并且從新改組 易名爲「山東勞動週刊」 作爲勞動組合書記部山東支部的刊物 也就是我山東勞動界同人交換智識聯絡感情的純粹機關 形式上雖然有點變動 但是精神上 却是絲毫沒有變更 并且我們敢說 不但沒有變更 且是比較從前更要純粹 更要澈底 更要懇切 更要誠懇 這是同人們很可以自信的 所以這次本刊出版 也不用格外另作宣言 就把從先的宣言再錄一遍 印在下邊

「我們爲什麽出這週刊呢 他的答案就是 」我們出這週刊爲的是促一般勞動者的覺悟 好向光明的路上 去尋人的生活 說到這裏 又不免生出三個問題來「一」勞動者怎樣才能覺悟呢 「二」光明的路在那裏呢「三」怎樣纔算得人的生活呢 因爲有這三種疑問 所以我們不能不再把我們進行的方針再簡單的說明一下

(一)增進勞動者的智識 原來中國勞動者的智識實在也不免太薄弱了 要想叫他增進非努力教育不可 要想增進教育 非設法勸導他們 啓發他們 使他們都知道教育的重要不可 所以平民教育不普及以前 我們這週刊要作一個前驅 平民的教育施行以後 我們這週刊也可以作一個補助

(二)提高勞動者的地位 勞工神聖原是已經確定的名詞 不過中國沿數千年來的習慣 貴勞心者賤勞力者 顯然分出個階級來 纔叫些強權者利用到今日 我們這週刊可以介紹各家的學說引他們向光明的路上去 他們自已覺悟過來 那地位自然可以提高了

(三)改造勞動者的生活 中國現在社會的情形說到人的生活四個字 實在是有點擔當不起 所以若要根本改造非先從勞動入手不可 若是大多數勞動者都得到人的生活 其餘的那些寄生蟲類 當然也可以容易屈服了」

我們的宣言 既然是仍舊不變 那麽 我們這次出版 說是復活也可 說是改組也可 不過大家要知道的 從前的名字是「濟南勞動週刊」 現在的名字是「山東勞動週刊」 從前的出版者 是本社同人 現在的出版者 是勞動組合書記部山東支部 從前的週刊是同人們對於勞動界的貢獻 現在的週刊直接就是勞動界自有的機關 勞動界自有的喉舌 所以從前的刊行的責任 屬於本社同人 現在刊行的責任 完全歸於山東勞動界全體 敬請我勞動界同人們 趕快起來合力進行罷

◉中國勞動組合書記部山東支部宣言

資本主義在中國各大商埠發展的狀態 和在世界上任何地是一樣的 新式的生產制度一天一天的將舊的生產方法毀滅 一天一天的將勞動者集到工場裏去叫他們做機器的附屬物 像牛馬般的作工 將勞動力賣給資本家與剝奪者 換到極少工錢 還有千萬男女小孩不分日夜的到紗廠 髮網工廠 和火柴工廠等等 去作十二點鐘起碼的工 一般成年工與童工 他們血汗換來的工錢 多半不能維持自已的生活 不但犧牲了健康在剝奪制度下 失却了受教育的機會 還要受凍受餓 並且小孩子們從年幼的時候 就變成本國或外國資本家富源開發者 和資本家底新式奴隸 但是我們相信這種痛苦地工作 一定會追着一般男女工人和童工團結起來 向他們底東家剝奪者作有力奮鬥

但是勞動者沒有組織 就有也不過是無意識的結合 自然這種團體不能夠自衛 也自然沒有反抗的能力 而且勞動者將他們分成天津 濟南 南方等幫是不行的 這是將自已分裂的辦法 怎能拿這種團體和資本家鬥爭呢 我們將一個產業底下的勞動者 不分地域 不分男女老幼組織起來 成一個產業組合 因爲這樣一種團體才能算一個有力的團體 要這樣的組織法 勞動者才能用他們的組織力 做奮鬥的事業 謀改良他們的地位呢

中國勞動組合書記部山東支部是由山東的一些勞動團體所發起的是要將各個勞動團體聯合起來的總機關 他的事業是要發達勞動組合 向勞動者宣傳組合的必要 要聯合或改組已成的勞動團體 使勞動者有階級的自覺 並要建立山東工人們與各地工人們的密切的關係 但是這些事業是必要大家起來同心合力做的 所以我們請那些已經成立的眞正勞動團體加入這個書記部 與我們共同進行

勞動兄弟們呀 我們拿各國勞動者的事實來做比方 知道我們的事業在起初是很困難的 但是資本制度在中國一天比一天的發達 我們相信勞動團體也曾日見發達 日見有力 並且相信將來的世界一定是工人們的世界 山東工人們 上海 廣東等處的工人都聯合成很大的革命的團體了 我們還不聯合起來嗎 全世界無產階級聯合起來啊

特別記事

礦業工會淄博部開發起會誌盛（春美）

▲開會前散發傳單通知
▲到會代表二三百人
▲旁聽者堆滿庭院
▲公舉大會籌備員
▲組織臨時交際團
▲演說者痛快淋漓
▲鼓掌如雷歡聲震地
▲精神貫注始終如一
▲眞是中國勞動運動中之曙光呵
▲眞是山東勞動界中空前之勝舉呵

淄川博山一帶的煤礦 眞可說是在中國北幾省中有名的產煤場 合計起來連機器工土木工帶採炭工 不下數萬人 但有句俗話說 越是工場所在地 越是工人屠宰場） 於今這數萬炭礦工友們久屈服在資本家剝奪之下 說起他們的生活來眞是暗無天日 有些人伏在機器底下 有些人埋在炭天堆裡 每天一滴汗一滴血的作十幾點鐘的工 稍一不愼 還要連性命捨上 而工錢僅得兩三毛錢 不但勞碌一生 得不到一點好處 結果還要受凍挨餓 這是何等不平事的啊 但是現在好了 因爲事有許多工友們已經明白我們工友是很可尊貴底 是很有能力底 一方面見世界各國及中國各文明區域勞動運動到那樣轟轟烈烈底程度 一方又眼看着自已這數萬礦工伙伴們總是

八小時工作

党的一大后，王尽美、邓恩铭回到山东，积极宣传马克思主义。1921 年 9 月，济南马克思学说研究会成立。这是在中共济南地方组织直接领导下的一个公开学术组织，以励新学会会员为骨干。会址设在济南贡院墙根街山东教育会院内。

济南马克思学说研究会旧址大门（位于济南贡院墙根街）

邓恩铭

1901—1931

曾用名邓恩明、黄伯云、邓又铭、佑民等，贵州荔波人，水族。中国共产党创始人之一，山东党组织早期组织者和领导者。1917 年考入山东省立一中，1919 年参加五四运动。1920 年 11 月参与创办励新学会。1921 年春与王尽美成立济南共产党早期组织，同年 7 月出席中共一大，见证了中国共产党的诞生。1922 年赴莫斯科出席远东各国共产党及民族革命团体第一次代表大会。1925 年邓恩铭在青岛先后领导胶济铁路工人大罢工、青岛日商纱厂工人大罢工。同年 5 月 4 日，邓恩铭第一次被捕。11 月，在济南再次被捕。1926 年春，经党营救因病保释。1927 年 4 月赴武汉出席中共五大。1929 年 1 月邓恩铭第三次被捕入狱，在狱中领导两次越狱斗争。1931 年 4 月 5 日，在济南纬八路刑场英勇就义。

邓恩铭个人像

1921年
山东博物馆藏

邓恩铭早期求学时期的个人像。照片中邓恩铭留平头，扶椅站立，上身穿学生装，下身穿西式裤。照片下注有“兰亭留影”4 字。“兰亭”是当时的济南兰亭照相馆。该张照片是流传至今关于邓恩铭的唯一一张全身照片。

邓恩铭的家信

1925年
山东博物馆藏

家信共3页，由于落款没有注明年份，只能从内容上判断写于1925年。毛笔书写，行楷，落款恩明，恩明是邓恩铭常署的名字。该家书为1981年山东博物馆近现代史研究专家王家鼎从邓恩铭的老家贵州荔波县征集。

1923年邓恩铭来到青岛进行革命活动，积极发展党组织，开展工人运动，先后任中共直属青岛支部书记、中共青岛市委书记。1925年2月，邓恩铭成功领导了胶济铁路大罢工和四方机厂工人大罢工。通过罢工，在青岛各厂和胶济铁路沿线普遍建立起工会组织，并在此基础上，成立了胶济铁路总工会和青岛市总工会。邓恩铭投身革命活动，是违背家族意愿的，但是亲人们的反对没能动摇他坚定的革命决心。从家书所写内容看，主要是邓恩铭得悉其四叔遇害，于字里行间表现出对匪徒莫大的愤慨，对亲人的不幸遇难表示深切的哀悼，还有对母亲要善待幸免于难的祖母、“孝顺祖母”的规劝和嘱托。写信的年份正值国民大革命时期，邓恩铭正在山东领导组织轰轰烈烈的工人罢工革命斗争。家书纸短情长，言辞恳切，字里行间饱含了投身革命的邓恩铭对远方家人无尽的牵挂，表现了早期共产党人炽热的家国情怀。这封家信也是现存关于邓恩铭的极为重要的革命遗存。

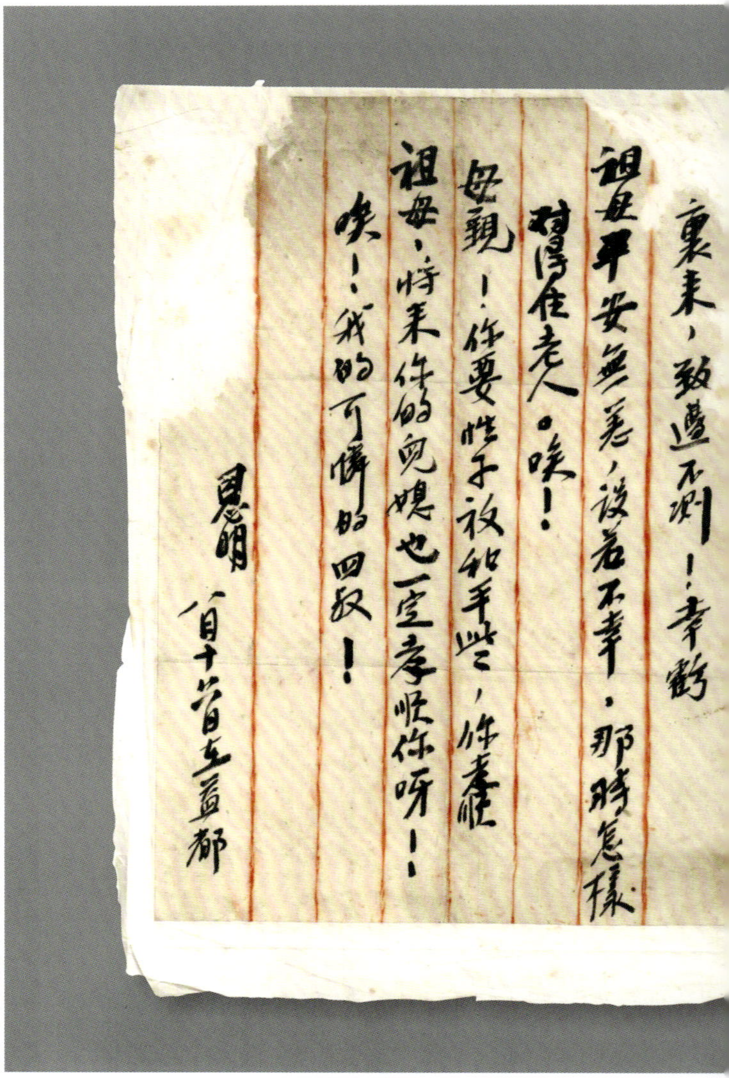
裏来，致遭不测！幸虧
祖母平安無恙，设若不幸，那時怎樣
对得住老人。唉！
母親！你要性子放和平些，你奉養
祖母，将来你的兒媳也一定孝顺你呀！
唉！我的可憐的四叔！
恩明
八月十日在益都

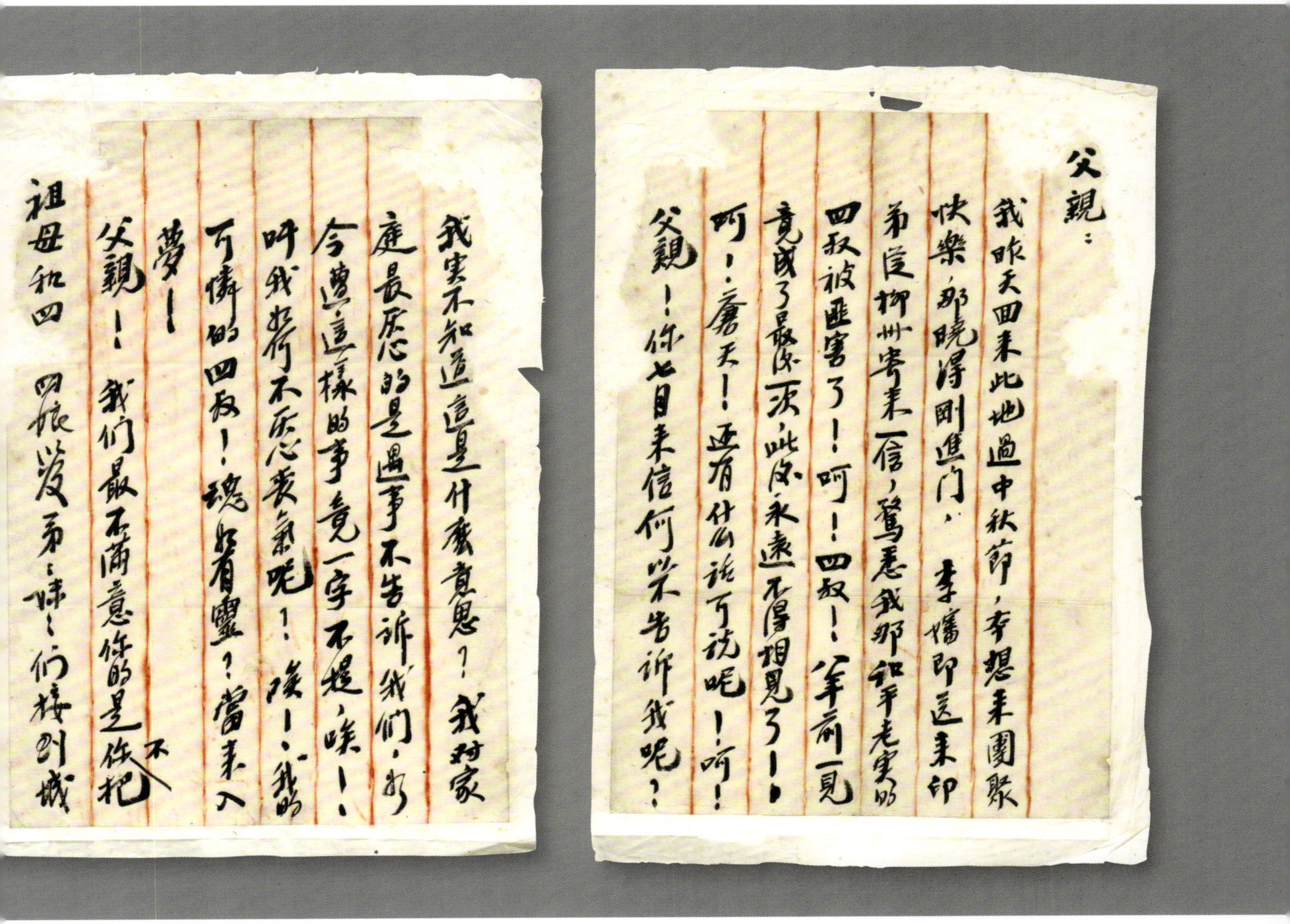

家书全文

父亲：

我昨天回来此地过中秋节，本想来团聚快乐，那（哪）晓得刚进门，李婶即送来印弟从柳州寄来一信，惊悉我那和平老实的四叔被匪害了！呵！四叔！八年前一见竟成了最后一次，此后永远不得相见了！呵！苍天！还有什么话可说呢！呵！父亲！你七日来信何以不告诉我呢？

我实不知道这是什么意思？我对家庭最灰心的是遇事不告诉我们，如今遭这样的事竟一字不提，唉！叫我如何不灰心丧气呢！唉！我的可怜的四叔！魂如有灵？当来入梦！

父亲！我们最不满意你的是你不把祖母和四（叔）四娘以及弟弟妹妹们接到城里来，致遭不测！幸亏祖母平安无恙，设若不幸，那时怎样对得住老人。唉！

母亲！你要性子放和平些，你孝顺祖母，将来你的儿媳也一定孝顺你呀！

唉！我的可怜的四叔！

恩明

八月十六日在益都

邓恩铭的家信

1920年
山东博物馆藏

家信共5页。落款没有注明年份，从内容上判断可能写于1920年。自1917年，年仅16岁的邓恩铭离开贵州荔波到山东求学，就没有回过家乡，诚如他离开荔波时给同学的留言“南雁北飞，去不思归”。在家信中，邓恩铭对家人表现出无限的牵

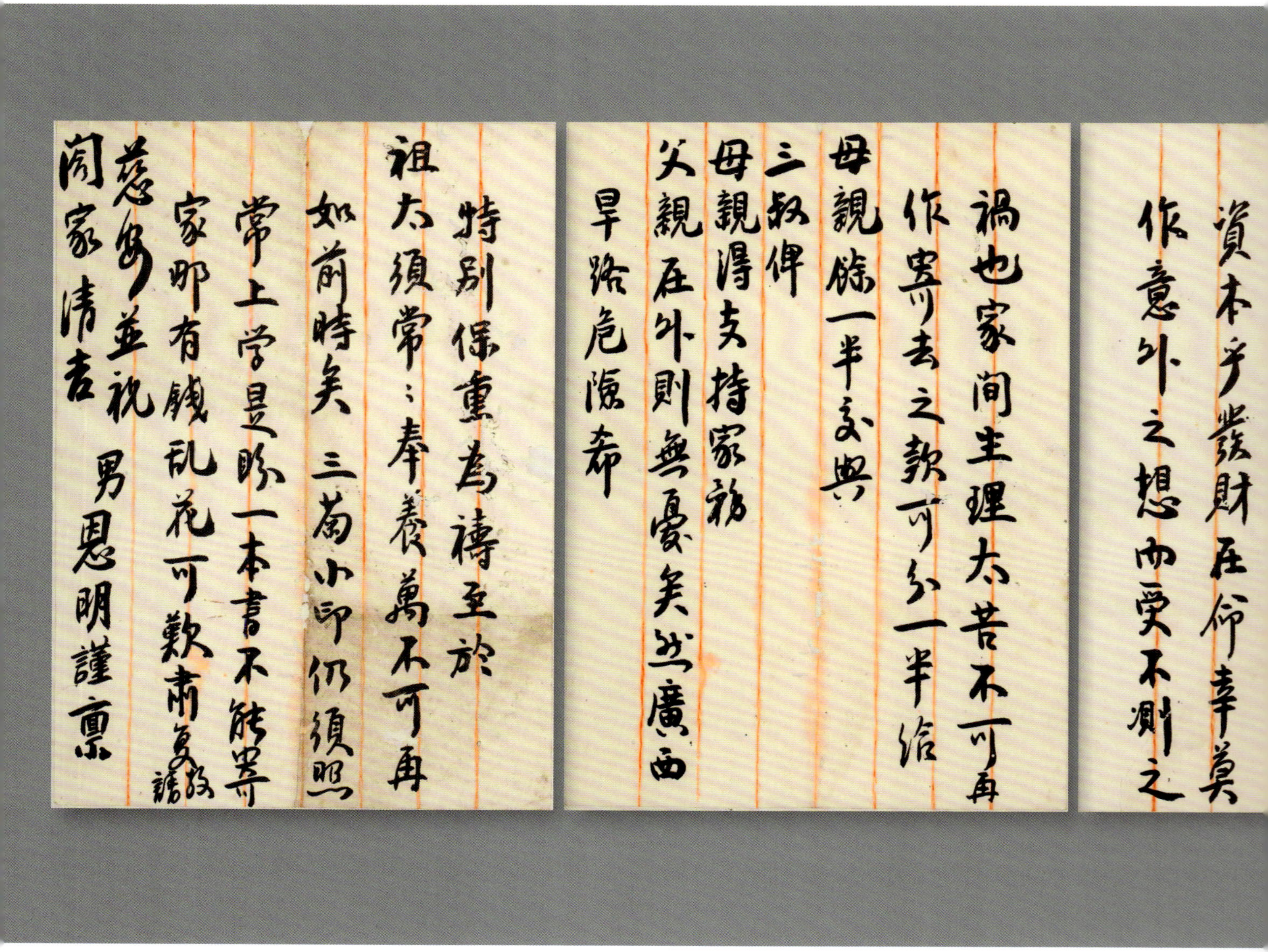
資本乎發財在命幸莫
作意外之想而受不測之
禍也家间生理太苦不可再
作寄去之款可分一半給
母親餘一半交與
三叔俾
母親得支持家務
父親在外則無憂矣然廣西
旱路危險希
特別保重為禱至於
祖太須常常奉養萬不可再
如前時矣 三菊小叩仍須照
常上学是盼一本書不能寄
家那有錢亂花可歎肅此敬請
慈安並祝
閤家清吉 男恩明謹禀

挂。邓恩铭这封给父母的家书写于济南。信中邓恩铭希望父母善待祖母，同时规劝父亲莫做黑货生意，并对祖母、母亲的生活给予妥善安排。

由于长期从事革命事业，邓恩铭“不是东奔西跑，就是作囚坐牢，以致绝少写信”。从仅存的家书中，我们看到一个对家人有无限眷恋的邓恩铭。他终将小家之爱推及对人间世人的大爱并为之献身，1931年4月5日，邓恩铭等22位中共山东早期共产党人，高呼口号，英勇就义。

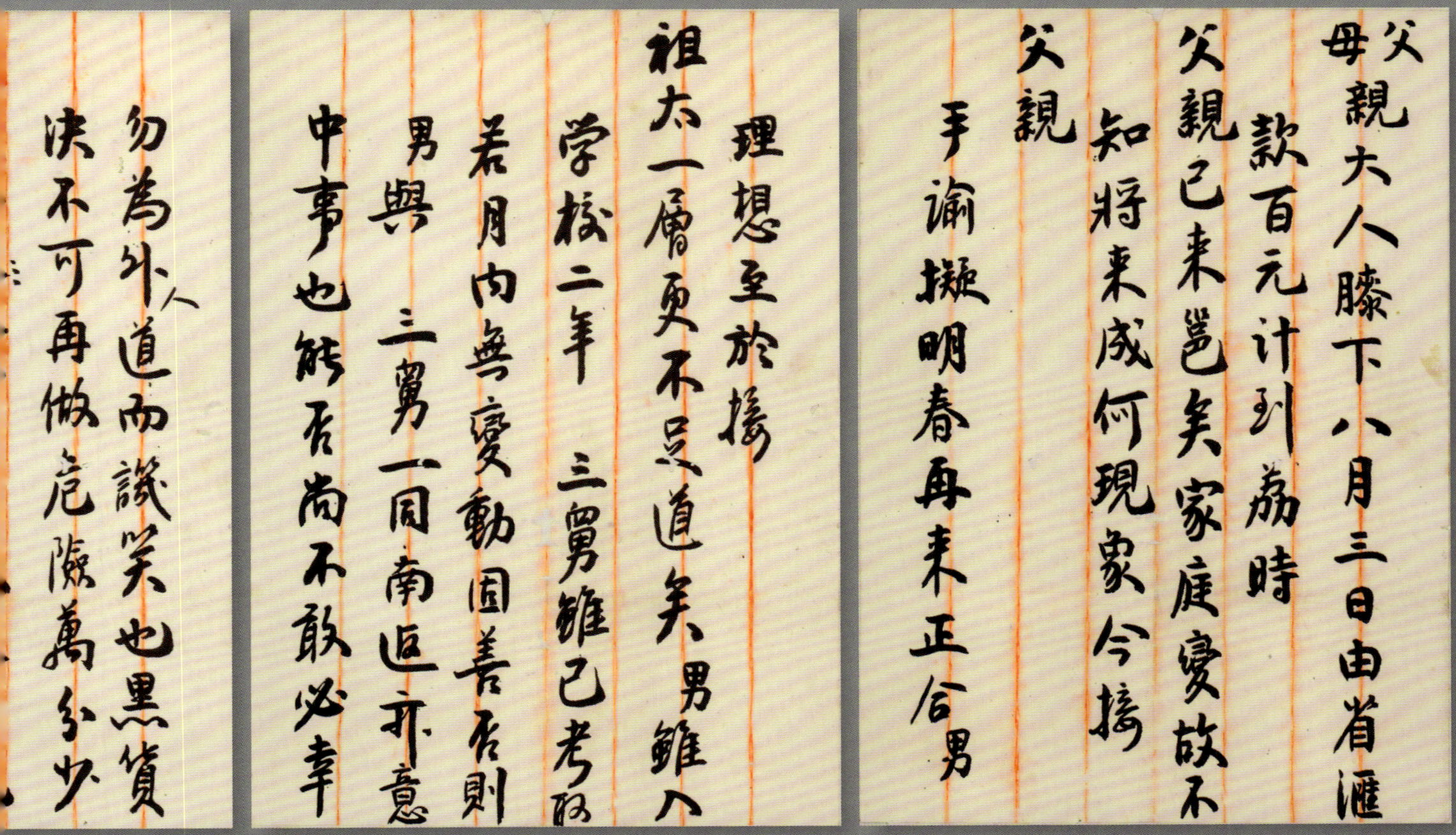
父母親大人膝下八月三日由省滙款百元計到爲時
父親已來邑矣家庭變故不知將來成何現象今擬
父親手諭擬明春再來正合男
理想至於擬
祖太一層更不足道矣男雖入學校二年三男雖已考取
若月内無變動固善否則男與三男一同南返亦意中事也能否尚不敢必幸
勿為外人道而識笑也黑貨決不可再做危險萬分少

邓恩铭的家信

1927年

济南革命烈士陵园（济南战役纪念馆）藏

1927年3月25日，邓恩铭写给母亲的信，用“国民革命军总司令部政治部用笺”信纸写成，共2页。1925年11月，邓恩铭在济南被捕入狱，父亲邓国琮不远万里，辗转来到济南。此时，邓恩铭已被营救出狱。出狱后邓恩铭在信中写道为避免父亲担忧不告而别，也表达了坚定的革命信仰和对家人的万般挂念。

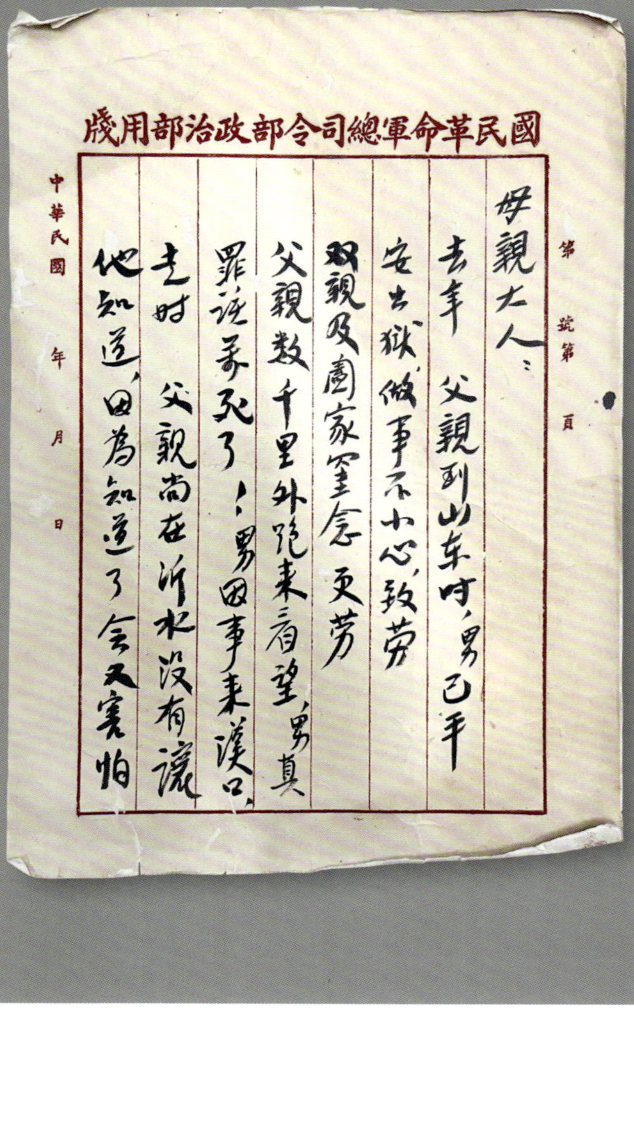

國民革命軍總司令部政治部用箋

第 號第 頁

母親大人：

去年 父親到山东时，男已早

安出狱，做事不小心，致劳

双親及闔家罣念 更劳

父親数千里外跑来看望，男真

罪該萬死了！男因事来漢口，

走时 父親尚在沂水没有讓

他知道，因為知道了会又害怕

中華民國 年 月 日

邓恩铭的家信（复制品）

20世纪中后期
济南市博物馆藏

原作于1920年。邓恩铭在与父母信件中，关心自己妹妹的学习与前途，提出女子上学学习的重要性，此信件中提及“男女平等，将来有参政希望，北京广东女学非常发达，吾荔既有女校之设……”

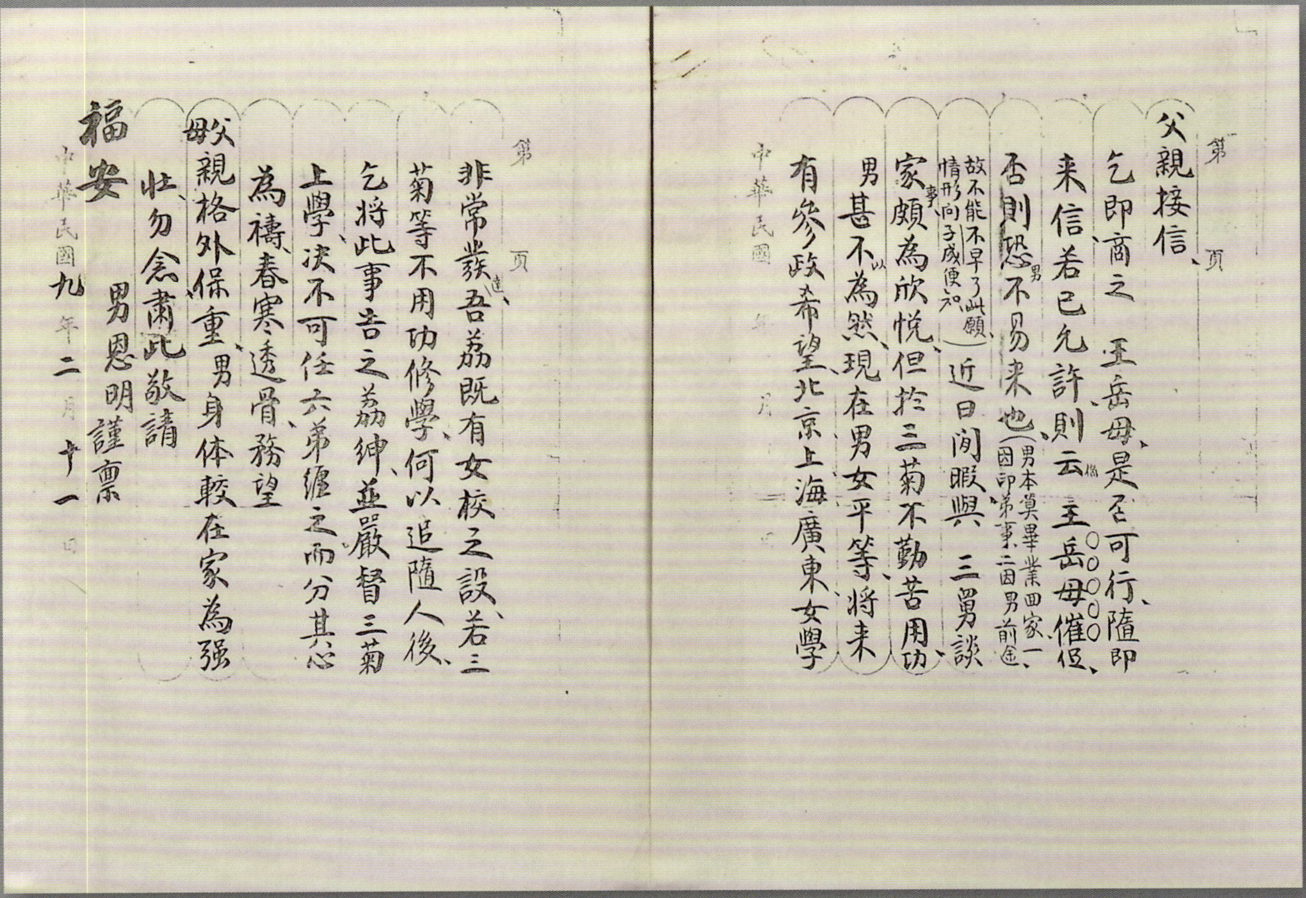

邓恩铭的家信（复制品）

20世纪中后期
济南市博物馆藏

在学校学习和投身革命的十几年间，邓恩铭主要通过书信与远在贵州的家人保持联系。目前留存的十几封家书，都是邓恩铭走上革命道路后在山东期间写给家人的，他主张男女平等、婚姻自由。此封信中，对于印弟婚姻大事的关心，嘱咐细节之详尽，可以看出邓恩铭热爱家人、反抗旧俗的优秀品质。

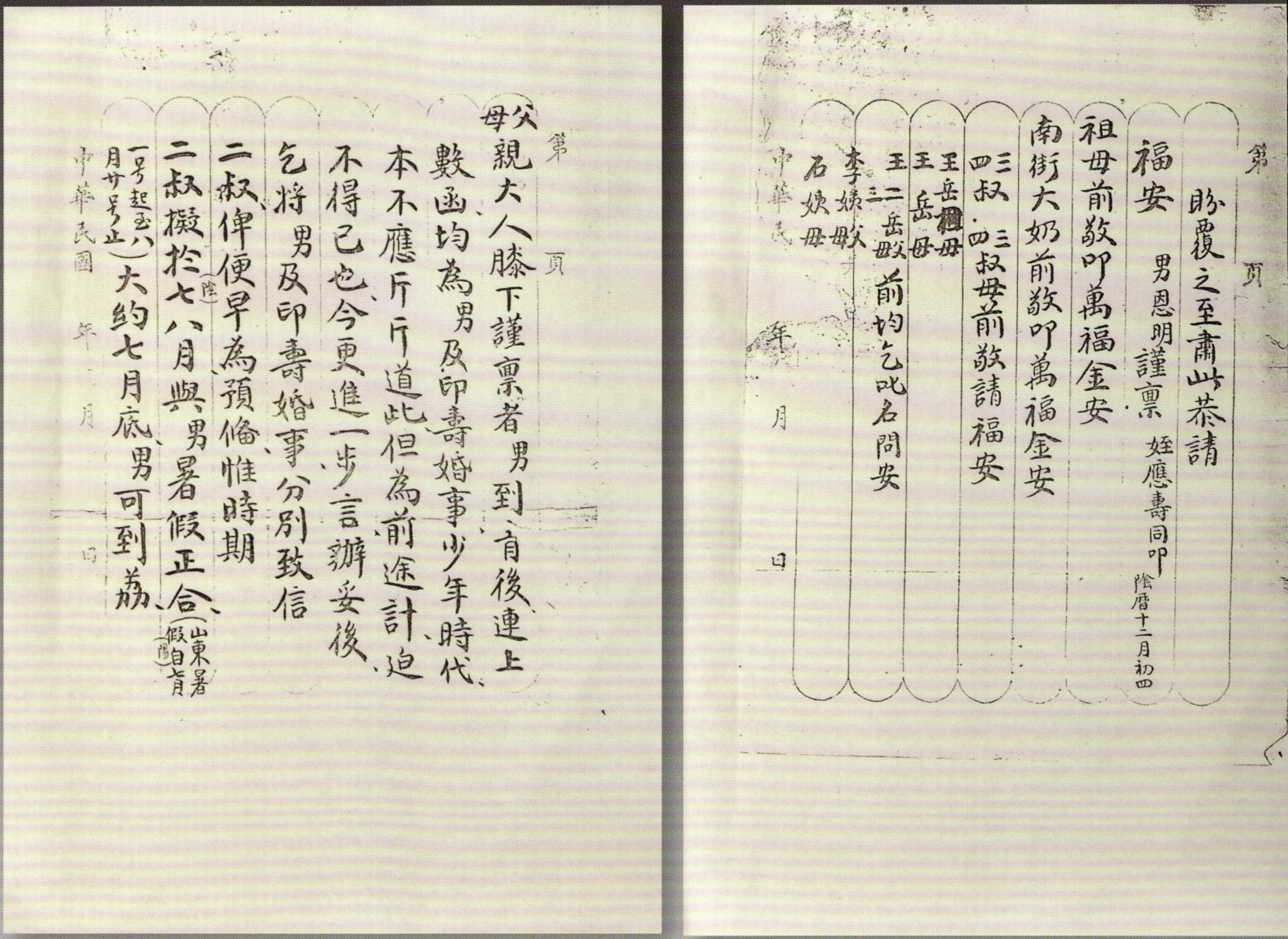
第　頁
父母親大人膝下謹稟者男到省後連上
數函均為男及印壽婚事少年時代、
本不應斤斤道此但為前途計、迫
不得已也今更進一步言辦妥後、
乞將男及印壽婚事分別致信
二叔俾便早為預備惟時期
二叔擬於(陰)七八月與男暑假正合、(山東暑假自(陽)一
男起至八月廿号止)大約七月底男可到築
中華民國　年　月　日

第　頁
盼覆之至肅此恭請
福安　男恩明謹稟　姪應壽同叩　陰曆十二月初四
祖母前敬叩萬福金安
南街大奶前敬叩萬福金安
三叔、四叔、三四叔母前敬請福安
王岳母　王岳母　王二岳母　王二岳母前均乞叱名問安
李姨母　石姨母
中華民國　年　月　日

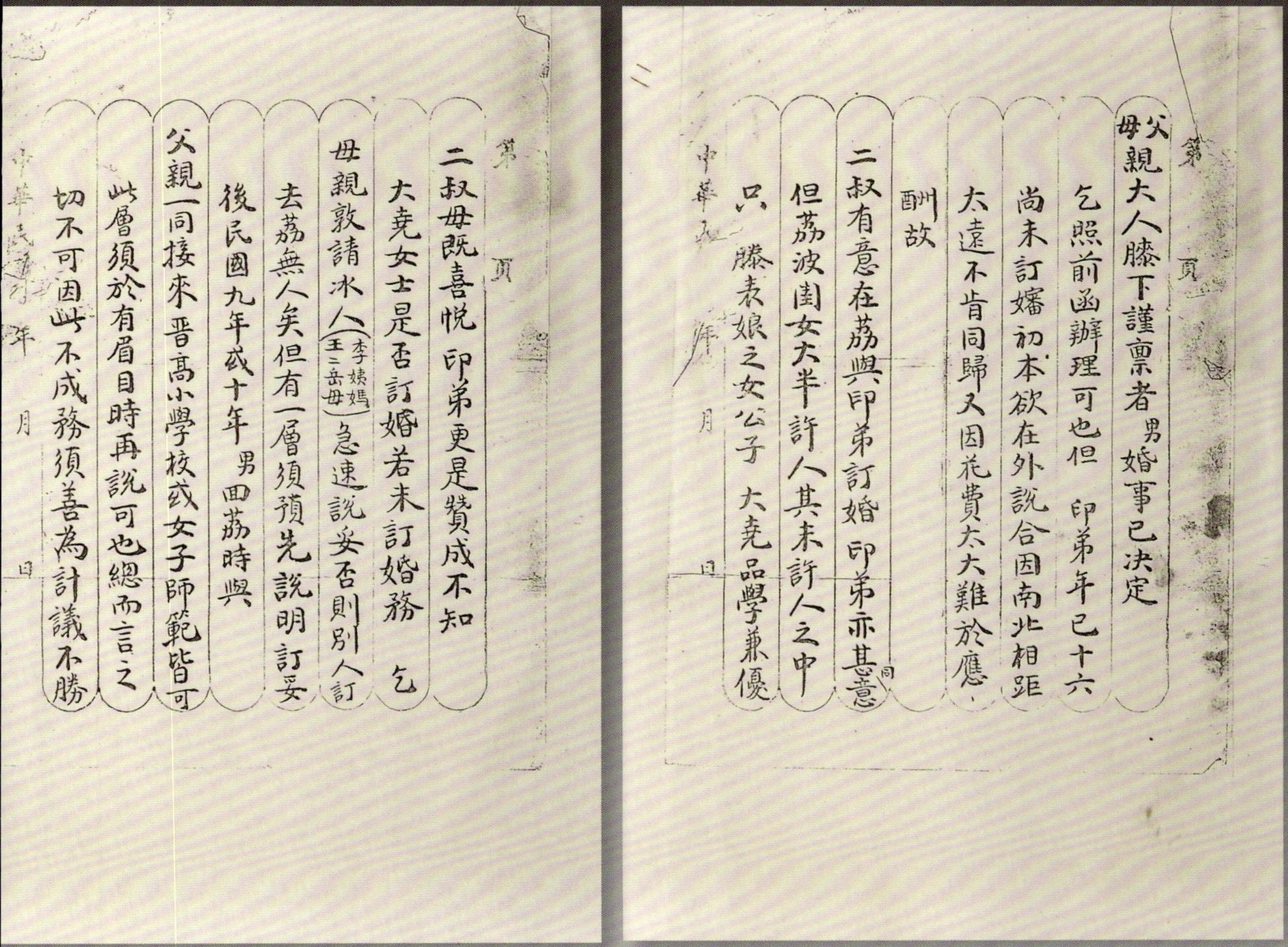

第　頁

父母親大人膝下謹稟者男婚事已決定
乞照前函辦理可也但　印弟年已十六
尚未訂婚初本欲在外説合因南北相距
太遠不肯同歸又因花費太大難於應、
酬故
二叔有意在荔與印弟訂婚　印弟亦甚(同)意
但荔波閨女大半許人其未許人之中
只、滕表娘之女公子　大堯品學兼優

中華民國　年　月　日

第　頁

二叔母既喜悅　印弟更是贊成不知
大堯女士是否訂婚若未訂婚務　乞
母親敦請冰人(李姨媽 王二岳母)急速説妥否則別人訂
去荔無人矣但有一層須預先説明訂妥
後民國九年或十年男回荔時與
父親一同接來晋高小學校或女子師範皆可
此層須於有眉目時再説可也總而言之
切不可因此不成務須善為計議不勝

中華民國　年　月　日

邓中夏

1894—1933

汉族，字仲澥，又名邓康，湖南宜章人。

中共第二届、五届中央委员，第三届、六届中央候补委员，中央临时政治局候补委员。马克思主义理论家，工人运动的领袖。1933 年 5 月被捕。1933 年 9 月 21 日英勇就义。

邓恩铭致邓中夏的信（复制品）

20世纪中后期
济南市博物馆藏

1921年春，邓恩铭与王尽美创建了济南共产党早期组织。1923年夏秋间，时任团中央临时中央局委员长的邓中夏，请邓恩铭到青岛创建青岛党、团组织。其间两人频繁书信来往。在团中央的支持和帮助下，很快就在青岛的胶澳日报社、启新书店、青岛书店设立了三个代销处，为党中央在上海开设的上海书店及民智书店、泰东书店等代销进步书刊。信中有“代售处请改启新为青岛书店”的字样。

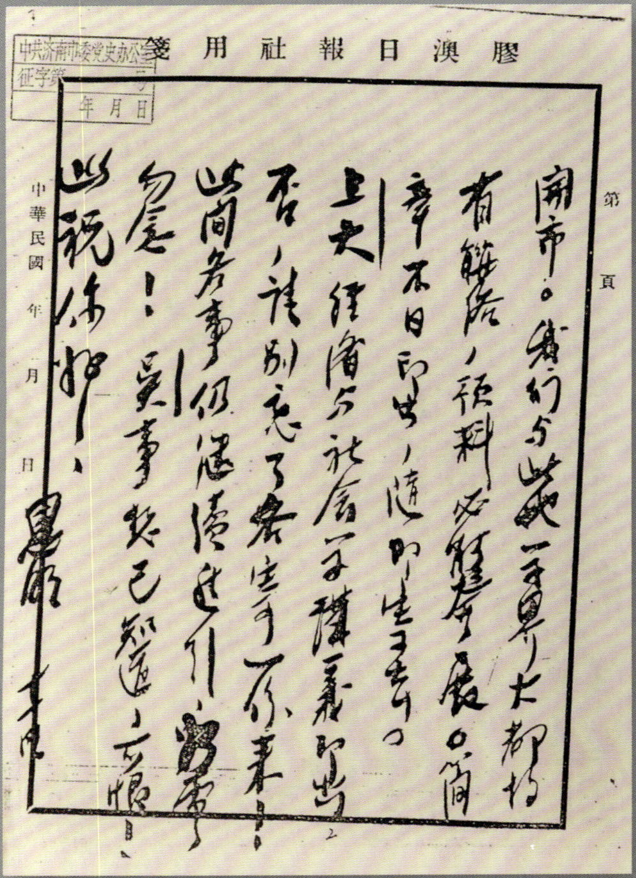

膠澳日報社用箋

中共济南市委党史办公室 征字第 号

第 頁

開市。我們今歲一年裏大都好
有辦法，預料必能有發展。簡
章不日印出，隨即寄去。
上大經濟學社會學講義印出
否，請別忘了寄些來！
此間各事仍照舊進行，望勿
念！吳事想已知道了吧！
此祝你好！

中華民國 年 月 日

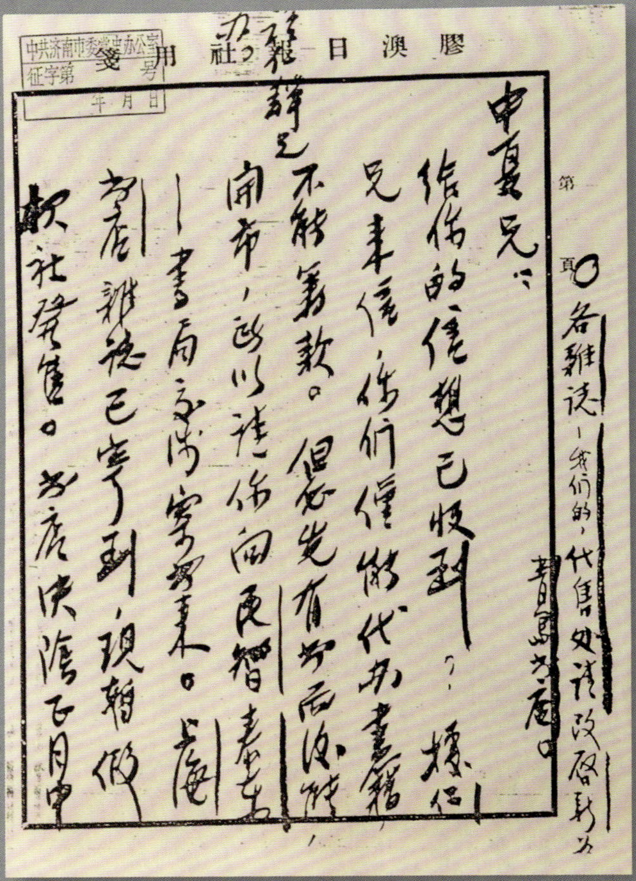

膠澳日報社用箋

中共济南市委党史办公室 征字第 号

第 頁

中夏兄：
你們的信想已收到？據仲
兄來信，你們僅做代辦書籍
不能籌款。但是先有些所得，
開市，所以請你向民智書局
、書店等處寄來。
書店雜誌已寄到，現暫假
敝社發售。書店決定日中

○各雜誌，我們的代售處請改寄青島書店。

郑耀南

1908—1946

原名郑盛宸，字德卿，号耀南，山东莱州人。1928 年加入中国共产党，为掖县第一任县委书记。全面抗战爆发后，建立胶东最大的地方抗日武装。1946 年在延安逝世。青年时期的郑耀南深受爱国主义思想影响，俄国十月革命成功的经验，大革命失败的教训，令他意识到只有共产党才能救中国，并积极寻求党组织，接受党的教育和考验。1928 年 6 月，郑耀南在家乡加入了中国共产党。1930 年秋，被选为掖县第一任县委书记。全面抗战爆发后，郑耀南在掖县积极组织和统一全县的抗日武装力量。1938 年 3 月 8 日，他组织发动玉皇顶起义，解放了掖县城。之后，郑耀南不断发展壮大队伍，成立了胶东抗日游击第三支队，并任支队长，队伍很快发展到三四千人，成为当时胶东最大的一支地方抗日武装。为发展根据地经济，郑耀南参加创建北海银行，创办兵工厂和报社，出版《海涛》半月刊。同年 9 月，三支队被编入山东人民抗日游击第五支队，郑耀南被任命为六十二团团长。不久，又被任命为二十一旅旅长，率领部队到山区坚持游击战争。1939 年 3 月，郑耀南赴延安向中央汇报工作，随后进入中央马列学院学习。

长期的艰苦转战，使得郑耀南积劳成疾。1946 年 2 月 22 日，郑耀南在延安逝世，时年 38 岁。

郑耀南的小册子

1921年
山东博物馆藏

郑耀南1921年积极寻求党组织时候所写，也是记录郑耀南本人革命经历和心路历程的重要文献。

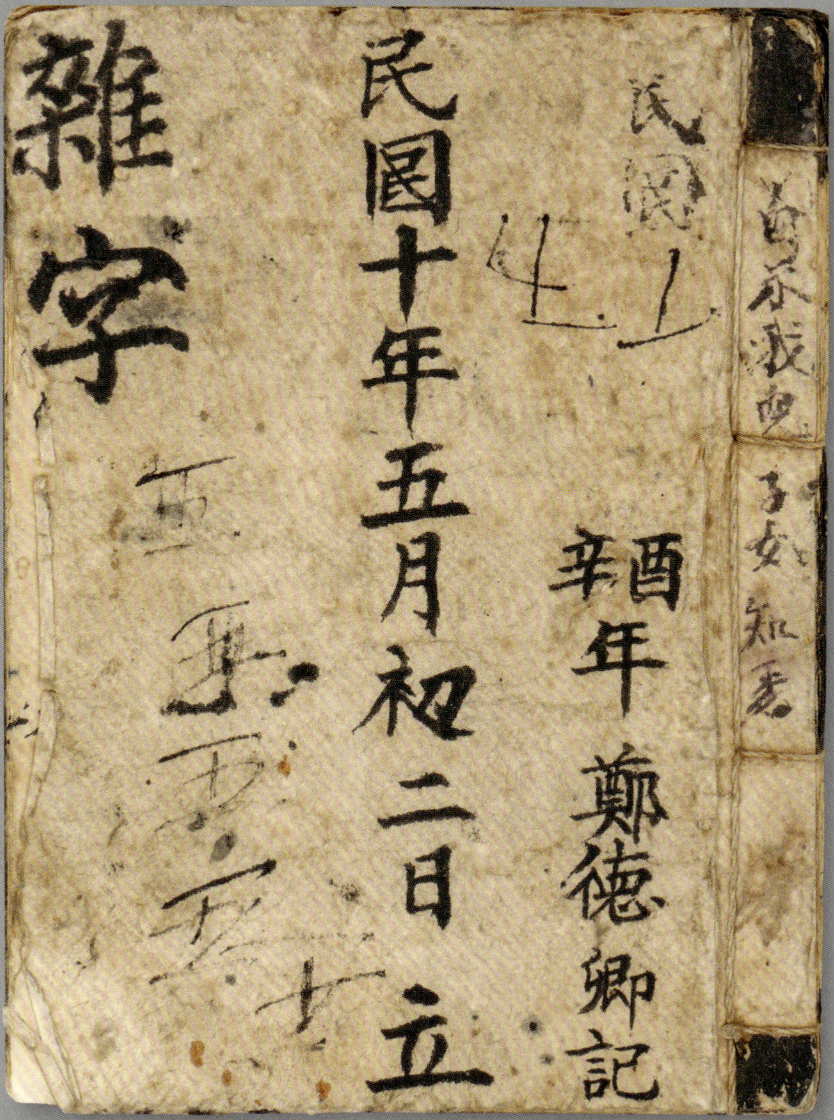

蔡雍泉

1914—1941

又名徐戎前，山东文登人。1930 年考入牟平县寺山中学（现属乳山市）。1932 年秋加入中国共产党。中学毕业后，蔡雍泉曾到蓬莱县国寺店、牟平县斜山等村，以教学为掩护开展党的工作。1937 年 12 月 24 日，中共胶东特委领导发动天福山抗日武装起义后，蔡雍泉在牟平县斜山村和归仁村一带拉起 30 多人的队伍，参加了山东人民抗日救国军第三军，任三军政治部组织科科长。1938 年 9 月 18 日，第三军改编为山东人民抗日游击第五支队，蔡雍泉任第五支队一团三营政治委员。1939 年 9 月，调任八路军山东纵队第五支队十五团政治委员。1940 年 4 月，调任东海指挥部党政负责人。12 月，任山东纵队第五支队二团政治委员。1941 年 3 月，根据支队与中共胶东区党委决定，率部讨伐国民党顽军丁綍庭和安廷赓部。战斗中，蔡雍泉亲临前线观察敌情，不幸身中流弹，壮烈牺牲，时年 27 岁。

蔡雍泉烈士青年时代照片

民国时期
山东博物馆藏

蔡雍泉青年时代所摄照片。

鲁佛民的瓷板像

鲁佛民

1881—1944

名鲁琛，号佛民，济南市北园沃家庄人。1914年毕业于山东法政学校。1919年五四运动期间，积极参加山东学生联合会的工作，以教育界代表的身份参加山东赴京请愿团。1922年“鲁案”结束后，他到青岛督办公署任教育科科长。

1924年夏，中共青岛直属支部书记邓恩铭等组建国民党青岛党部，鲁佛民被介绍参加国民党，并在青岛党部任领导工作。他利用在督办公署的合法身份，和当时青岛最大的书店中华书局建立代销关系，公开陈列出售革命书刊。鲁佛民于1926年加入中国共产党，大革命后与党失去联系。1932年在北平志成中学任教。全面抗战爆发后由北平转赴延安，受到毛泽东同志接见。他向其汇报了在北平十年情况时，毛泽东同志赞誉他“十年党节可嘉”。1938年10月，重新加入中国共产党。1943年后任边区政府法制委员会委员兼边区银行法律顾问。1944年5月18日病逝于延安。

鲁佛民撰写的《青岛日记》

1923年

山东博物馆藏

鲁佛民1923年在胶澳公署工作时所记日记，全面反映了其在建党前后接受马列主义的心路历程。这本日记中多处记述了他学习《向导周报》、《社会主义讨论文集》的情形和心得。作为一个缩影，后世可从作者身上看到中国共产党正式建党前后的山东，已有何等的觉悟和活跃。

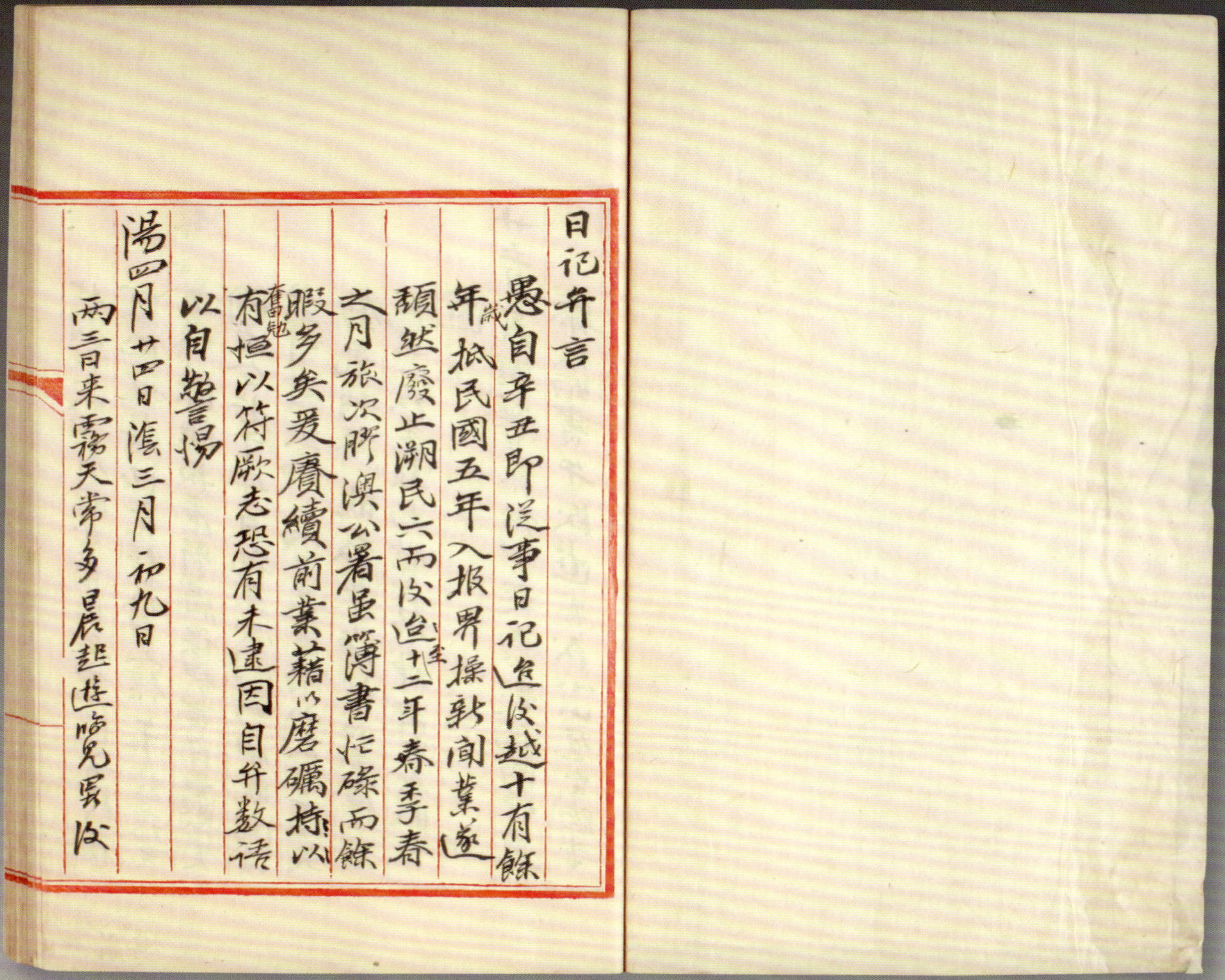
日记弁言

愚自辛丑即从事日记迨後越十有餘年歲抵民國五年入报界操新闻業遂頹然廢止溯民六而後迨至十二年春季春之月旅次膠澳公署虽簿書忙碌而餘暇多矣爰賡續前業藉以磨礪持以有恒奮勉以符厥志恐有未逮因自弁数语以自警惕

陽四月廿四日 陰三月初九日

兩三日来霧天常多晨起遊嘹覓雲後

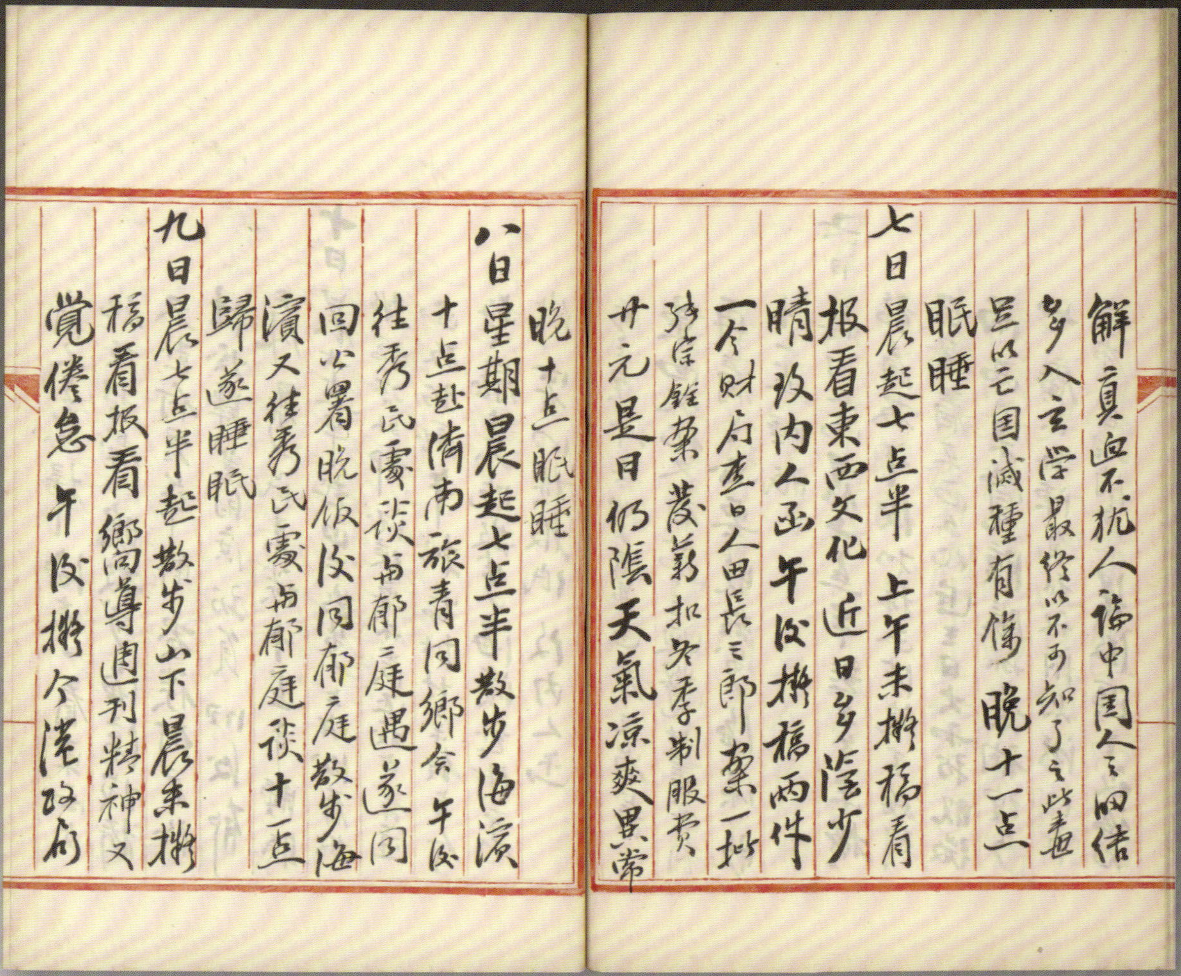

解真血不抗人論中国人之四信
多入之学最終以不可知了之此無
足以亡国滅種有餘 晚十一点
眠睡
七日晨起七点半 上午未擬稿看
报看東西文化 近日多溼步
晴收内人函 午后擬稿兩件
一今财府查日人田長三郎案一批
請停餘案 蔑菊扣发季制服费
廿元 是日仍陰 天氣涼爽異常
晚十点眠睡
八日星期晨起七点半散步海濱
十点赴清南旅青同鄉会 午后
往秀氏處談與郁之庭遇遂同
回公署 晚飯後同郁庭散步海
濱 又往秀氏處與郁庭談 十一点
歸遂睡眠
九日晨七点半起散步山下 晨來擬
稿 看报看鄉間導週刊 精神又
覺倦怠 午後擬公潘政府

关向应

1902—1946

辽宁金县人，满姓瓜尔佳氏，是中国共产党早期军事领导人，是无产阶级革命家、军事家。1924 年加入中国社会主义青年团，第二年加入中国共产党。其间在山东济南、潍县等地进行党支部建设和党团工作。先后在中共河南省委和共青团中央组织部工作。在中国共产党第六次全国代表大会上被选为中央委员，会后任中国共产主义青年团中央书记。后在中国工农红军军事委员会及中共中央长江局工作。1932 年到湘鄂西革命根据地任湘鄂西军委主席和红三军政治委员。长征途中，任第二方面军副政治委员，曾坚决抵制张国焘另立中央、分裂红军的错误行为。1937 年任八路军第一二〇师政治委员，与贺龙一起开辟了晋绥根据地。1946 年 7 月 21 日病逝于延安。

2009 年，关向应被中央宣传部、中央组织部等 11 个部门评为“100 位为新中国成立作出突出贡献的英雄模范人物”。

关向应使用过的皮包

1925年
潍县西方侨民集中营旧址博物馆藏

皮包通体为皮革材质，带金属卡扣。1925年冬，关向应完成了在齐鲁大学建立党支部的工作后，利用寒假期间，到潍县视察和开展党团组织工作。这只皮包见证了关向应在潍县进行党的早期活动的历史。1926年，关向应被调青岛时，将皮包送给中共潍县地方执行委员会宣传委员、潍县人张同俊（1907—1975）。

张同俊在1975年病逝前立有遗嘱，将皮包捐赠给母校广文中学。2019年由广文中学移交到潍县西方侨民集中营旧址博物馆收藏。

赵文秀

1904—1927

1919年投身五四运动反帝爱国斗争，1924年加入中国社会主义青年团，是中共青州早期党团组织奠基人之一。1925年1月转为中国共产党党员。1926年初任津浦铁路浦口工务段党支部书记，创办工人夜校，4月任中国共产主义青年团南京地委委员，1927年3月在南京浦口领导工人武装策应北伐军在对敌作战中牺牲。牺牲时年仅23岁。

赵文秀日记

1923年
青州市博物馆藏

日记封面用牛皮纸制成，上方印有“学生日记簿”五个正楷大字，下面用毛笔书写“赵文秀”三字。日记本为山东省立第十中学（今青州一中）统一印制，内为机制纸，共三十四页，每面记两日，正反均有记录。这本日记记录了赵文秀自“癸亥年（1923年）5月11日”至“12月30日”期间的学习、生活以及参加革命的情况，总计134天。其中132天均用钢笔正楷书写，2天用英文记录。

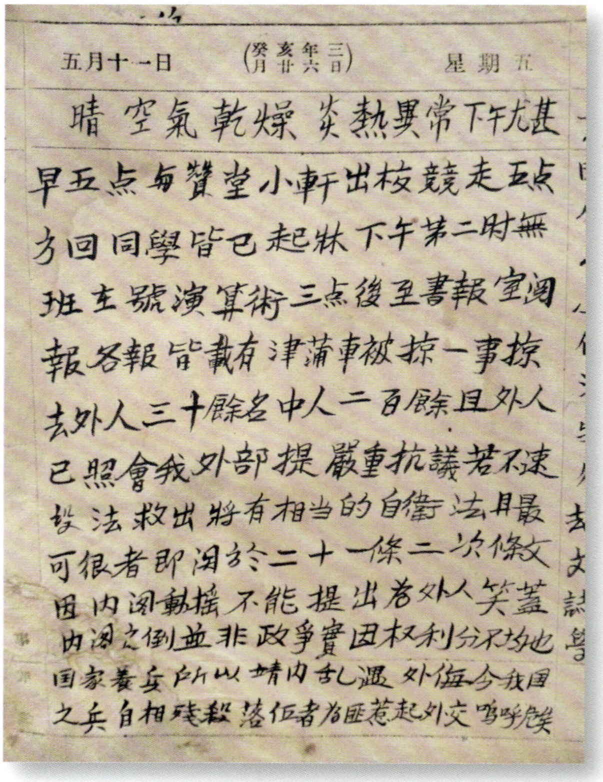

五月十一日 （癸亥年三月廿六日） 星期五

晴空氣乾燥炎熱異常下午尤甚
早五点与贊堂小軒出校競走五点
多回同學皆已起牀下午第二時無
班主號演算術三点後至書報室閱
報各報皆載有津浦車被掠一事掠
去外人三十餘名中人二百餘且外人
已照會我外部提嚴重抗議若不速
設法救出將有相当的自衛法最
可恨者即因於二十一條二次條文
因内閣動搖不能提出者外人笑蓋
由閣之倒並非政爭實因权利分不均也
国家養兵所以靖内乱禦外侮今我国
之兵自相残殺落伍者為匪惹起外交嗚呼悲

张玉山

1898—1927

原名振儒，山东寿光人。1924 年在山东省立第一师范学校加入中国社会主义青年团，同年 8 月转为中国共产党党员。是寿光县中共组织的创始人之一。后任寿（光）广（饶）支部书记、寿光支部书记，1926 年任中共寿光县第一任县委书记。1927 年 12 月 18 日病逝。

张玉山在寿光领导群众斗争时使用过的手枪

1925年
山东博物馆藏

陈为人

1899—1937

湖南江华人。党的二大后，他受党中央委派到山东指导工作。1922年8月，他按照《中国共产党章程》第四条的有关规定，指导建立了中共济南支部，王尽美为支部书记。

《泺源新刊》是山东省立第一师范学生自治会创办的刊物，1920年10月创刊。该刊以介绍新书刊、宣传新思想、揭露社会陋习、批评旧教育、倡导教育改革为宗旨。1921年春，王尽美、邓恩铭、王翔千等在上海和北京的共产党早期组织指导和帮助下，建立了在济南的共产党早期组织。

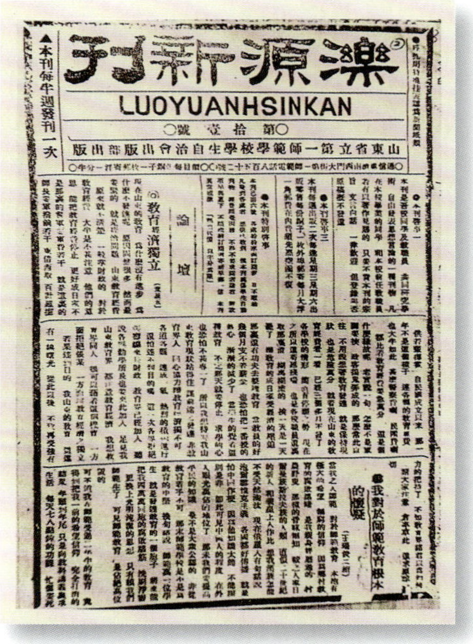

濼源新刊

LUOYUANHSINKAN

○第拾壹號○

山東省立第一師範學校學生自治會出版部出版

本刊每半週發刊一次

論壇

我對於師範教育根本的懷疑

《泺源新刊》第拾壹号

于培绪

1901—1928

字赞之，又名茂宁，化名伯涛，山东昌邑人。山东早期的中共党员和农民运动领导人之一，革命烈士。于培绪自幼聪慧颖悟，读书勤奋，1919年考入潍县教会办的文华中学。五四运动爆发后，他积极组织学生游行示威，抵制日货，阅读新文化书报，开展爱国反帝宣传。爱国行动使文华中学当局大为不安，不久被迫停学。失学使于培绪更加坚定反帝信念，爱国情怀愈发炽烈，于1924年秋考取齐鲁大学文理学院。在此期间他大量阅读革命书籍，经常找同学讨论救国方法。

于培绪在齐鲁大学参加党组织时的照片

1926年
山东博物馆藏

1925年秋，为在齐鲁大学建立党组织，党组织派丁君羊考入文理学院，于培绪（照片中左侧为于培绪）受到其良好影响加入中国共产党，成为党在齐鲁大学发展的第一名共产党员。他又发展张同俊等同学入党，并成立了齐鲁大学党支部。在第一次国共合作时期，于培绪被派到国民党济南市党部从事学生运动和做党的宣传、发展工作等。1928年2月任中共泰莱县委书记，4月任中共鲁北特委委员。后领导饮马农民暴动，不幸被捕，壮烈牺牲。

第四章

工运铁流 “异军特起”

1924年1月，第一次国共合作开始，反帝反封建的爱国统一战线迅速形成，轰轰烈烈的反帝废约运动迅速席卷全国。在山东党组织的领导下，山东工人运动犹如滚滚洪流，成为党领导革命运动最为活跃的地区之一。邓恩铭等人领导的胶济铁路大罢工、青岛三次日商纱厂工人联合大罢工在山东和全国工人运动史上写下了壮烈的一章。青沪惨案的爆发，更是带动了全国反帝爱国运动，成为大革命高潮到来的先声。

国民党一大会场（前排左一为王尽美）

党的三大后，国共合作步伐大大加快。1924 年 1 月，孙中山在广州主持召开中国国民党第一次全国代表大会，事实上确立了“联俄、联共、扶助农工”的三大革命政策，标志着第一次国共合作正式形成。以国共合作为基础的国民大革命在全国兴起，中国大地上爆发了轰轰烈烈的反对帝国主义、反对封建军阀的大革命。

1925年胶济铁路总工会四方机厂工人庆祝罢工胜利的合影

胶济铁路总工会张店分会木质印章

1925年
山东博物馆藏

1925年2月8日至16日，青岛四方机厂工人在中共青岛支部的领导下，利用胶济铁路全线罢工的有利时机，举行了为期9天的全厂大罢工。在庆祝罢工胜利大会上，宣布成立四方机厂工会和胶济铁路总工会，史称“二月大罢工”。胶济铁路总工会下设青岛、高密、坊子、张店、济南和四方机厂6个分会，张店分会是其中一个重要分会。

胶济铁路工人队伍，是山东早期工人运动的重要组成部分和骨干力量。1923年京汉铁路二七惨案后，全国的工人运动暂时遭到严重挫折，转入低潮；然也正是在惨案发生之际，山东青岛四方机厂工人自发组成了圣诞会，并在中共山东党组织的帮助改造下，迅速成为一个新型的工会组织。至1925年2月，时任中共青岛支部书记的邓恩铭成功组织领导了三次在全国有较大影响的大罢工，即胶济铁路大罢工和两次纱厂工人大罢工，成立了胶济铁路总工会，鼓舞了全国的工人运动，被时任中国劳动组合书记部主任的邓中夏称赞为“异军特起”“难能可贵”。

青岛工人运动的胜利和发展，激起了日本帝国主义和地方反动当局的恐惧和敌视。反动军阀张宗昌和日本方面及青岛商界亲日势力“严令戒严司令及警察厅取缔危险分子”，在严厉镇压纱厂工人的同时，对中共青岛组织、工人运动骨干组织者及坚决反对军阀统治的民主人士痛下杀手，妄图从根本上动摇青岛反帝反封建力量。1925年5月29日，青岛日资纱厂工人举行第二次同盟大罢工时，遭到军阀政府的镇压，8人被当场打死，史称青岛惨案。它与第二天发生的、成为五卅运动导火索的五卅惨案，在当时并称青沪惨案。胶济铁路总工会组织发起青沪惨案后援会，沿胶济铁路线宣传青沪惨案真相，揭露英日帝国主义侵略者的罪行，募集款物救济受难工人及其家属。据不完全统计，五卅运动期间，山东参加抗议活动的群众达到70万人以上。青沪惨案在全国民众中激起规模空前的反抗帝国主义的怒潮，成为大革命高潮到来的先声。

1922年6月，中国劳动组合书记部山东支部建立，王尽美任主任。随后，王尽美积极投身劳动立法运动，参与起草拟定了《劳动法案大纲》，推动工人运动的深入开展。

中國社會主義青年團中央執行委員會印行

先驅

THE PIONEER.

AN ORGAN OF THE CENTRAL EXECUT... COMMITTEE OF THE SOCIALIST YOUTH LEAGUE OF CHINA.

一九二二年九月三日出版

第十一期

每張銅元二枚

國際少年日紀念號

中国社会主义青年团中央执行委员会《先驱》报关于《劳动法案大纲》的报道

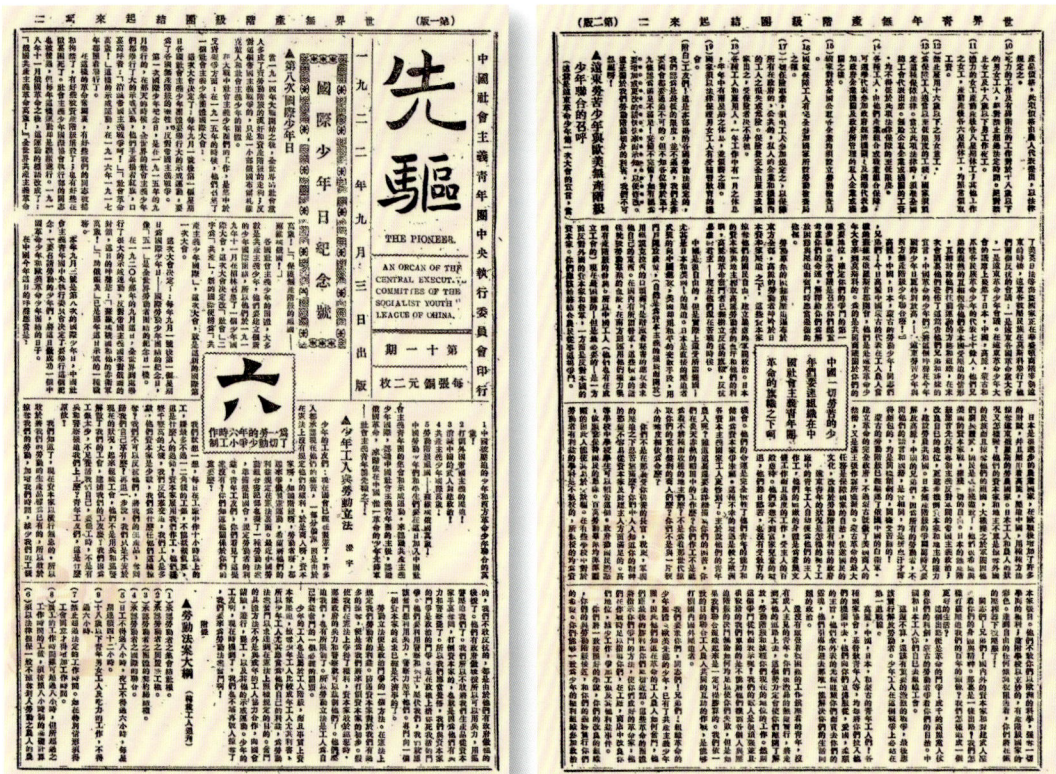

青岛四方机厂工人组织圣诞会徽章

20世纪20年代
青岛市博物馆藏

徽章为银质，六瓣花形，正面刻“圣诞会”三字，背面刻有两面交叉的旗帜，是青岛四方机厂工人自发建立的群众组织“圣诞会”会员佩戴的徽章。

1922年12月10日，中国从日本手中收回青岛主权，又于1923年1月赎回胶济铁路。由于长期遭受德、日帝国主义以及北洋军阀的剥削和压迫，四方机厂郭恒祥等一批进步工人认识到，只有团结起来，才能为自身争得权益。他们利用民间同行业者组织行会团体的旧习俗，以“崇敬祖师，互敬互助”“提高工人人格，辅助路务进行”为名，积极在厂内联合工人，于1923年1月成立了圣诞会，当时有数百名技工参加。1923年4月，王荷波化名满玉钢，被中共北方区委派到青岛后，就着手改造圣诞会，对圣诞会的领导人进行革命启蒙教育。邓恩铭来青岛后，把主要精力也放在了工人运动上。他深入四方机厂工人群众中，启发教育工人，进行马克思主义的传播。圣诞会成为党领导下青岛的第一个工会组织，自此青岛工人运动翻开了新的篇章。

胶澳民户盐田联合会印发的传单

1924年
青岛市博物馆藏

胶澳民户盐田联合会印发的传单，双面。标题为“胶澳盐潮之沿革，永裕公司之垄断，胶澳盐民之苦衷，帮虎吃食之恶吏”。

1922年北洋政府收回青岛后，于1923年招标拍卖原为日本人经营的胶州湾盐田，永裕盐业公司以300万元中标取得盐田经营权，扬州帮商人丁敬臣任总经理，垄断青岛盐业，损害大量盐民利益。7月，以下崖村盐民孙毓章等人为首，联络棘洪滩、马哥庄、红岛一带之盐户自发成立“胶澳民户盐田联合会”，要求取消青盐输出包办，开通青盐销路，以济盐民困苦。未果，遂又组织盐民在青岛游行并赴胶澳商埠督办公署请愿，要求取消投标。之后，又捣毁永裕公司，殴伤丁敬臣，并上书山东省署及吴佩孚，要求解除永裕盐业公司垄断盐业输出合同。胶澳商埠督办高恩洪许以临时输出及承办工业用输出盐，始解纠纷之困。

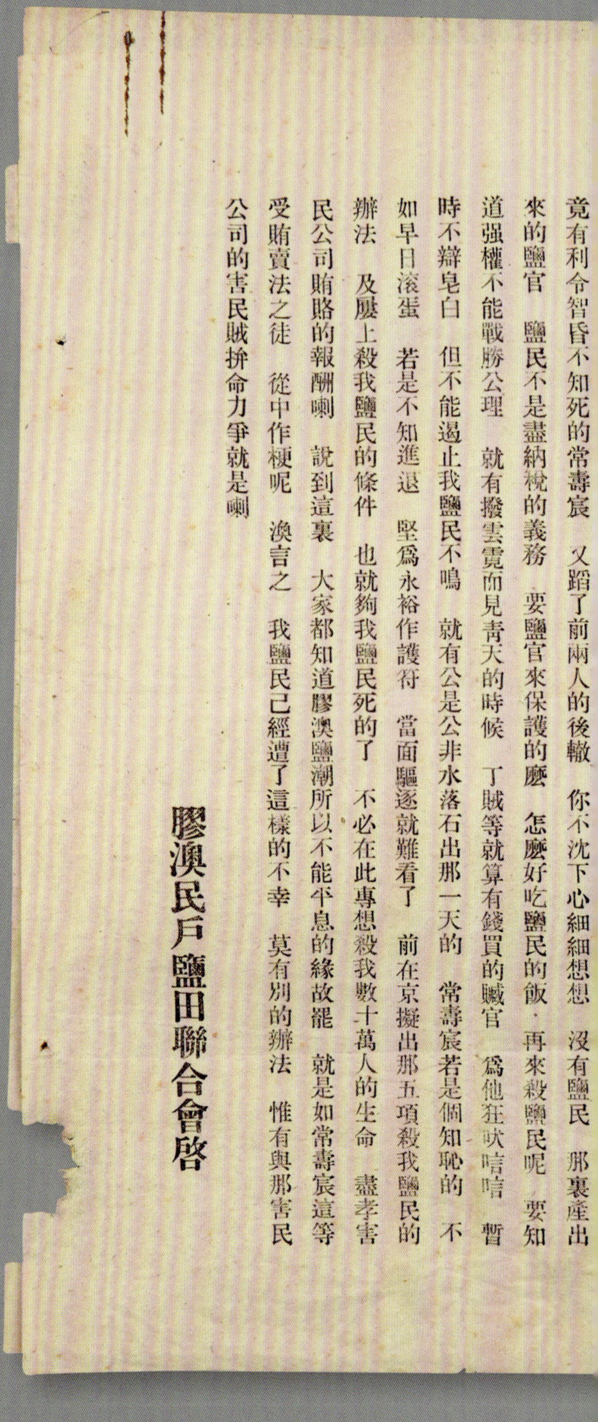
竟有利令智昏不知死的常壽宸　又蹈了前兩人的後轍　你不沈下心細細想想　沒有鹽民　那裏產出來的鹽官　鹽民不是盡納稅的義務　要鹽官來保護的麼　怎麼好吃鹽民的飯．再來殺鹽民呢　要知道强權不能戰勝公理　就有撥雲霓而見青天的時候　丁賊等就算有錢買的贓官　爲他狂吠唁唁　暫時不辯皂白　但不能遏止我鹽民不鳴　就有公是公非水落石出那一天的　常壽宸若是個知恥的　不如早日滾蛋　若是不知進退　堅爲永裕作護符　當面驅逐就難看了　前在京擬出那五項殺我鹽民的辦法　及屢上殺我鹽民的條件　也就夠我鹽民死的了　不必在此專想殺我數十萬人的生命　盡孝害民公司賄賂的報酬喇　說到這裏　大家都知道膠澳鹽潮所以不能平息的緣故罷　就是如常壽宸這等受賄賣法之徒　從中作梗呢　渙言之　我鹽民已經遭了這樣的不幸　莫有別的辦法　惟有與那害民公司的害民賊拚命力爭就是喇

膠澳民戶鹽田聯合會啓

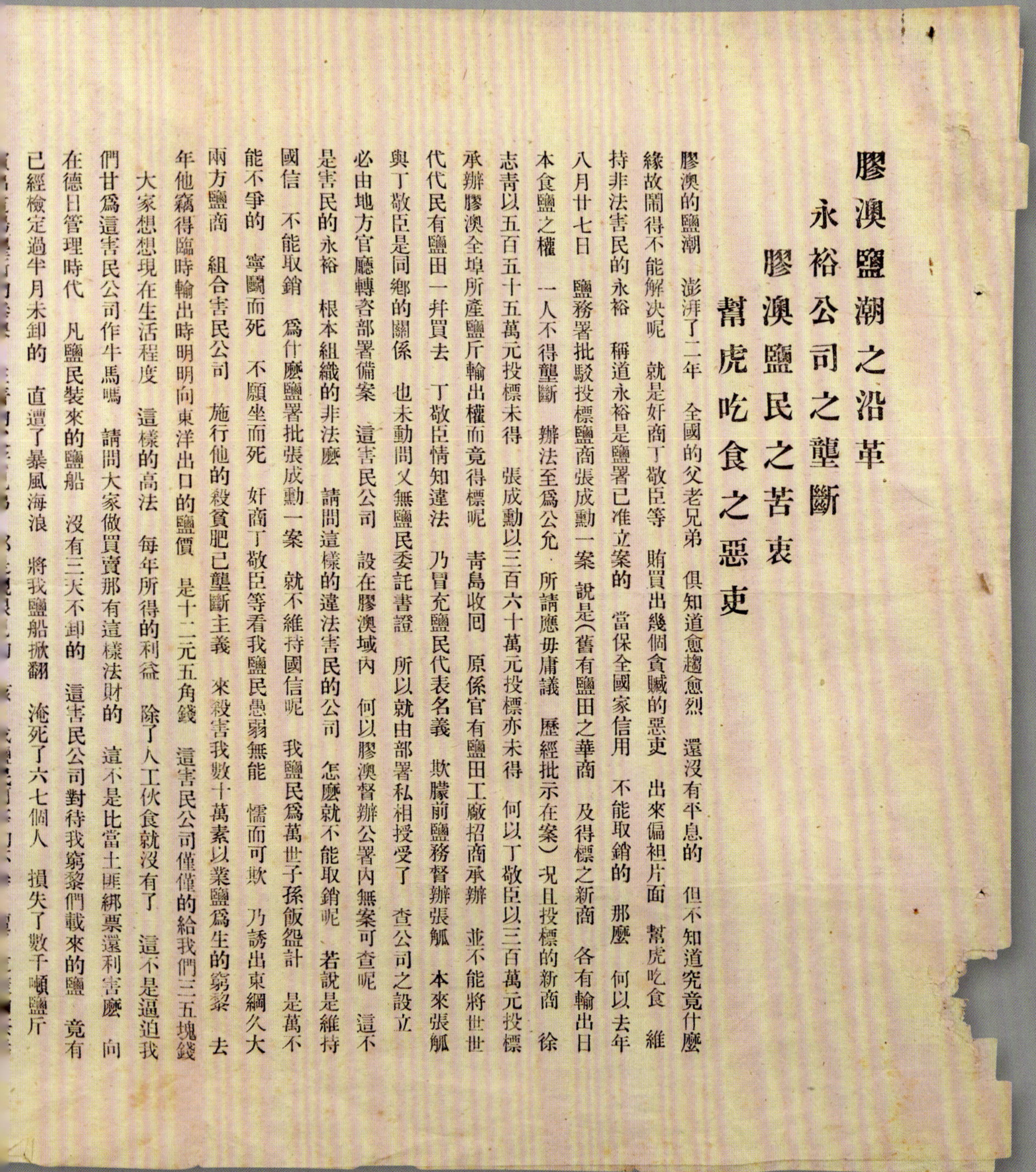

膠澳鹽潮之沿革

永裕公司之壟斷

膠澳鹽民之苦衷

幫虎吃食之惡吏

膠澳的鹽潮　澎湃了二年　全國的父老兄弟　俱知道愈趨愈烈　還沒有平息的　但不知道究竟什麼緣故鬧得不能解決呢　就是奸商丁敬臣等　賄買出幾個貪贓的惡吏　出來偏袒片面　幫虎吃食　維持非法害民的永裕　稱道永裕是鹽署已准立案的　當保全國家信用　不能取銷的　那麼　何以去年八月廿七日　鹽務署批駁投標鹽商張成勳一案　說是(舊有鹽田之華商　及得標之新商　各有輸出日本食鹽之權　一人不得壟斷　辦法至爲公允．所請應毋庸議　歷經批示在案)况且投標的新商　徐志靑以五百五十五萬元投標未得　張成勳以三百六十萬元投標亦未得　何以丁敬臣以三百萬元投標承辦膠澳全埠所產鹽斤輸出權而竟得標呢　靑島收回　原係官有鹽田工廠招商承辦　並不能將世世代代民有鹽田一幷買去　丁敬臣情知違法　乃冒充鹽民代表名義　欺朦前鹽務督辦張弧　本來張弧與丁敬臣是同鄉的關係　也未動問又無鹽民委託書證　所以就由部署私相授受了　查公司之設立必由地方官廳轉咨部署備案　這害民公司　設在膠澳域內　何以膠澳督辦公署內無案可查呢　這不是害民的永裕　根本組織的非法麼　請問這樣的違法害民的公司　怎麼就不能取銷呢　若說是維持國信　不能取銷　爲什麼鹽署批張成勳一案　就不維持國信呢　我鹽民爲萬世子孫飯盌計　是萬不能不爭的　寧鬬而死　不願坐而死　奸商丁敬臣等看我鹽民愚弱無能　懦而可欺　乃誘出東綱久大兩方鹽商　組合害民公司　施行他的殺貧肥己壟斷主義　來殺害我數十萬素以業鹽爲生的窮黎　去年他竊得臨時輸出時明明向東洋出口的鹽價　是十二元五角錢　這害民公司僅僅的給我們三五塊錢

大家想想現在生活程度　這樣的高法　每年所得的利益　除了人工伙食就沒有了　這不是逼迫我們甘爲這害民公司作牛馬嗎　請問大家做買賣那有這樣法財的　這不是比當土匪綁票還利害麼　向在德日管理時代　凡鹽民裝來的鹽船　沒有三天不卸的　這害民公司對待我窮黎們載來的鹽　竟有已經檢定過半月未卸的　直遭了暴風海浪　將我鹽船掀翻　淹死了六七個人　損失了數千噸鹽斤

五卅运动是中国近代史上一次重要的反帝爱国运动，其直接导火线是 1925 年 5 月 15 日上海内外棉七厂的日本资本家枪杀工人代表、共产党员顾正红，导致打伤工人 10 多人。这一事件激起了上海工人、学生和广大民众的极大愤怒，成为五卅运动的导火索。从 6 月 1 日起，上海全市开始了声势浩大的反对帝国主义的总罢工、总罢课、总罢市，约有 1700 万人直接参加了运动。包括山东在内的全国各地开展了声援活动，这一事件不仅在国内引起了巨大震动，也引起了国际社会的广泛关注和支持，如莫斯科举行了 50 万人的示威游行声援中国人民的五卅运动。五卅运动在中国近代史上占有重要地位，它不仅展现了中国人民反抗外来侵略的决心和力量，也为中国革命的进一步发展指明了方向。

五卅运动期间走上街头抗议游行的上海民众

五卅反帝传单

1925年
青岛市博物馆藏

毛笔书写，上面写着"力争沪案""废除不平条约""抵制英日货物""不用英日钞票""不作英日轮船""不与英日作工""收回租借""取消领事裁判权"的字样。作为工人阶级向广大群众宣传反帝爱国思想的宣传品，见证了青岛市工人阶级从厂内斗争逐渐走向社会政治舞台和政治觉悟程度的提高。1925年5月，震惊全国的青沪惨案引起了中国被压迫各阶级的民族义愤，中国共产党领导工人群众爆发了五卅运动，斗争如火如荼，声势浩大，以罢市、罢课、示威游行、抵制英日货的方式，抗议帝国主义的暴行，在中国反帝爱国斗争史上写下了光辉的一页。

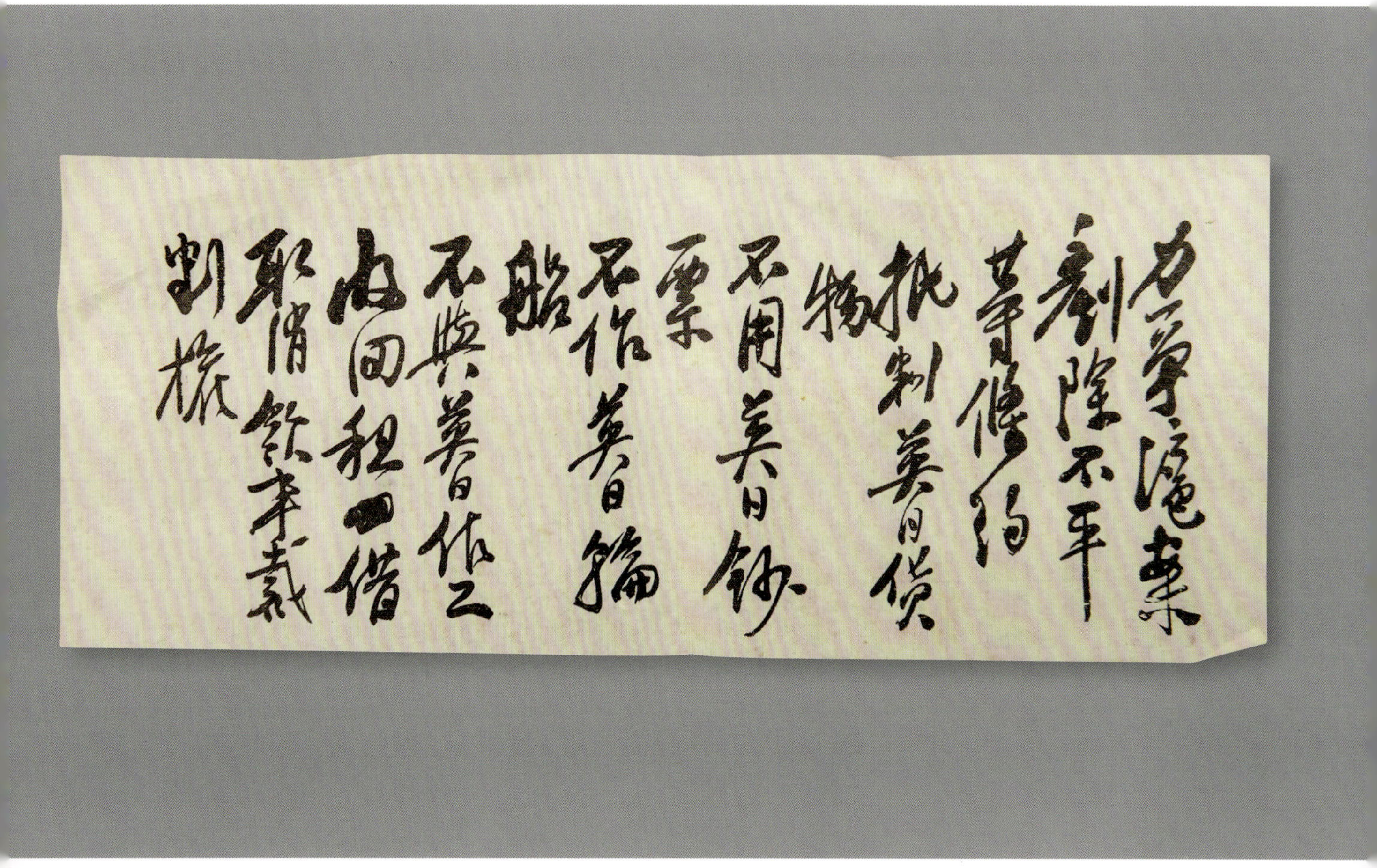

1925年青岛各界游行声讨声讨青沪惨案、支援工人正义斗争的情形

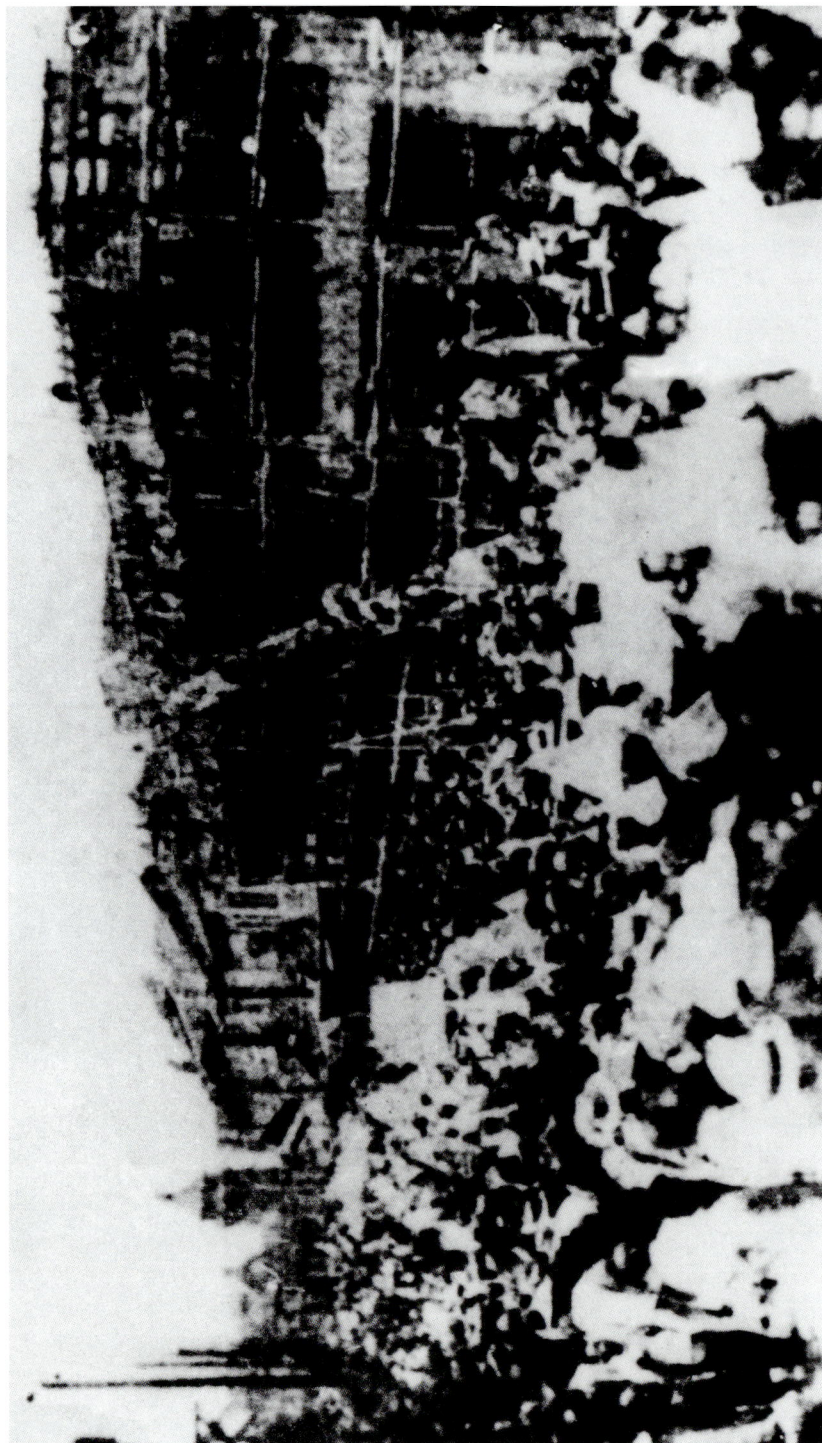

安徽国民外交后援会为青沪惨案印发的五卅反帝传单

1925年
青岛市博物馆藏

1925年4月19日，在中共党组织的领导下，日商大康纱厂4000余工人为争取工会权利、增加工资而举行大罢工，揭露日本厂主压迫剥削工人的罪行。4月23日，内外棉等日商工厂工人相继罢工，形成全市日商纱厂工人联合大罢工。轰轰烈烈的工人运动，引起了帝国主义和反动政府的极大恐慌和仇视。日本政府和山东、青岛军阀当局加紧勾结，联合镇压青岛工人运动。5月29日，包围内外棉纱厂的反动军警悍然向罢工工人开枪，厂内日本职员也乘机枪击工人，打死工人8人、重伤数十人，逮捕工人70余人，造成震惊中外的惨案。次日，英帝国主义也在上海制造了屠杀工人的惨案。这两起事件被称为青沪惨案，又称五卅惨案，由此引发了全国性的反帝爱国运动。安徽各界积极响应，支持上海工人，全省各地召开了声势浩大的抗议声援大会，成立五卅惨案安徽后援会和各地后援组织，开展罢工罢课罢市和抵制英、日货的斗争，广泛开展募捐活动，掀起了反帝爱国斗争的新高潮。

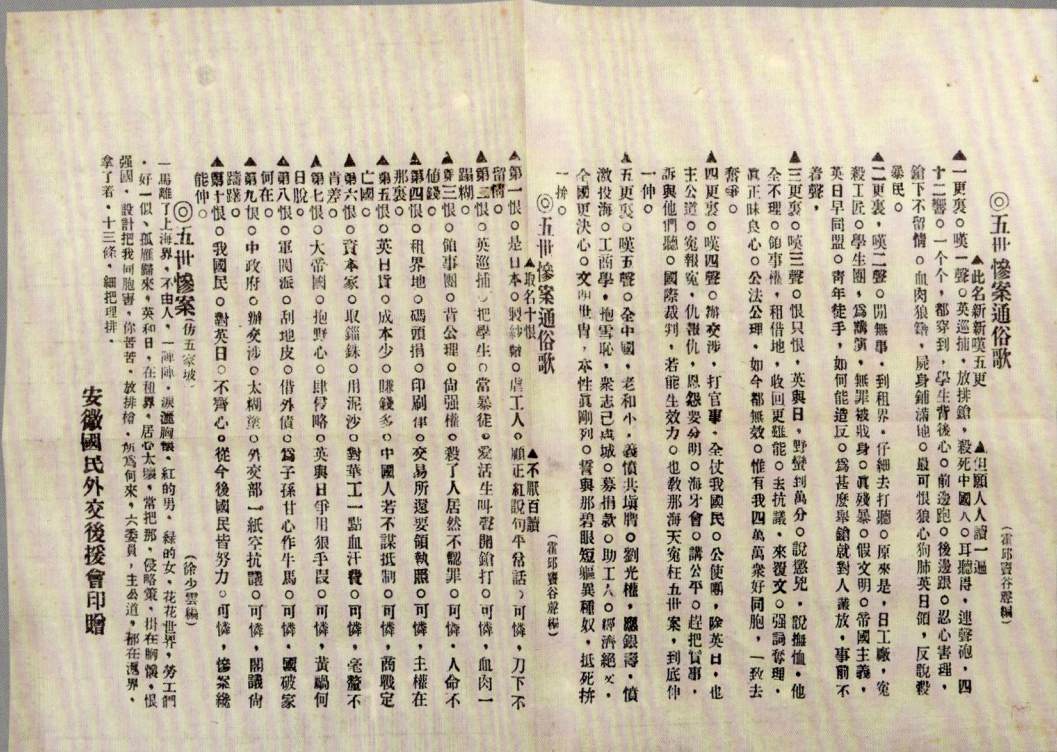

济南学生联合会印章

1925年
山东博物馆藏

　　国民大革命时期重建的济南学生联合会印章，木质。1924年后，在国共合作的形势下，经过共产党、共青团的群众发动工作，各地团员和进步青年投入到轰轰烈烈的大革命中，迅速掀起了中国人民反对帝国主义、封建主义斗争的高潮。1925年以青沪惨案为起点的五卅运动掀起了中国近代历史上空前的大革命风暴。在山东，全省出现了声援青沪惨案的热潮。据不完全统计，全省直接参加罢工、罢课、罢市、集会游行和其他抗议活动的人数在70万人以上，广大青年学生再次担当了运动的先锋。全省共有30多个县市的学生罢课游行，21个县成立了学联。

6月初，中共山东地委和团济南地委重建了济南学生联合会，作为领导学生运动的公开团体。6月7日，又成立了济南学生青沪惨案临时委员会，决议各中等以上学校建立青沪惨案后援会，全体罢课，并通电全省各校一致行动。8日，济南30余所学校的学生集体罢课，联络各界群众3万余人举行集会游行，向山东军务督办公署呈交了请愿书，向英、日驻济领事馆递交了抗议书。罢课以后，各校学生组成若干宣传讲演团，四处讲演募捐。在当年济南举行的3次声势浩大的集会游行中，青年学生一直担当主力，推动了反帝爱国运动的深入发展。

王尽美起草的《山东反帝国主义大同盟会宣言》

1924年
山东博物馆藏

1924年8月24日，济南各界联合会与十多个团体召开山东反帝国主义同盟会成立大会，王尽美亲自起草了《山东反帝国主义大同盟会宣言》，是山东反帝国主义大同盟会的纲领性文件，更是山东人民讨伐帝国主义的战斗檄文。国民大革命期间山东工人运动犹如滚滚铁流，声势浩大，被中国早期工运领导人邓中夏称赞为“异军特起”。

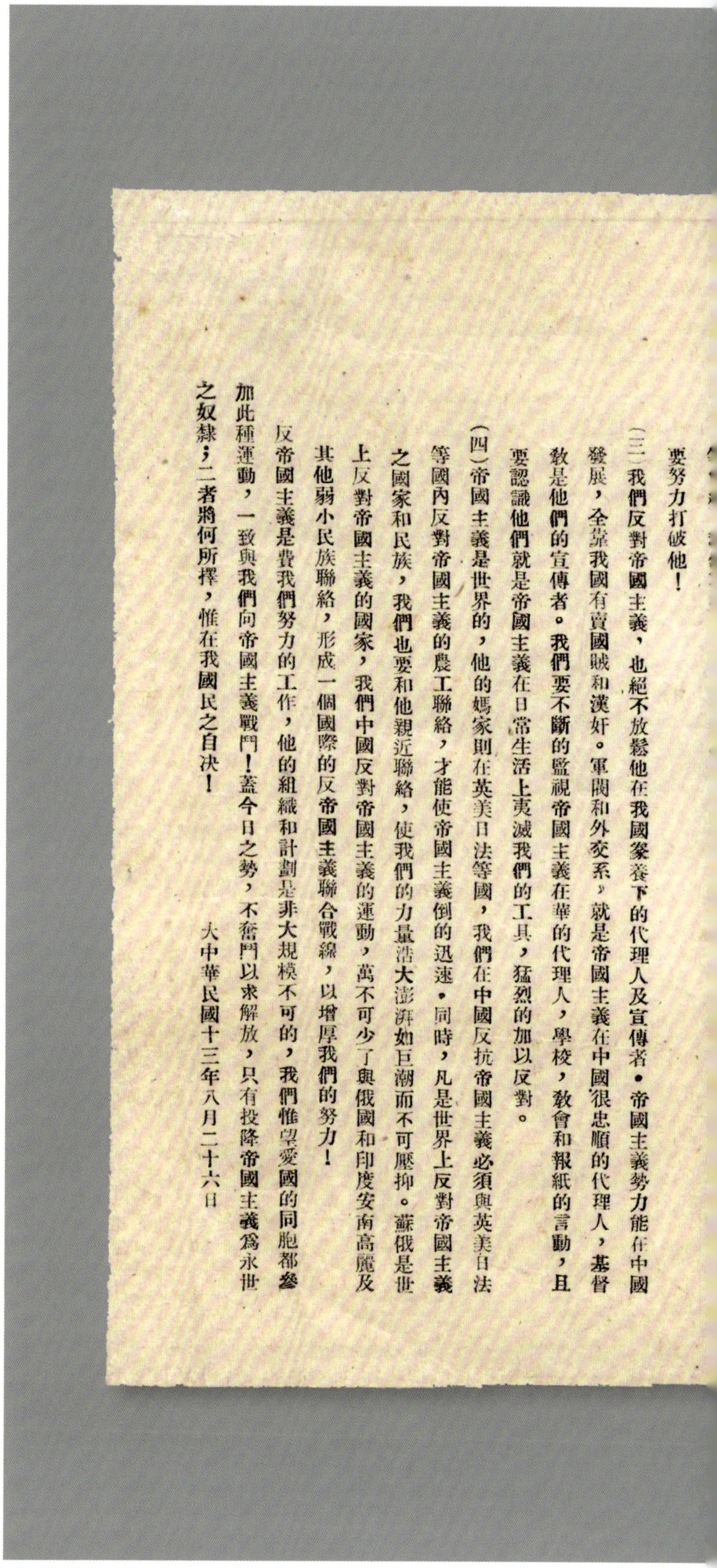
要努力打破他！
(三)我們反對帝國主義，也絕不放鬆他在我國豢養下的代理人及宣傳者。帝國主義勢力能在中國發展，全靠我國有賣國賊和漢奸。軍閥和外交系，就是帝國主義在中國很忠順的代理人，基督教是他們的宣傳者。我們要不斷的監視帝國主義在華的代理人，學校，教會和報紙的言動，且要認識他們就是帝國主義在日常生活上夷滅我們的工具，猛烈的加以反對。
(四)帝國主義是世界的，他的媽家則在英美日法等國，我們在中國反抗帝國主義必須與英美日法等國內反對帝國主義的農工聯絡，才能使帝國主義倒的迅速。同時，凡是世界上反對帝國主義之國家和民族，我們也要和他親近聯絡，使我們的力量浩大澎湃如巨潮而不可壓抑。蘇俄是世上反對帝國主義的國家，我們中國反對帝國主義的運動，萬不可少了與俄國和印度安南高麗及其他弱小民族聯絡，形成一個國際的反帝國主義聯合戰線，以增厚我們的努力！
反帝國主義是費我們努力的工作，他的組織和計劃是非大規模不可的，我們惟望愛國的同胞都參加此種運動，一致與我們向帝國主義戰鬥！蓋今日之勢，不奮鬥以求解放，只有投降帝國主義爲永世之奴隸；二者將何所擇，惟在我國民之自決！
大中華民國十三年八月二十六日

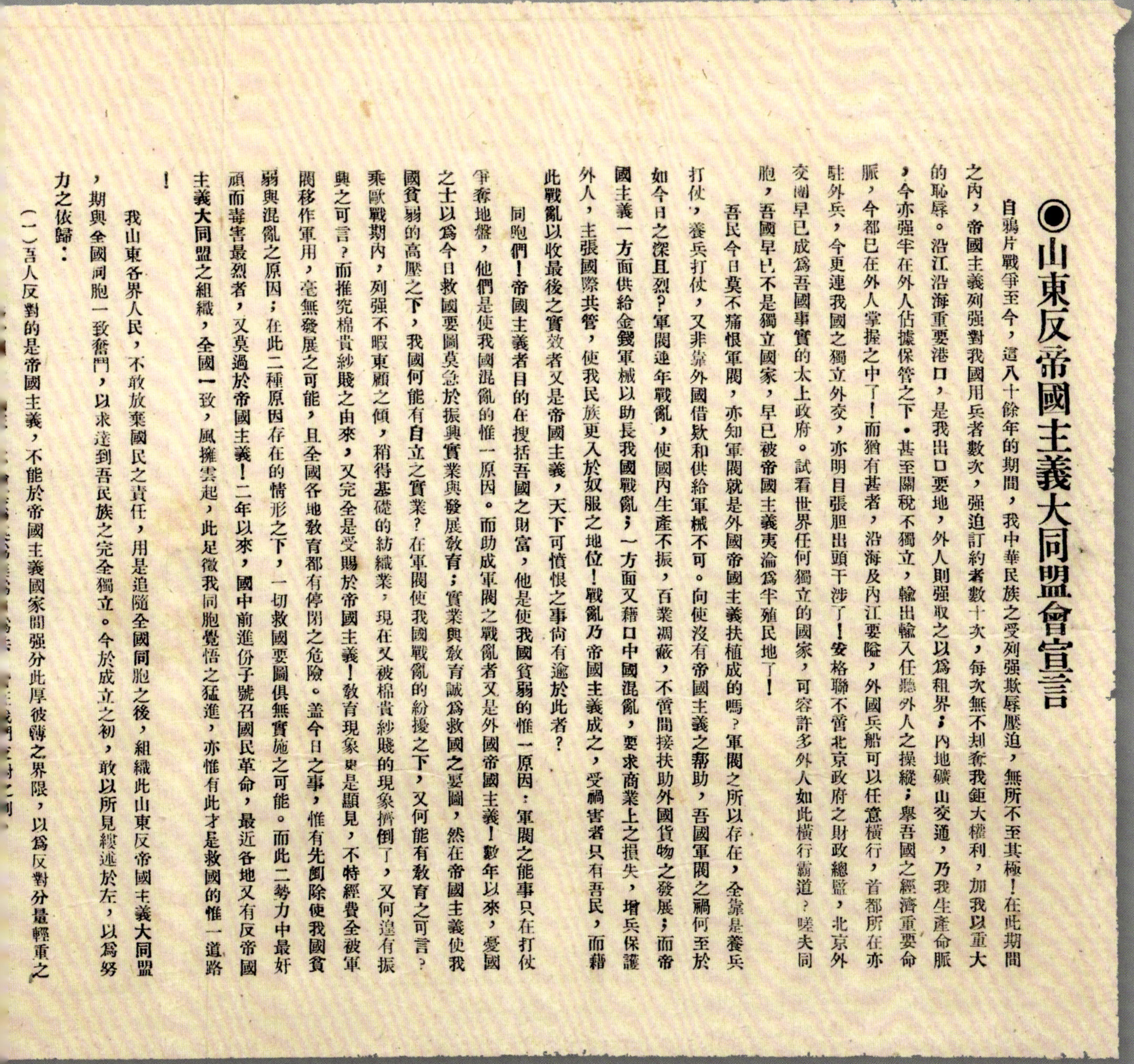

◉山東反帝國主義大同盟會宣言

自鴉片戰爭至今，這八十餘年的期間，我中華民族之受列强欺辱壓迫，無所不至其極！在此期間之內，帝國主義列强對我國用兵者數次，强迫訂約者數十次，每次無不刼奪我鉅大權利，加我以重大的恥辱。沿江沿海重要港口，是我出口要地，外人則强取之以爲租界；內地礦山交通，乃我生產命脈，今亦强半在外人佔據保管之下。甚至關稅不獨立，輸出輸入任聽外人之操縱；舉吾國之經濟重要命脈，今都已在外人掌握之中了！而猶有甚者，沿海及內江要隘，外國兵船可以任意橫行，首都所在亦駐外兵，今更連我國之獨立外交，亦明目張胆出頭干涉了！安格聯不啻北京政府之財政總監，北京外交團早已成爲吾國事實的太上政府。試看世界任何獨立的國家，可容許多外人如此横行霸道？嗟夫同胞，吾國早已不是獨立國家，早已被帝國主義夷淪爲半殖民地了！

吾民今日莫不痛恨軍閥，亦知軍閥就是外國帝國主義扶植成的嗎？軍閥之所以存在，全靠是養兵打仗，養兵打仗，又非靠外國借欵和供給軍械不可。向使沒有帝國主義之帮助，吾國軍閥之禍何至於如今日之深且烈？軍閥連年戰亂，使國內生產不振，百業凋敝，不啻間接扶助外國貨物之發展；而帝國主義一方面供給金錢軍械以助長我國戰亂；一方面又藉口中國混亂，要求商業上之損失，增兵保護外人，主張國際共管，使我民族更入於奴服之地位！戰亂乃帝國主義成之，受禍害者只有吾民，而藉此戰亂以收最後之實效者又是帝國主義，天下可憤恨之事尙有逾於此者？

同胞們！帝國主義者目的在搜括吾國之財富，他是使我國貧弱的惟一原因：軍閥之能事只在打仗爭奪地盤，他們是使我國混亂的惟一原因。而助成軍閥之戰亂者又是外國帝國主義！數年以來，憂國之士以爲今日救國要圖莫急於振興實業與發展教育；實業與敎育誠爲救國之要圖，然在帝國主義使我國貧弱的高壓之下，我國何能有自立之實業？在軍閥使我國戰亂的紛擾之下，又何能有敎育之可言？乘歐戰期內，列强不暇東顧之傾，稍得基礎的紡織業，現在又被棉貴紗賤的現象擠倒了，又何遑有振興之可言？而推究棉貴紗賤之由來，又完全是受賜於帝國主義！教育現象更是顯見，不特經費全被軍閥移作軍用，毫無發展之可能，且全國各地敎育都有停閉之危險。盖今日之事，惟有先剷除使我國貧弱與混亂之原因；在此二種原因存在的情形之下，一切救國要圖俱無實施之可能。而此二勢力中最好頑而毒害最烈者，又莫過於帝國主義！二年以來，國中前進份子號召國民革命，最近各地又有反帝國主義大同盟之組織，全國一致，風擁雲起，此足徵我同胞覺悟之猛進，亦惟有此才是救國的惟一道路！

我山東各界人民，不敢放棄國民之責任，用是追隨全國同胞之後，組織此山東反帝國主義大同盟，期與全國同胞一致奮鬥，以求達到吾民族之完全獨立。今於成立之初，敢以所見縷述於左，以爲努力之依歸：

（一）吾人反對的是帝國主義，不能於帝國主義國家間强分此厚彼薄之界限，以爲反對分量輕重之

济南商埠会发布《山东反帝国主义大同盟会通告》

1924年
山东博物馆藏

济南商埠商会发布的反帝宣言，力陈八国联军侵华的滔天罪行，痛陈《辛丑条约》进一步使中国失去独立国家地位的国情实际，宣言中提到“自有此约后，中国人的对外自卫行为有罪，自有此约，中国赔款四百五十万关税尽为外人掌握，成为积贫积弱的中国沦为附属国的致命伤！中国人自此再不是独立国的人民，是列强的牛马奴隶！”宣言号召四万万国人牢记《辛丑条约》的签订日，以提醒国人不忘国耻。山东省各爱国团体组织的反帝国主义大同盟会与南北反帝国主义同盟会团体一致决议，将九月二日至九月九日定为中华民族反帝国主义星期。在这一周时间内，各商界于九月七日降半旗以示纪念，并于当日上午八时各派一人持小旗赴国民大会，小旗上写“打倒帝国主义”“取消不平等条约”“以唤醒我全国同胞”等宣传用语，以示国民坚强的民族气节。

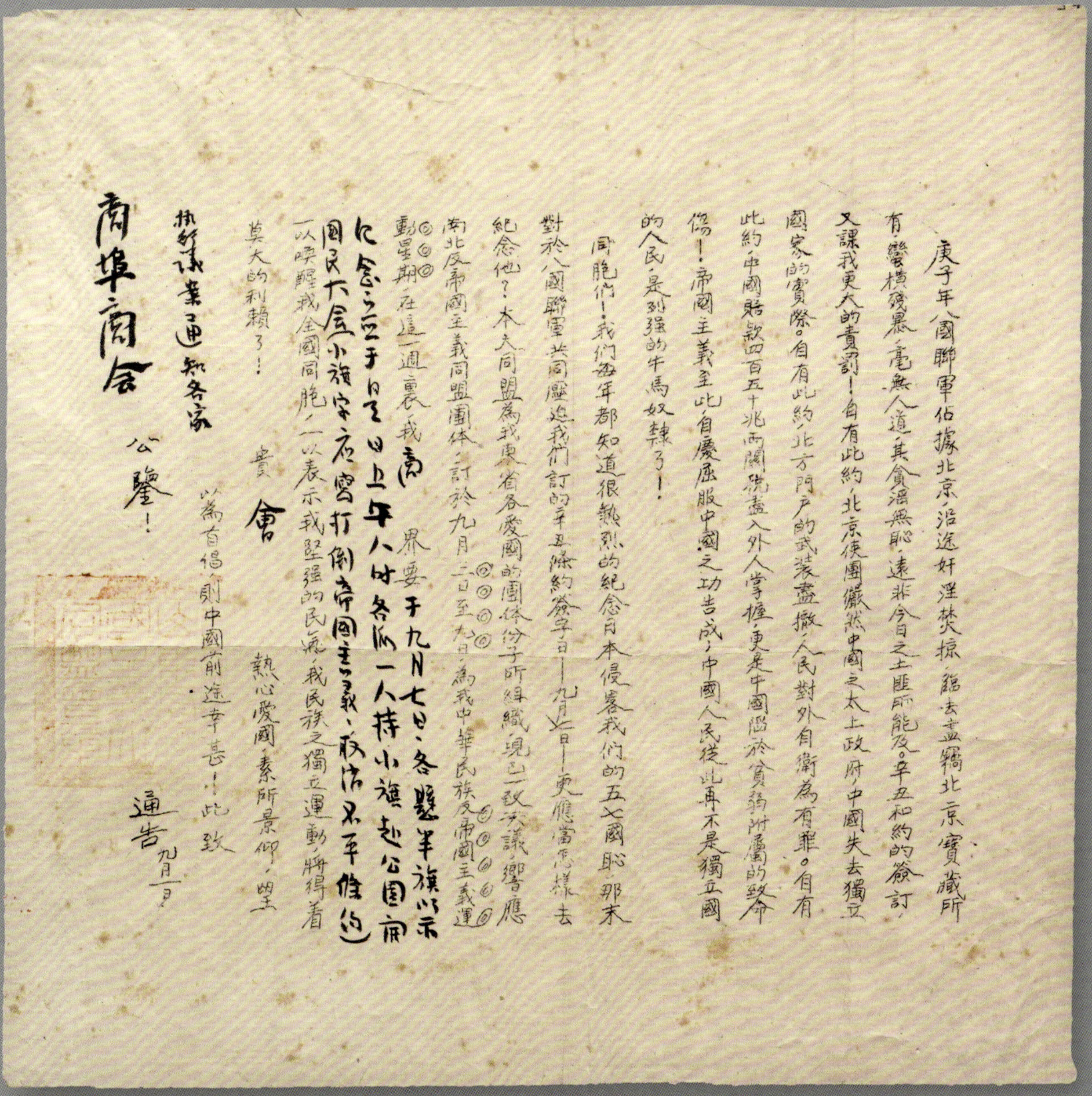
庚子年八國聯軍佔據北京，沿途奸淫焚掠，搶去並竊北京寶藏所有，蠻橫殘暴，毫無人道，其貪婪無厭，遠非今日之土匪所能及。辛丑和約的簽訂，又課我更大的責罰！自有此約，北京使團儼然中國之太上政府，中國失去獨立國家的實際。自有此約，北方門户的武裝盡撤，人民對外自衛為有罪。自有此約，中國賠款四百五十兆兩，關稅盡入外人掌握，更是中國陷於貧弱附屬的致命傷！！帝國主義至此，自慶屈服中國之功告成，中國人民從此再不是獨立國的人民，是列強的牛馬奴隸了！

同胞們！我們每年都知道很熱烈的紀念日本侵害我們的五七國恥，那末對於八國聯軍共同壓迫我們訂的辛丑條約簽字日——九月七日——更應當怎樣去紀念他？本大同盟為我東省各愛國的團体份子所組織，現已一致決議響應南北反帝國主義同盟團体，訂於九月一日至七日為我中華民族反帝國主義運動星期，在這一週裏，我商界要于九月七日，各懸半旗以示紀念；並于七日上午八時各派一人持小旗赴公園開國民大會（小旗字應寫打倒帝國主義、取消不平條約），一以喚醒我全國同胞，一以表示我堅強的民氣，我民族之獨立運動，將得着莫大的利賴了！！

貴會熱心愛國，素所景仰，望以為首倡，則中國前途幸甚！！此致

執行議案通知各家

商埠商會 公鑒！

通告 九月一日

《晨钟报》报头印模

1925年
山东博物馆藏

民国济南《晨钟报》的报头印模。《晨钟报》是1923年王尽美任中共济南地方委员会书记时协同进步人士创办的报刊。

王尽美自幼砥砺学行，能书善写。在他短暂而又光辉的一生中，充分发挥自己的特长，创办进步报刊，撰写文章，探索和传播革命思想。在《晨钟报》创办期间，邀请王翔千任主笔，王尽美、张适斋等任主要编辑，使该报具备鲜明的革命特色，是济南革命宣传的有力阵地。

1923年8月2日，《晨钟报》第一期正式出版，四开四版，日发行600份。后由于报社工作困难重重，创刊俩月后，李容甫辞职，由汝仲文改任社长。在办报过程中，王尽美、张适斋等人在报纸的《星期副刊》“寸铁”专论杂论等栏目撰写了大量时评文章，并身体力行，参与报纸的排版、印刷和发行售卖等各种琐务。有了这些优秀的共产党人的襄助，《晨钟报》在建党之初复杂险恶的政治格局下顽强生存了下来。该报主笔王翔千在1950年的履历表中提及该报“系小型通俗报，但注重政治及社会问题，不采低级趣味作风，经王尽美参加领导，为本党宣传时较多。在当时山东为仅有的进步言论”。

《晨钟报》虽然采用通俗刊文模式，且还处于国共合作的大革命时期，但其刊行内容仍受到主政山东的张宗昌封建军阀势力的敌视。在他们的不断武力寻衅干扰下，报社曾多次迁址，终在1925年8月15日被查封终刊。

《晨钟报》（第三百六十五号）

1924年9月13日
山东博物馆藏

《晨钟报》是建党初期王尽美以笔代戈、殚精竭虑领导工人革命运动的历史见证，是迄今为止关于王尽美本人的重要革命遗存。《晨钟报》创刊期正值国共第一次合作的大革命前夕。据汝仲文回忆，创刊词中有一句记忆犹新：“济南替人民说话的报出来了！”王尽美等人深入基层领导发动工人运动和斗争的同时，时刻不忘在思想舆论战线执笔作戈，把时局剖析、革命思想寓通俗报刊之中，将文字变成武器，号召民众鼓舞民众。

1924年9月13日的《晨钟报》为现存唯一一份原版报纸。为规避当局反动军阀视线求得生存，刻意在显眼的头版四版全部刊载各类广告启事。报纸的二版、三版因卖报时一般折叠在内里，故刊载较敏感的军阀内战新闻。四版以几乎一版的版面刊登“时事要闻”，即国内直奉皖派系大混战的电报和孙中山北伐战争的战况分析。报纸最末右下位置——“本省要闻”《鲁省恐将加入战争漩涡了！》刊明江浙战争期间倾向直系的山东驻鲁中央陆军被抽调助苏攻浙、卷入军阀内战的史实。

1925年8月15日，《晨钟报》在发行两年之后被山东反动军阀镇压终刊。在《晨钟报》终刊四日后的8月19日，王尽美因重病不治在青岛逝世，年仅27岁。《晨钟报》与王尽美共声同戚，作为早期中国革命运动的播火者，王尽美的革命思想如同他在五四时期《省立一师周刊》发刊词中写到的“晨暮之钟鼓”，和《晨钟报》的“钟声”一样响彻华夏大地，“庶几使梦者醒、醉者苏，协力同心，共谋救国之策”，鼓舞着一批又一批后继之士为革命事业不屈前行。

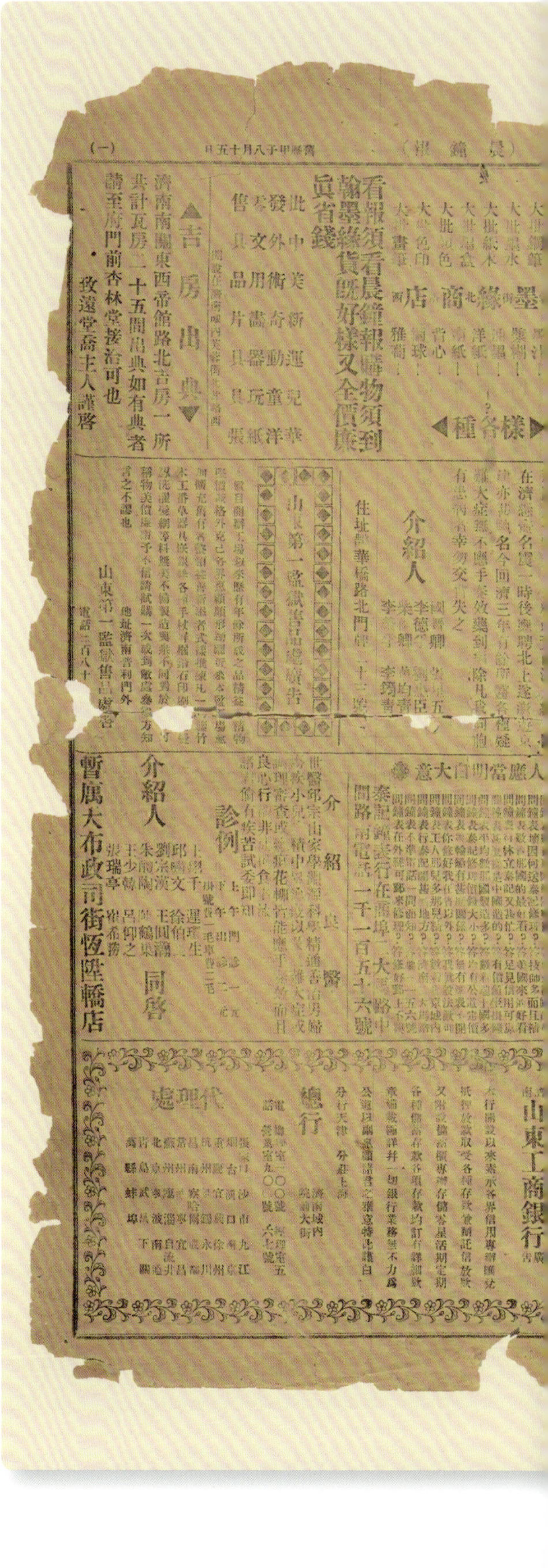
（晨鐘報） 農曆甲子八月十五日 （一）

看報須看晨鐘報 購物須到翰墨緣 貨既好 樣又全 價廉貨省錢

翰墨緣商店 各樣種

批發零售 中外美術文具用品 新奇運動器具 兒童玩具 華洋紙張 畫片

吉房出典
濟南南關東西帝館路北吉房一所
共計瓦房二十五間出典如有典者
請至府門前杏林堂接洽可也
致遠堂喬主人謹啓

山東第一監獄出品廣告

介紹人

人應當明白大意

泰記鐘表行在商埠二大馬路中間路南電話一千一百五十六號

介紹良醫

診例

介紹人 同啓

曹厲大布政司街恆陞轎店

總行

代理處

山東工商銀行

晨鐘報

社址濟南商埠普利門外緯一路西

電話八七七號

第二百六十五號

濟南同興印刷所代印

訂報價目

七神丸

華歐大藥房

和興號綢緞鋪莊

廣嗣調經坤順丸

華林氏藥房

平原分會儲戶第三九四八零號敬告

萬國聚寶盆

諸君快來儲蓄

可享特別利益

濟南萬國儲蓄會啓

中華民國十三年九月十三號 星期六 鐘報 舊曆甲子八月十五日 （三）

月十三日送鑑檢驗以便集合成隊云、

本埠新聞

●張子衡毆人後各方對待方法

張子衡家發武術人士以武力奪得商會會長後、益自得意，此次打傷孫紀貴，仍持其慣技，不料激起公憤，聞已由本省議會及商界各團結決，對待張氏方法如下！（一）拒絕山東銀行鈔票，（二）該行準備金一向薄弱，今收集鈔票，赴該行兌現，聞收集發行百元外加五元云，（三）與該氏有關各營業，均設法使之恐慌，如豐年麵粉公司楊某，握有該氏違章坑害信據若干，如經舉發，足制該公司死命，已由議會方面，派員與楊某接洽了，所聞如是，姑誌之，

本報休刊啟事

今日為仲秋節、本報循例停刊一日，十四日無報，十五日照常出版、

●普利門內之火驚

昨日（十二）下午一句鐘，普利門內裕記[illegible]味店，因一時不慎，釀起火災，及軍警聞訊集至，已火焰冲天，大有不可向邇之勢，該號門面樓房完全燒毀，比鄰萬福祥綢緞店，煞時變成灰燼，贊育西記藥鋪後院，亦焚燒不堪，其致火之原因，現未查明，有謂走電者，有謂捲烟頭條火引起者，無論火因何而起，聞發作先在裕記，故該區巡警已將裕記掌櫃崔某、帶往偵緝訊辦，結果如何，探明再誌、（洪海）

●課吏館月考業已揭曉

課吏館三十日考試業經評定甲乙揭曉在案，超等曹明祥等十名、獎金自五十元，至三十元，又特等二十二名、獎金自二[illegible]元、至十五元，一等一十五名、獎金十元，查此次獎金特多，以秋節各學員得此略予點綴，並聞考列首名之曹明祥，已蒙省長委派膠濟路貨捐局委員，熊省長之委差補缺，自經課吏館開辦，以此為創舉云云、

●城關石路入手興修

城關改修石路一節，曾經省令[illegible]九月一日起施行在案，茲悉警察兩所路政局歷城縣，等機關、於令後會，同議定先由芙蓉街入手興修，昨將[illegible]街布告該街商民知悉，限即自將南口廣告牌坊、北口不防石座，以及有礙路線在石階、律拆除，以便興工云、

●齊大開學前之兩會議

齊魯大學該校校長，因開學在即、于前日邀同教職員，及學生之各班代表，到松靈山開會研究一切應行改革事宜，越三日返省，又於昨晚假廣智院開師生聯歡會，介紹舊生歡迎新生，到者六百餘人，濟濟一堂，頗極一時之盛云、

命令

大總統令

盧金山加陸軍上將銜、此令

王世傑晉授陸軍中將、此令

代郵

育中張適齋先生鑒，蒙你大稿，屢投敝社，且立意措詞，極為佳妙，今為聯絡感情起見，請於今日（十三）下午五時來社一敘，是荷！ 編輯部啟

小說

●浴中回憶（續）

許久沒有洗澡了，再不洗，恐怕身子要發酵了，

嗳！怪事！怎麼今天街上行人絕少呢？天氣這麼熱，怎麼家家緊閉了門，門口沒有乘涼的人呢、唉！怎麼黃包車也沒有一架呢？這可反乎常例了、

兩隻腿是生來能走路的，有車子也罷，沒有車子也罷，這兩天睡也睡夠了、走走路當做運動、倒也爽快，心裏這麼一想，便俯着頭慢慢地走去，

一面走路、一面沉想，這是我的老例子，偶然一抬頭，不對、這麼一條闊熱的府東街，怎麼今晚這樣的蕭條冷落呢，店裏的夥友們、三五成羣、有的手裏拿著報紙，交頭接耳，一個個帶着恐慌的色彩，不曉得談些什麼，唔！是了、那一定是江浙問題罷、

澡堂裡沒有幾個澡客、連我一共沒有十個人，我進去的時候，他們正在談論，見着我、忽然又打斷了話頭　茶房們懶懶的不似從前那麼笑面相迎，個個板著臉孔，像恨什麼似的，哪管得許多，坐下來脫掉衣服便洗澡去，他們着了慌，難道我要陪着一樣見識嗎，

（王先生，回去路上要當心些，外邊軍隊拉人呢！）臨走時，一個茶房哭喪着臉聲告我，頓時我心兒一動，（未完）

晨光

新詩

●餘痛（續） 蔣光赤

他們都在庚子年間，
慘死在洋兵的手裏！
自從他們死後，
我就孤苦伶仃迄於今日：
尋食謀生，飄流異域，
唉！好殘忍的洋兵呀，
他們把我全家破壞了，
他們把我弄到這般田地……
先生，那時候你或者還未出世，
但是，你大約聽講過罷，
團匪之亂，八國聯軍的壯舉，
本來呢，我們愚純的鄉下人，
那時候還不知道是什麼一回事，
只聽說，中國人殺了洋人了，
洋人派兵艦來攻打了，
我們快快逃難幾好呢，
那知洋人來得太快了，
我們沒有逃得及，
只見那一隊一隊的洋兵
也有穿黃的，也有穿白的：
也有穿灰的，也有穿黑的：
快槍明亮亮的荷在肩上，
刺刀冷森森的掛在腰底，
他們真殘忍啊！
他們真野蠻啊！
他們任意地焚燒，
他們任意地姦殺，（未完）

△老號芙蓉街中間路西

濟南 公記號

優待券八扣

諸君注意如持此券購取各餌月餅均按八扣因優待主顧提倡門市起見此券只用一次如無此概作無效 本主人謹白

△分號商埠公園西路南

●特別聲明

洛口鎮三八集南首路東門牌四十二號張大來之舊宅一所現在孤兒孀婦被惡黨逼出此房不典不賣併不指房作保如有盜買盜賣情事定行法庭解決勿謂言之不預也 張仰旭謹啟

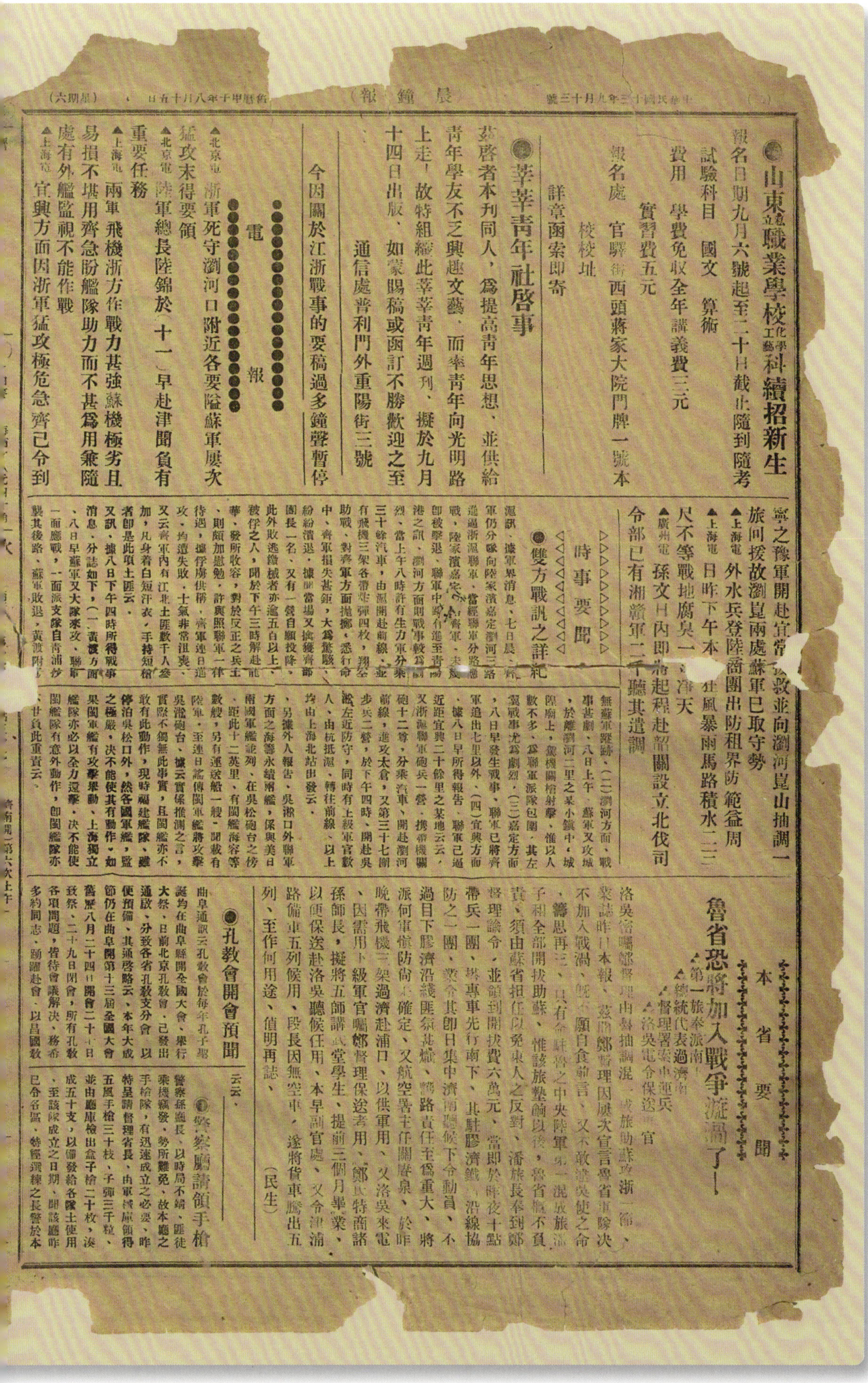

中華民國十三年九月十三號　（晨鐘報）　舊曆甲子年八月十五日（星期六）

山東省立職業學校化學工藝科續招新生

報名日期九月六號起至二十日截止隨到隨考

試驗科目　國文　算術

費用　學費免收全年講義費三元　實習費五元

報名處　官驛街西頭蔣家大院門牌一號本校校址

詳章函索即寄

莘莘青年社啓事

茲啓者本刊同人，爲提高青年思想、並供給青年學友不乏興趣文藝，而率青年向光明路上走！故特組織此莘莘青年週刊，擬於九月十四日出版，如蒙賜稿或函訂不勝歡迎之至

通信處普利門外重陽街三號

今因關於江浙戰事的要稿過多鐘聲暫停

電報

▲北京電　浙軍死守瀏河口附近各要隘蘇軍屢次猛攻未得要領

▲北京電　陸軍總長陸錦於（十一）早赴津聞負有重要任務

▲上海電　兩軍飛機浙方作戰力甚強蘇機極劣且易損不堪用齊急盼艦隊助力而不甚爲用兼隨處有外艦監視不能作戰

▲上海電　宜興方面因浙軍猛攻極危急齊已令到甯之豫軍開赴宜常[illegible]救並向瀏河崑山抽調一旅回援故瀏崑兩處蘇軍已取守勢

▲上海電　外水兵登陸商團出防租界防範益周

▲上海電　日昨下午本埠狂風暴雨馬路積水二三尺不等戰地腐臭一[illegible]滔天

▲廣州電　孫文日內即將起程赴韶關設立北伐司令部已有湘贛軍二千聽其遣調

時事要聞

雙方戰訊之詳紀

滬訊、據軍界消息、七日晨、[illegible]軍仍分隊向陸家濱嘉定瀏河三路進逼浙滬聯軍、當經聯軍分路應戰，陸家濱嘉定[illegible]齊軍、未幾即被擊退、聯軍中路有進至青陽港之訊、瀏河方面則戰事較爲劇烈、當上午八時許有生力軍分乘三十餘汽車，由滬開赴前線、並有飛機三架各帶炸彈四枚，翔空助戰、對齊軍方面拋擲，悉行命中、齊軍損失甚鉅，大爲驚駭、紛紛潰退，據聞當場又擒獲齊部團長一名、又有一營自願投降，此外敗逃繳械者亦逾五百以上、被俘之人，聞於下午三時解赴龍華，發所收容，對於反正之兵士、則頗加慰勉，許與照聯軍一律待遇，據俘虜供稱，齊軍連日進攻，均遭失敗，士氣非常沮喪、又云齊軍內有江北土匪數千人參加，凡身着白短汗衣，手持短槍者即是此項土匪云。又訊，據八日下午四時所得戰事消息，分誌如下，（一）黃渡方面、八日早蘇軍又大隊來攻、聯軍一面應戰，一面派支隊自青浦抄襲其後路、蘇軍敗退，黃渡附近無蘇軍蹤跡、（二）瀏河方面、戰事甚劇、八日上午、蘇軍又攻城，於離瀏河二里之某小鎮中，城隍廟上，設機關槍射擊、惟以人數不多、爲聯軍派隊包圍，其左翼戰事尤爲劇烈，（三）嘉定方面，八日早發生戰事、聯軍已將齊軍追出七里以外、（四）宜興方面、據八日早所得報告、聯軍已逼近距宜興二十餘里之某地云云、又浙滬聯軍砲兵一營、携帶機關砲十二尊，分乘汽車、開赴瀏河前線，進攻太倉，又第三十七團步兵二營，於下午四時、開赴吳淞左近防守，同時有上級軍官數人、由杭抵滬、轉往前線、以上均由上海北站出發云。另據外人報告，吳淞口外聯軍方面之海籌永績兩艦，保與美日兩國軍艦並列、在吳松砲台之傍、距此十二英里、有閩艦海容等數艘，另有運送船一艘，聞載有陸軍，至連日喧傳閩軍艦將攻擊吳淞砲台、據云實係推測之言，實際不獨無此事實，且閩艦亦不敢有此動作，現時福建艦隊、雖停泊吳松口外，然各國軍艦，監之極嚴，決不能使其有動作，如果閩軍艦有攻擊舉動、上海獨立艦隊亦必以全力還擊，決不能使閩艦隊有意外動作，即閩艦隊亦甘負此重責云。

本省要聞

魯省恐將加入戰爭漩渦了！

▲第一旅奉派南下　▲總統代表過濟南　▲督理署要求運兵　▲洛吳電令保送軍官

洛吳密囑鄭督理由魯抽調混成旅助蘇攻浙一節、業誌昨日本報、茲聞鄭督理因屢次宣言魯省軍隊決不加入戰渦、既不願自食前言、又不敢違吳使之命、籌思再三、只有命駐魯之中央陸軍第一混成旅潘子和全部開拔助蘇、惟該旅整飭以後，魯省概不負責、須由蘇省担任以免東人之反對、潘旅長奉到鄭督理諭令，並領到開拔費六萬元、當即於昨夜十點帶兵一團、搭專車先行南下、其駐膠濟鐵路沿線協防之一團、業令其即日集中濟南聽候下令動員、不過目下膠濟沿綫匪氛甚熾、鐵路責任至爲重大、將派何軍愼防尚未確定、又航空署主任關慶泉、於昨晚帶飛機三架過濟赴浦口、以供軍用、又洛吳來電、因需用下級軍官囑鄭督理保送考用、鄭氏特商諸孫師長，擬將五師講武堂學生、提前三個月畢業、以便保送赴洛吳聽候任用、本早副官處、又令津浦路備車五列候用、段長因無空車、遂將貨車騰出五列、至作何用途、値明再誌、（民生）

孔教會開會預聞

曲阜通訊云孔教會於每年孔子聖誕均在曲阜縣開全國大會、舉行大祭、日前北京孔教會、已發出通啟、分致各省孔教支分會、以便預備、其通啓略云、本年大成節仍在曲阜開第十三屆全國大會、舊曆八月二十四日開會二十七日致祭、二十九日閉會，所有孔教各項問題，皆待會議解決、務希多約同志、踴躍赴會、以昌國教云云、

警察廳請領手槍

警察廳長、以時局不靖、匪徒乘機竊發、勢所難免、故本廳之手槍隊，有迅速成立之必要、昨特呈請督理省長、由軍械庫領得五風手槍三十枝、子彈三千粒、並由廳庫檢出盒子槍二十枚、湊成五十支，以備發給各隊士使用、至該隊成立之日期、聞該廳昨已令各區、特選精練之長警於本

《晨钟报·星期副刊》（第41期）

1925年3月8日
济南市博物馆藏

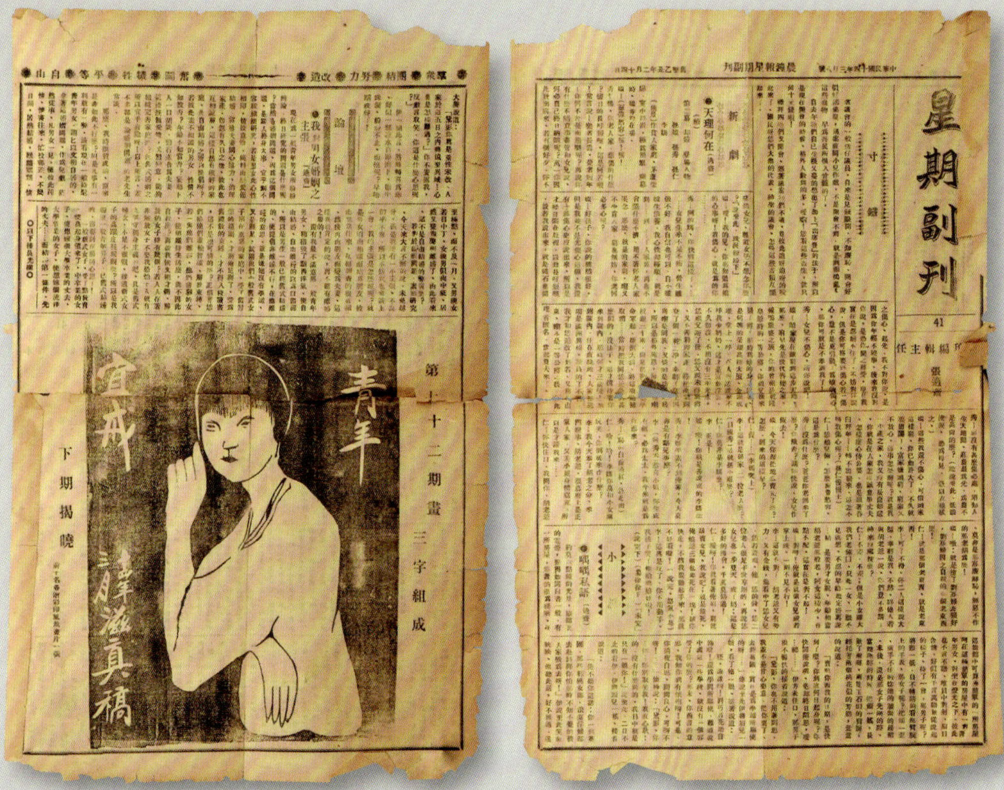
星期副刊
41
第十二期畫三字組成
下期揭曉

1925年3月8日出版的《晨钟报·星期副刊》，报刊编辑主任为张适斋。

该期文章主要有："寸铁"、新剧《天理何在》、小说《喁喁私语》、论坛《我对男女婚姻之主张》。相较《晨钟报》正版报纸内容，副刊才是主要集中刊登报社宣传要旨的。《晨钟报·星期副刊》以"群众、团结、努力、改造"和"奋斗、牺牲、平等、自由"为宗旨和办刊理念，刊登新体诗、宣传新教育思想、介绍西方法治思想和新青年生活的改变等。副刊分言论（"寸铁"）、文艺、科学、新诗、小说、（幽默笑话）"谐著"、杂感、通信、诗歌、艺术、插画等栏目，文体多为书面语体，添加新式标点。主要刊登进步思想的小说、新诗及杂论。副刊多邀请当时有思想见识的青年、学者投稿。王尽美、张适斋等人写的许多社论和重要文章都侧重在随正刊附送的副刊上发表。副刊虽是《晨钟报》的附属，但却是报纸的真义宗旨所在，各个文体都或深或浅地彰显了抨击现实、鼓舞青年、唤醒民智的进步思想。

《晨钟报·星期副刊》（第43期）

1925年3月22日
山东博物馆藏

铅印。1925年3月22日的《星期副刊》（第43期）张适斋任副刊编辑主任。第43期仅存两版。

该期文章主要有头版“寸铁”栏目刊登张适斋的小说《一个青年的求学史》，以文学笔调揭示了官办学校落后僵化的教育模式，意以抨击当时学阀阶层等级森严、严苛腐败的面貌。另有杂论《吴子玉死灰复燃》、新诗《迷途》等。

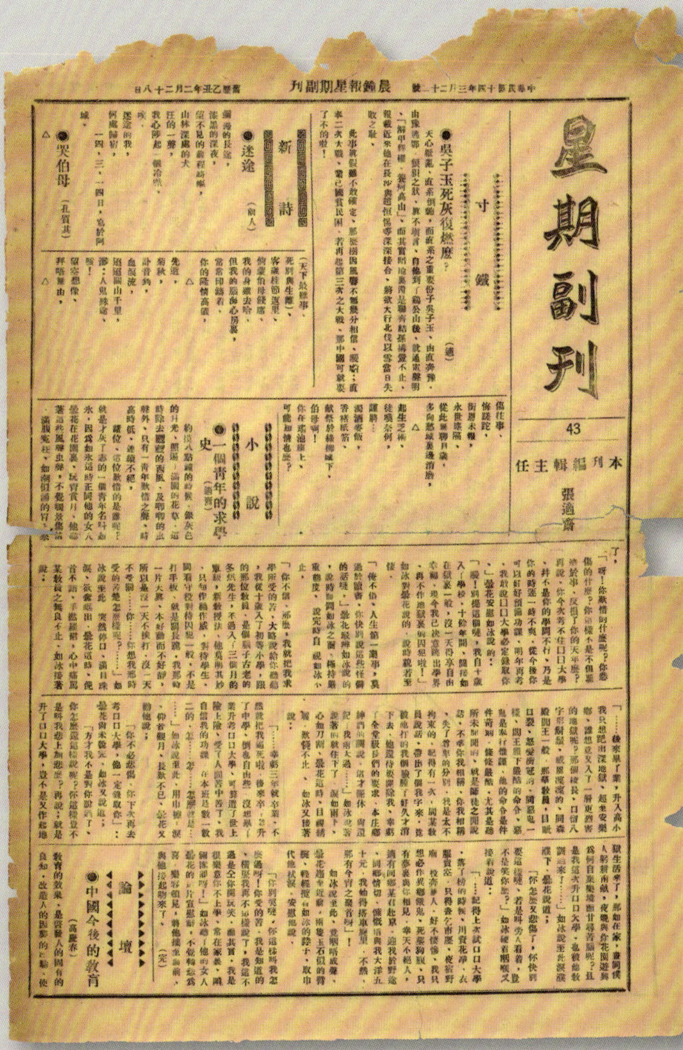
星期副刊

43

本刊编辑主任 張適齋

晨鐘報星期副刊

寸鐵

吳子玉死灰復燃麼？（適）

新詩

迷途（嗣人）

哭伯母（孔賀其）

小說

一個青年的求學史（適齋）

論壇

中國今後的教育

《晨钟报·星期副刊》（第47期）

1925年4月19日
山东博物馆藏

1925年4月19日出版。主要内容包括：“寸铁”《这等败类还存在世间怎么》、小说《离别》《悔恨》、新诗《一朵睡的花》、杂感《青年中竟有此败类》、往事《留途中纪事》、专载《现行地方自治法令》。

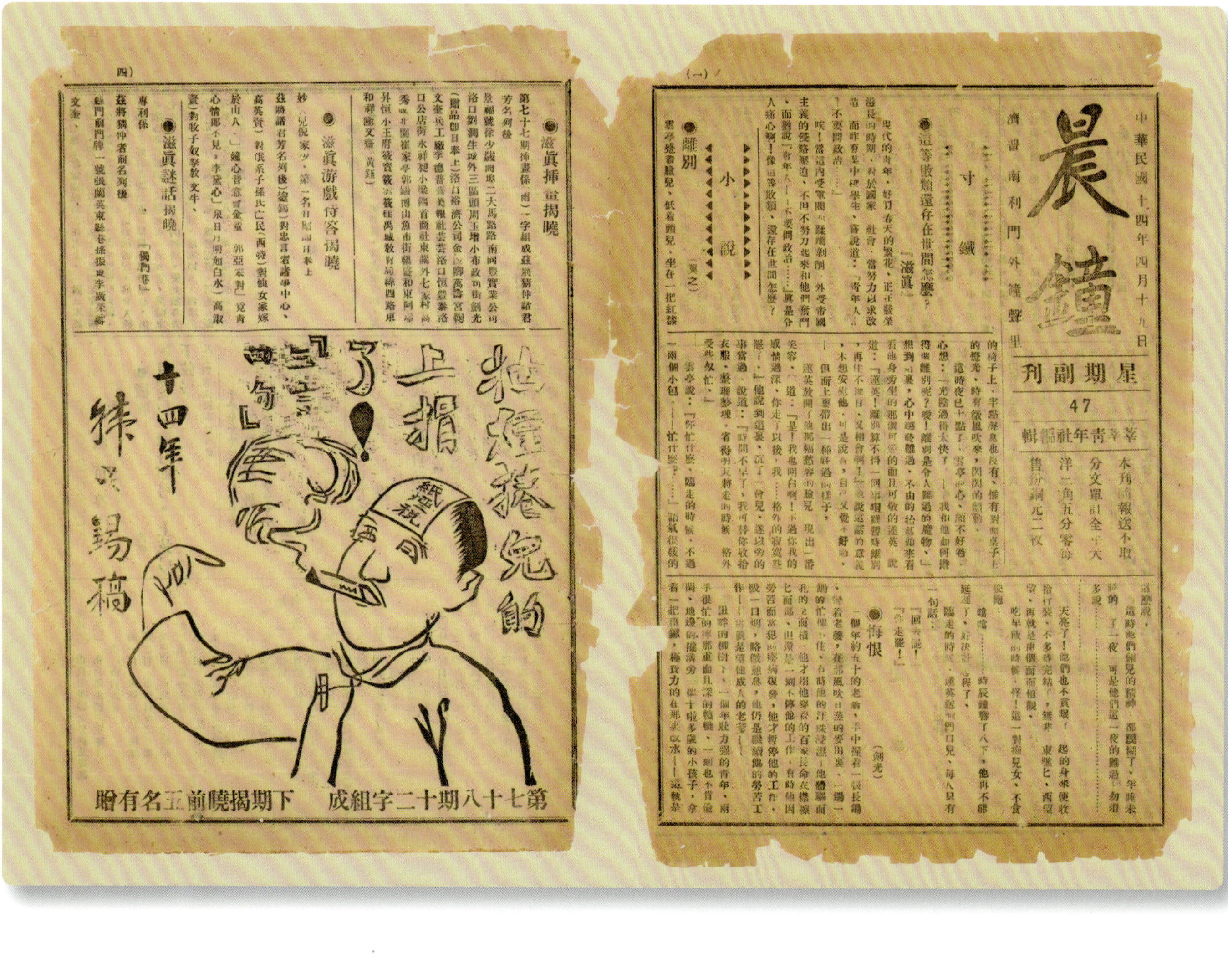
晨鐘
中華民國十四年四月十九日
濟晉南利門外鐘聲里
星期副刊
47
華洋青年社編輯
寸鐵
這等敗類還存在世間怎麼？
小說
離別
悔恨
滋眞揷畫揭曉
滋眞游戲待客揭曉
滋眞謎話揭曉
第七十八期十二字組成 下期揭曉前五名有贈

《晨钟报·星期副刊》（第54期）

1925年6月7日
山东博物馆藏

铅印四版。莘莘青年社编辑。该期文章主要有头版小说《风雨声中》，其以写实的笔法描述苦难深重的劳动人民所受的压迫、剥削和生活的艰难，另有解振野作的杂论《今后青年生活方针极宜改变》《吊战场诗》《仿陋室铭》《现行自治法令》等文。

《晨钟报·星期副刊》每周一期。副刊在当时报纸业中和《民国日报》副刊、周报一样多属随报赠送，不取分文，故颇受大众欢迎，宣传面和读者群更广。除了副刊外，如报纸一版所推介的《民国日报》周刊的模式，编辑《晨钟报》副刊的莘莘青年社也曾编辑《莘莘青年周刊》。

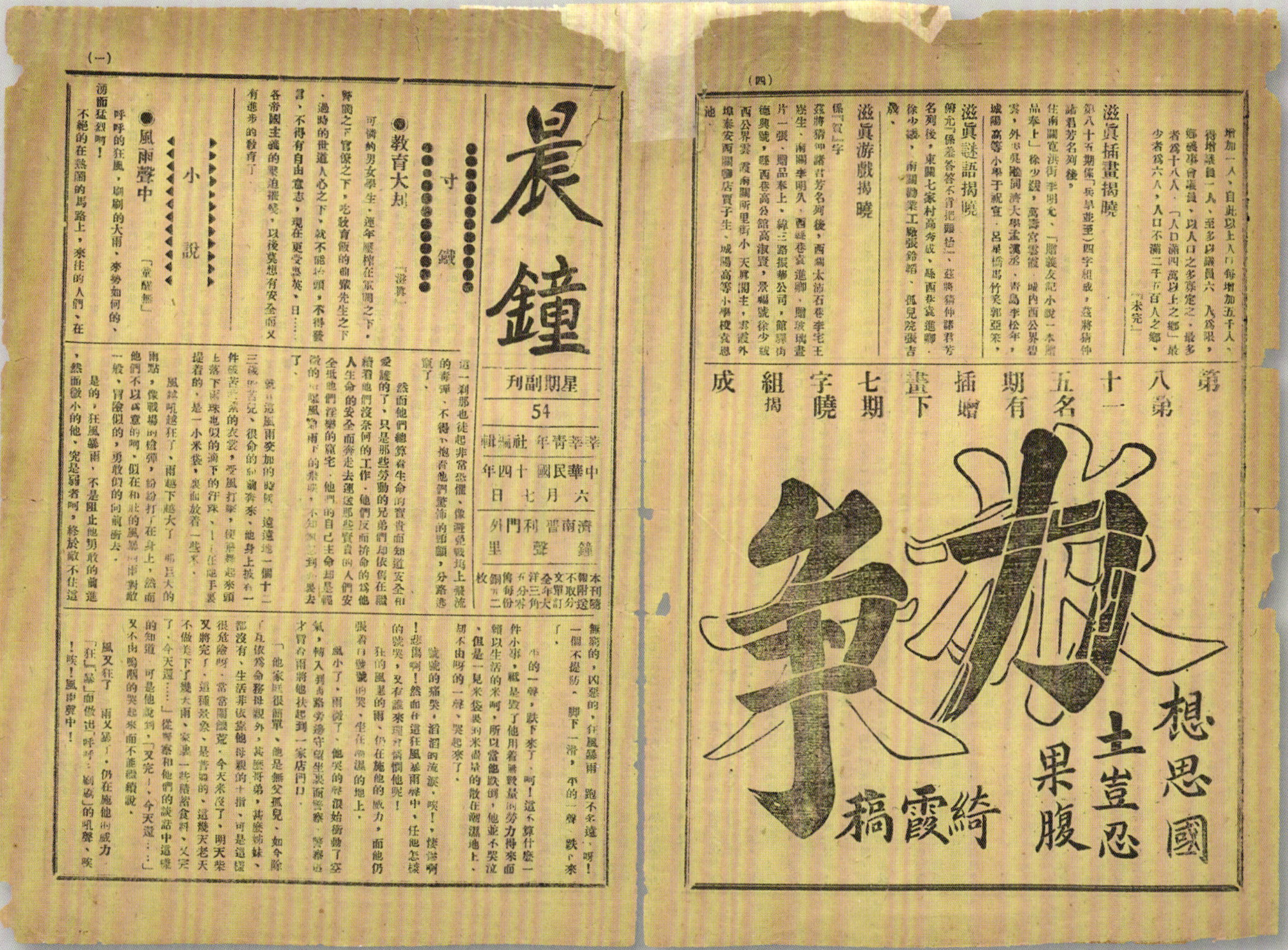

晨鐘

星期副刊

54

莘莘青年社編輯

中華民國十四年六月七日

濟南普利門外鋒聲里

寸鐵

小說

風雨聲中

第八十五期插畫字七組成
第一名有贈 下期揭曉

想思國
主豈忍
果腹
綺霞稿

近代工业的萌发，引起生产关系的新变动。山东的工人阶级产生于19世纪60年代之后，主要存在于外国资本企业、早期官僚资本企业和民族资本工业。工人阶级身受三重残酷压迫，是中国历史上革命最坚决、最彻底的阶级。

早期的胶济铁路工人

《胶澳商埠督办公署所管房产出租暂行规则》

1923—1925年
青岛市博物馆藏

纸质，共3页。北洋政府时期，为加强青岛全市房屋出租管理，颁布了《胶澳商埠督办公署所管房产出租暂行规则》，共14条。规定了“房产租价由财政局按照时价用途规定之”“房产租金按月计算”“承租人于领租时应先缴一个月租金以后每月先纳后住但不得将所租房产全部转让他人”等相关要求，尾页还印有租约存根图样和租约图样，这是青岛建置早期的房产出租规定。

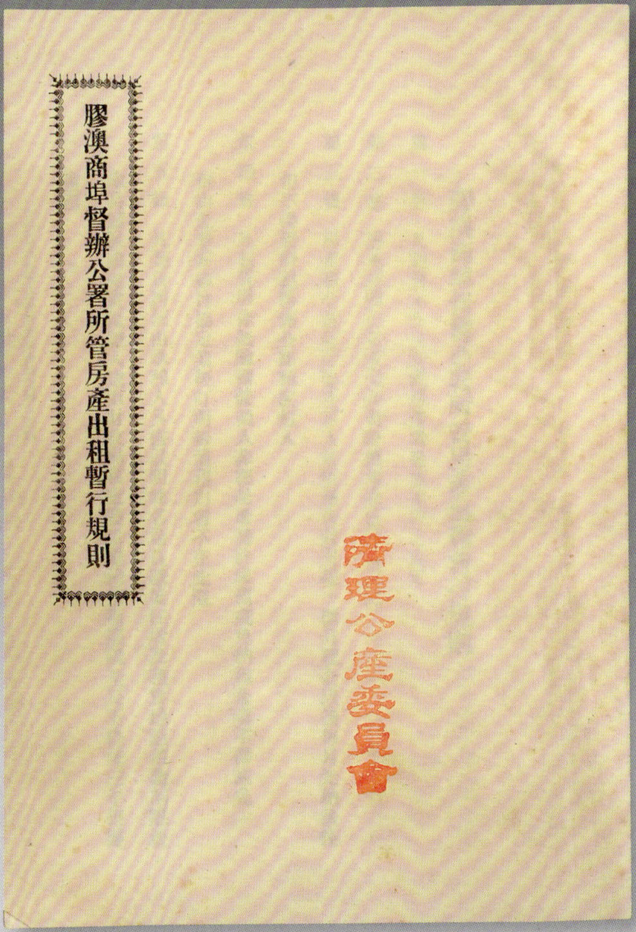

至1919年，以铁路、矿山、纺织、机械制造等行业为主体的山东产业工人已达10余万人。图为记载德营坊子煤矿工人反德同盟大罢工的矿难家属碑文（潍坊市寒亭区博物馆供图）。

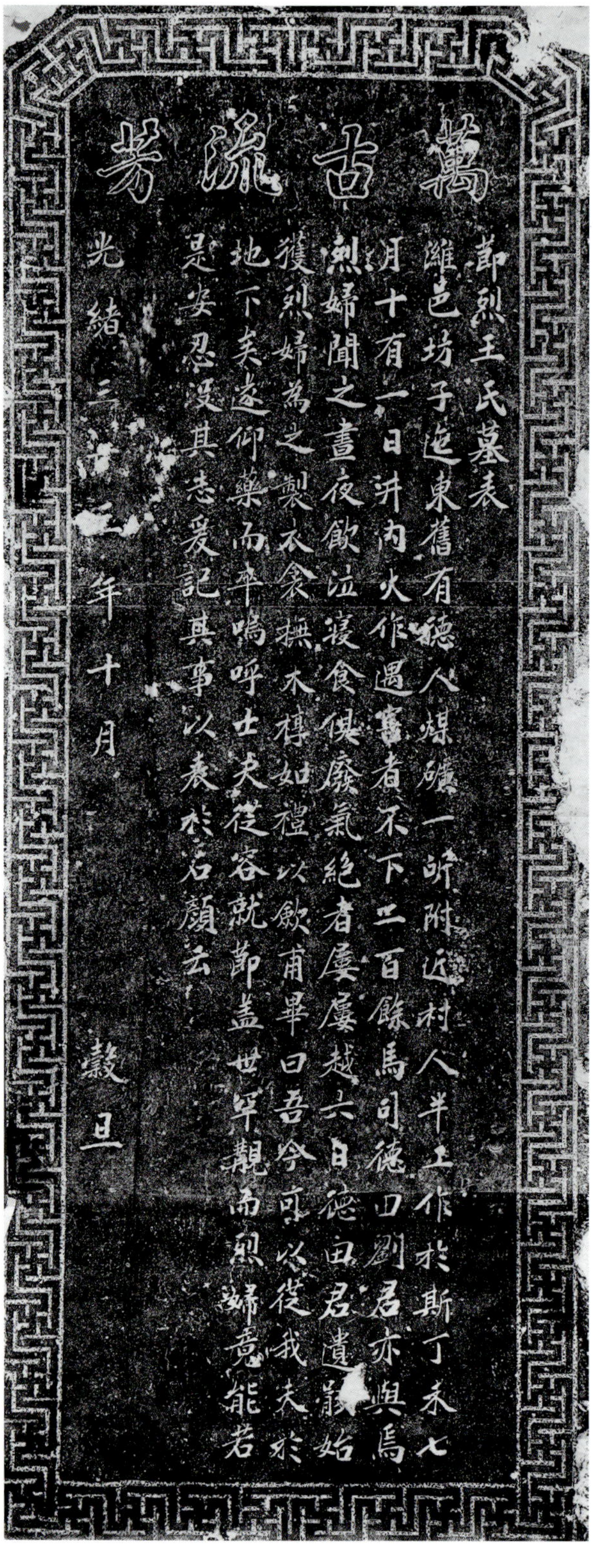

胶澳商埠督办公署布告第五号

1924年
青岛市博物馆藏

中华民国十三年（1924年）2月24日山东省省长兼胶澳商埠督办熊炳琦布告公众日商在青岛私印货币一事。“查沧口日商钟渊纱厂竟违章私印铜元纸币十一万张”，“计有一千文五百文二百文三种”，“虽据称专为当厂发给工资”，“禁止市面流通”，但公署表示“日久弊生或不免混入商场使用”，并呼吁告诫市民“拒绝收受”。

1914年日本侵占青岛后，日资工厂开始在青岛大肆圈地，1916年创办的青岛内外棉纱厂引发日本纺织资本投资青岛，先后建立大康、富士、钟渊、隆兴、宝来纱厂，至1923年宝来纱厂竣工投产，日资纱厂资本占青岛全市工业资本总数的90%，在华北居于首位。该公告是北洋政府时期外国资本力量对青岛经济侵蚀的见证。

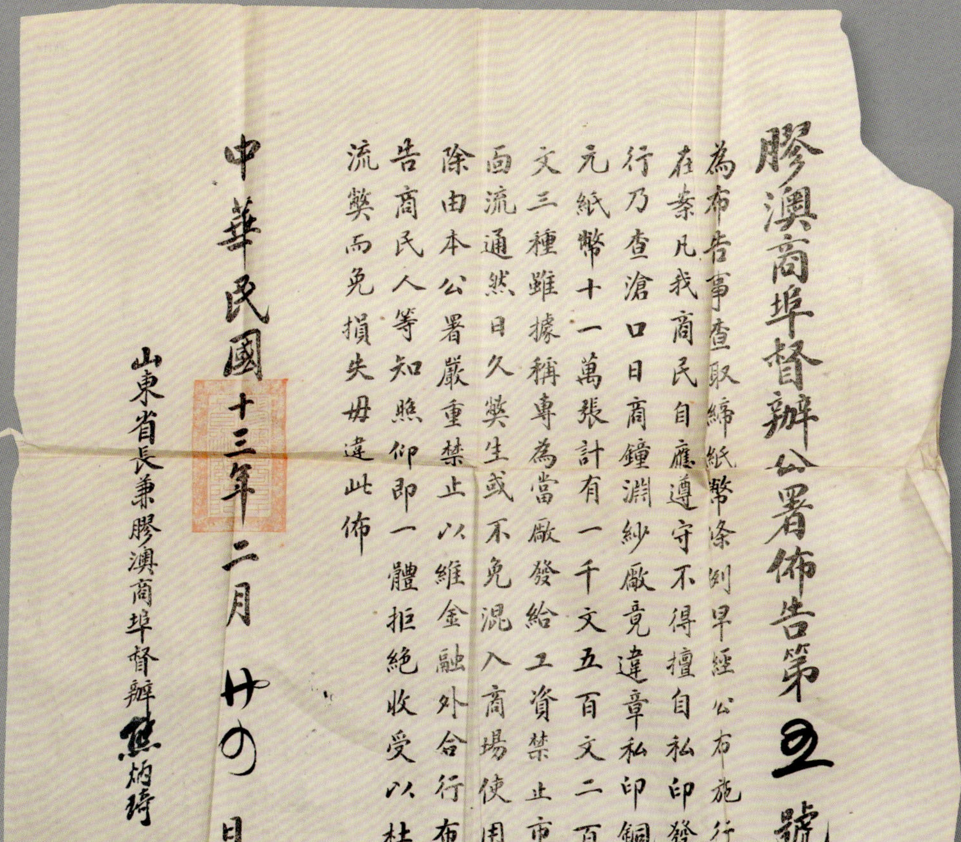
膠澳商埠督辦公署佈告第五號
為佈告事查取締紙幣條例早經公布施行在案凡我商民自應遵守不得擅自私印發行乃查滄口日商鐘淵紗廠竟違章私印銅元紙幣十一萬張計有一千文五百文二百文三種雖據稱專為當廠發給工資禁止市面流通然日久弊生或不免混入商場使用除由本公署嚴重禁止以維金融外合行佈告商民人等知照仰即一體拒絕收受以杜流弊而免損失毋違此佈
中華民國十三年二月廿四日
山東省長兼膠澳商埠督辦熊炳琦

《胶澳商埠督办公署验换契条例》

1925年
青岛市博物馆藏

印刷版和手抄版。1925年6月颁布该条例，共计12条，主要是“专为查验不动产旧契换发印契”，目的是“确定权利关系”。北洋政府统治时期，民间房地产交易曾由胶澳商埠督办公署财政科管理。青岛回归后，1923年3月设财政局，由房地股署理。为加强市区房地产交易管理，胶澳商埠督办公署先后颁布了《胶澳商埠不动产证明许可收费规则》（1923年5月15日）和《胶澳商埠房产验契规则》（1924年7月11日），以及有关土地管理的规定，并对不动产证明许可收费及房产验契做了新的规定。

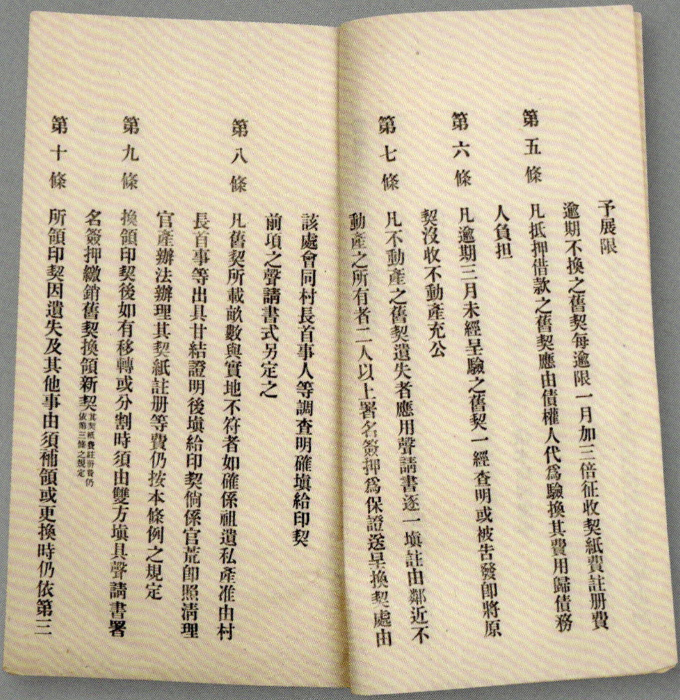
予展限
逾期不換之舊契每逾限一月加三倍征收契紙費註册費
第五條 凡抵押借款之舊契應由債權人代爲驗換其費用歸債務人負担
第六條 凡逾期三月未經呈驗之舊契一經查明或被告發即將原契沒收不動産充公
第七條 凡不動産之舊契遺失者應用聲請書逐一塡註由鄰近不動産之所有者二人以上署名簽押爲保證逕呈換契處由該處會同村長首事人等調查明確塡給印契
前項之聲請書式另定之
第八條 凡舊契所載畝數與實地不符者如確係祖遺私産准由村長首事等出具甘結證明後塡給印契倘係官荒印照清理官産辦法辦理其契紙註册等費仍按本條例之規定
第九條 換領印契後如有移轉或分割時須由雙方塡具聲請書署名簽押繳銷舊契換領新契
第十條 所領印契因遺失及其他事由須補領或更換時仍依第三

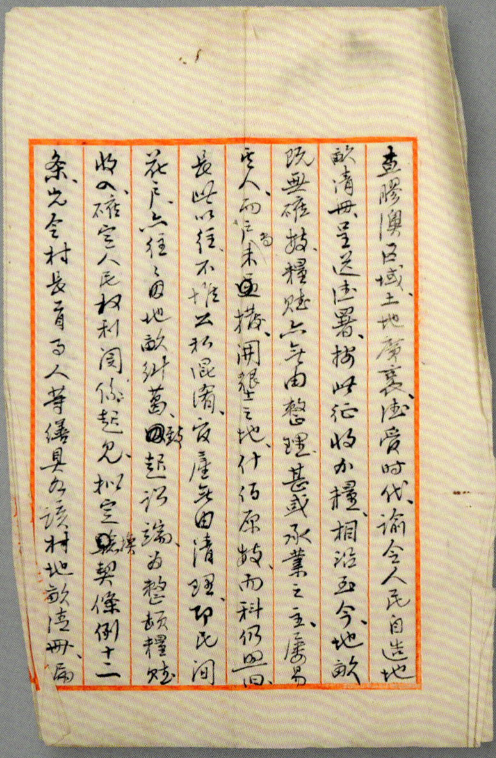
查膠澳區域土地、房產，德管時代，諭令人民自造地畝清冊，呈送德署，據此征收地糧，相沿至今，地畝既無確數，糧賦亦無由整理，甚或承業之主，屢易其人，而戶未過撥，[illegible]之地，什佰原數而科仍照舊，長此以往，不惟公私混淆，官產無由清理，即民間花戶亦往往因地畝糾葛，致起訟端，而整頓糧賦，收回確定人民權利，關係甚巨，擬定驗換契條例十二條，先令村長首事人等繕具各該村地畝清冊，[illegible]

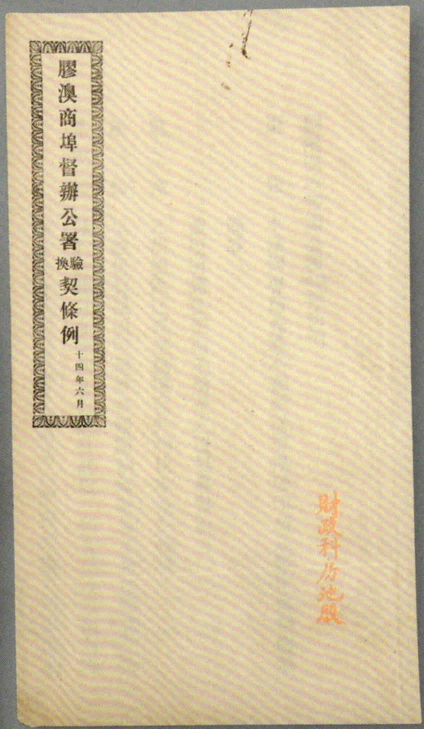
膠澳商埠督辦公署驗換契條例
十四年六月
財政科房地股

胶济铁路管理局通行证

1925年
青岛市博物馆藏

1925年10月29日胶济铁路管理局发给“电工李学芳”的进入四方机厂的通行证，盖有官印。

1897年11月，德国侵占青岛后，利用中国廉价劳动力和资源，进行了大规模的修铁路、建港口等城市建设工程。1900年，德国投资开始建造为胶济铁路服务的四方铁路工厂，1903年正式生产，是当时胶济铁路线上唯一的铁路工厂。第一次世界大战期间，日本侵占青岛，攫取了德国在青岛及山东的全部权益。1922年12月10日，中国政府收回青岛。翌年1月1日，以4000万日元赎回胶济铁路并设立胶济铁路管理局，并由该局机务处接收四方铁路工场，改名为交通部胶济铁路管理局四方机厂，王承祖、杨毅、栾宝德先后任厂长。1929年南京国民政府管理青岛四方机厂。全面抗战爆发后被日本第二次侵占，抗战结束后民国政府接收，直至青岛解放后终于回到人民的手中。四方机厂是青岛早期工人运动的大本营，老一辈无产阶级革命家王荷波、王尽美、邓恩铭、李慰农等，先后在这里指导过革命活动。

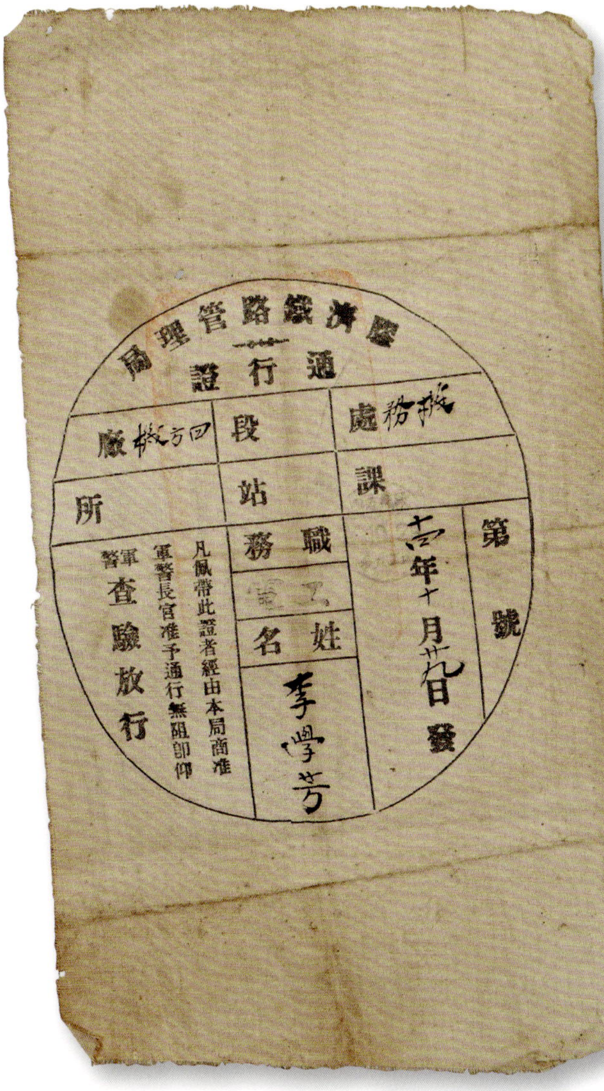
膠濟鐵路管理局
通行證
機務處
段
四方機廠
課
站
所
職務 電工
姓名 李學芳
第 號
十四年十月廿九日發
凡佩帶此證者經由本局商准軍警長官准予通行無阻仰軍警查驗放行

胶澳接收四周年纪念日庆祝礼节秩序单

1926年
青岛市博物馆藏

1926年胶澳商埠局为庆祝胶澳接收四周年举办庆祝典礼的通知，信封内容包括举办典礼时间、地点、邀请人员和典礼具体项目。

1914年日本侵占青岛，强据原《胶澳租借条约》规定的德占地区。1919年，第一次世界大战结束后的巴黎和会，欲将德国在青岛及山东的权益全部转让日本，五四运动由此爆发。面对国内巨大舆论压力，中国政府拒绝在和约上签字。全国反日斗争持续不断，抵制日货运动也使日本经济遭到沉重打击，日本政府不得不与中国直接交涉青岛问题。1921年美国华盛顿会议召开，中国代表再次提出无条件收回青岛。次年2月4日，中日签订《解决山东悬案条约》及附约，规定德国租借地，德占公产，青岛海关及青烟、青沪海底电线交还中国；胶济铁路，青岛盐厂和青岛、济南的电台由中国赎回；矿产由中日合办；日本于6个月内撤兵等。条约的签订虽然没有彻底清除日本在山东的侵略势力，但仍然是中国外交的一大胜利。1922年12月10日，中国政府正式收回青岛。

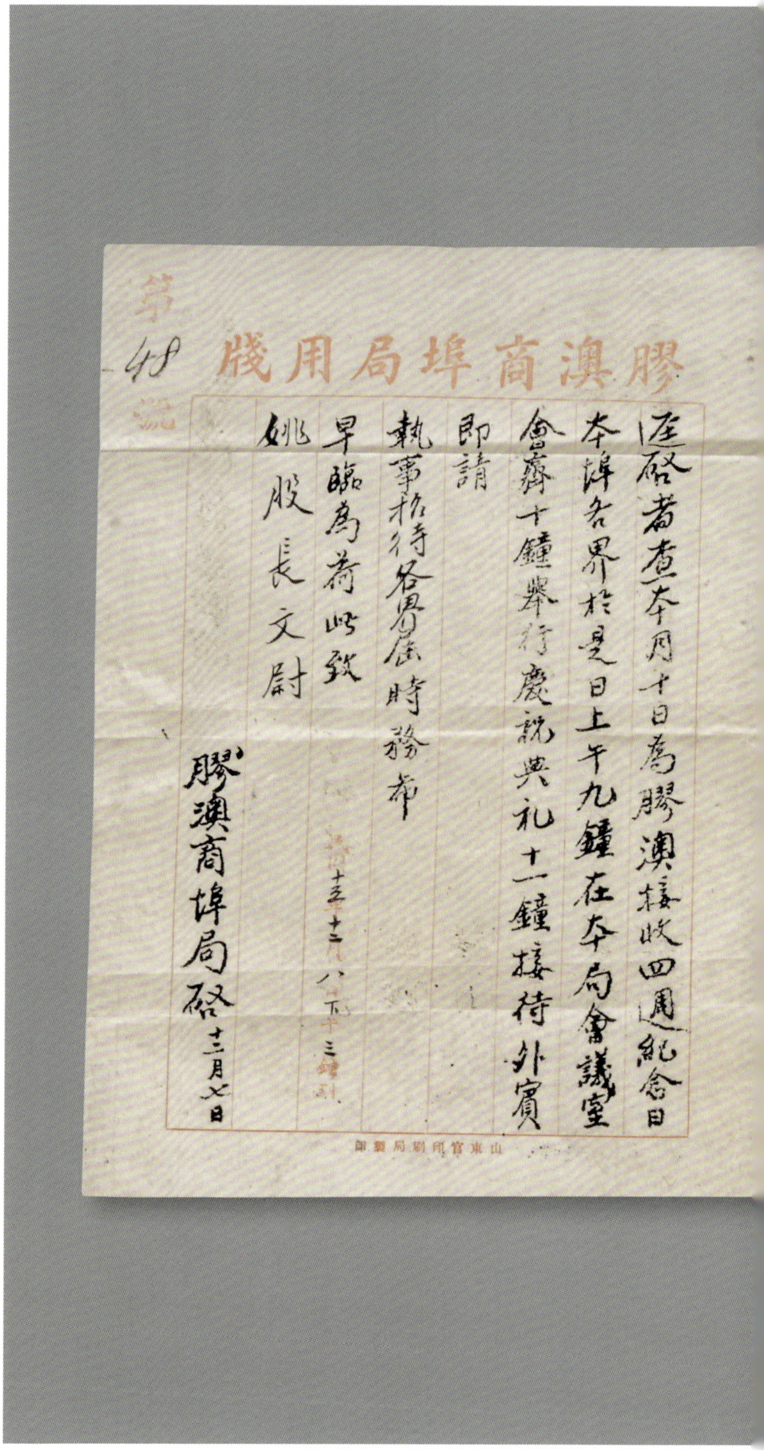

膠澳商埠局用牋

第48號

逕啟者查本月十日為膠澳接收四週紀念日本埠各界於是日上午九鐘在本局會議室會齊十鐘舉行慶祝典禮十一鐘接待外賓即請

執事招待各界屆時務希

早臨為荷此致

姚股長文尉

膠澳商埠局啓 十二月七日

十五年十二月八日下午三鐘到

山東官印刷局印

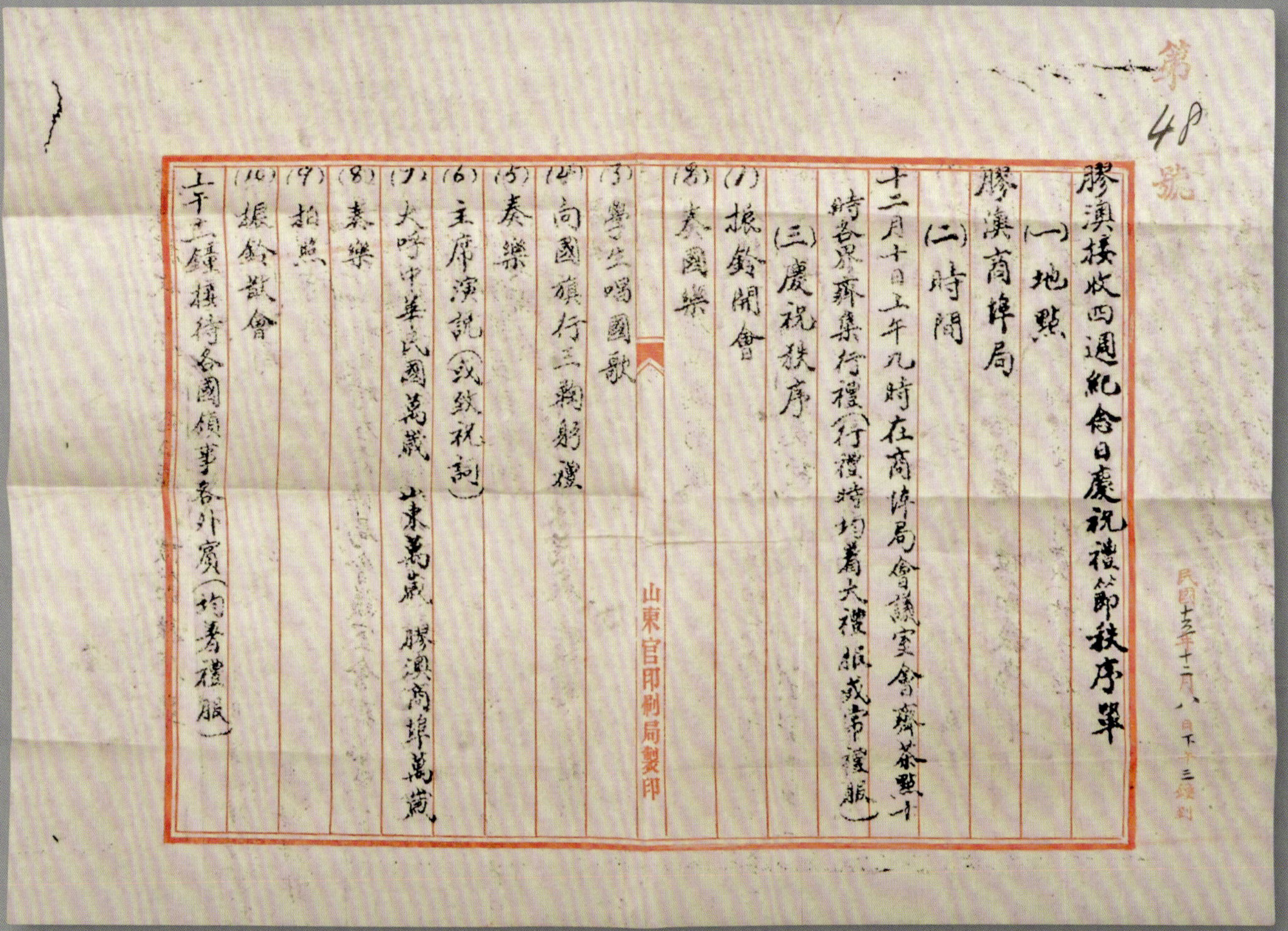

第48號

膠澳接收四週紀念日慶祝禮節秩序單

(一)地點

膠澳商埠局

(二)時間

十二月十日上午九時在商埠局會議室會齊茶點十時各界齊集行禮(行禮時均着大禮服或常禮服)

(三)慶祝秩序

(1)振鈴開會

(2)奏國樂

(3)學生唱國歌

(4)向國旗行三鞠躬禮

(5)奏樂

(6)主席演說(或致祝詞)

(7)大呼中華民國萬歲 山東萬歲 膠澳商埠萬歲

(8)奏樂

(9)拍照

(10)振鈴散會

上午十一鐘接待各國領事各外賓(均着禮服)

山東官印刷局製印

民國十三年十二月八日下午三鐘到

蔡和森

1895—1931

字润寰，号泽膺，湖南双峰人。中国共产党早期重要领导人，杰出的共产主义战士，无产阶级革命家、理论家和宣传家。1913 年进入湖南省立第一师范学校读书，其间组织进步团体新民学会，创办《湘江评论》，参加五四运动。1921 年 10 月，蔡和森从法国归来，在中共三大、四大上当选为中央局委员，参与中央领导工作。并在中共五届一中全会上当选为中央政治局委员、常委，随后又兼任中共中央秘书长。1922—1925 年，蔡和森主编中共中央机关报《向导周报》，宣传马克思主义和党的方针政策，总结中国革命经验。1931 年，蔡和森在组织广州地下工人运动时遭叛徒出卖被捕，牺牲在广州军政监狱，年仅 36 岁。

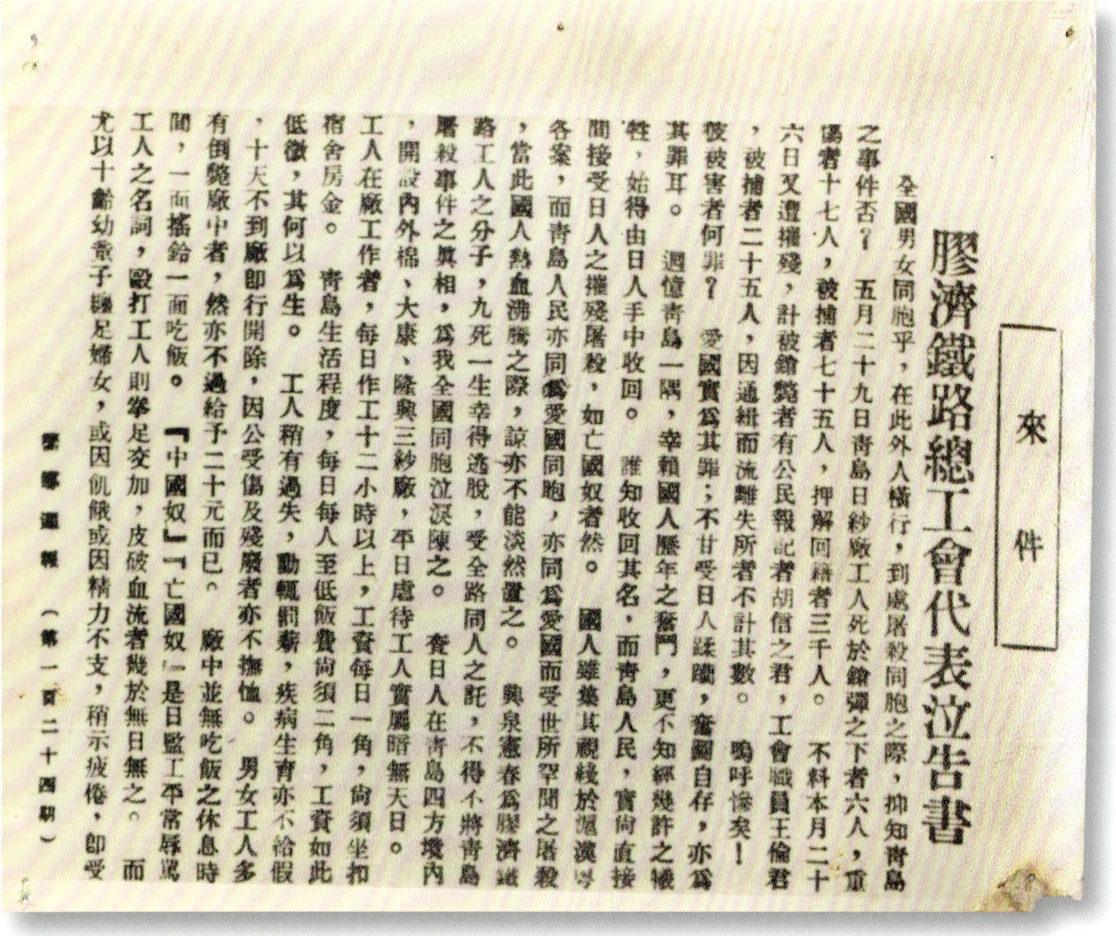

來件

膠濟鐵路總工會代表泣告書

全國男女同胞乎，在此外人橫行，到處屠殺同胞之際，抑知青島之事件否？　五月二十九日青島日紗廠工人死於鎗彈之下者六人，重傷者十七人，被捕者七十五人，押解回籍者三千人。　不料本月二十六日又遭摧殘，計被鎗斃者有公民報記者胡信之君，工會職員王倫君，被捕者二十五人，因通緝而流離失所者不計其數。　嗚呼慘矣！被被害者何罪？　愛國實爲其罪；不甘受日人蹂躪，奮圖自存，亦爲其罪耳。　迴憶青島一隅，幸賴國人歷年之奮鬥，更不知經幾許之犧牲，始得由日人手中收回。　誰知收回其名，而青島人民，實尚直接間接受日人之摧殘屠殺，如亡國奴者然。　國人雖集其視綫於滬漢粤各案，而青島人民亦同爲愛國同胞，亦同爲愛國而受世所罕聞之屠殺，當此國人熱血沸騰之際，諒亦不能淡然置之。　興泉憲春爲膠濟鐵路工人之分子，九死一生幸得逃脫，受全路同人之託，不得不將青島屠殺事件之眞相，爲我全國同胞泣淚陳之。　査日人在青島四方境內，開設內外棉、大康、隆興三紗廠，平日虐待工人實屬暗無天日。工人在廠工作者，每日作工十二小時以上，工資每日一角，尚須坐扣宿舍房金。　青島生活程度，每日每人至低飯費尚須二角，工資如此低微，其何以爲生。　工人稍有過失，動輒罰薪，疾病生育亦不給假，十天不到廠即行開除，因公受傷及殘廢者亦不撫恤。　男女工人多有倒斃廠中者，然亦不過給予二十元而已。　廠中並無吃飯之休息時間，一面搖鈴一面吃飯。　『中國奴』『亡國奴』是日監工平常辱罵工人之名詞，毆打工人則拳足交加，皮破血流者幾於無日無之。　而尤以十齡幼童子纏足婦女，或因飢餓或因精力不支，稍示疲倦，即受

嚮導週報　（第一百二十四期）

1925年《向导周报》报道的胶济铁路总工会代表泣告书

《向导周报》

1925—1926年
青岛市博物馆藏

共6册，分别为1925年10月出版的第135期和1926年2月至4月出版的第145–149期。

《向导周报》是中国共产党第一个正式的中央机关报。它是根据中国共产党第二次全国代表大会的决定，于1922年9月13日在上海正式创刊。后由于中外反动派的无理干涉，从第6期开始，迁到北京。此后相继迁至上海、广州、武汉等地坚持发行。1927年7月18日停刊，共发行201期。蔡和森任主编，主要撰稿人有蔡和森、瞿秋白、陈独秀、彭述之、高君宇等。《向导周报》的创办历程伴随了国民大革命兴起和失败的全过程。报纸积极宣传马列主义和党的方针、政策，宣传反帝反封建思想，在全国享有很高声望。

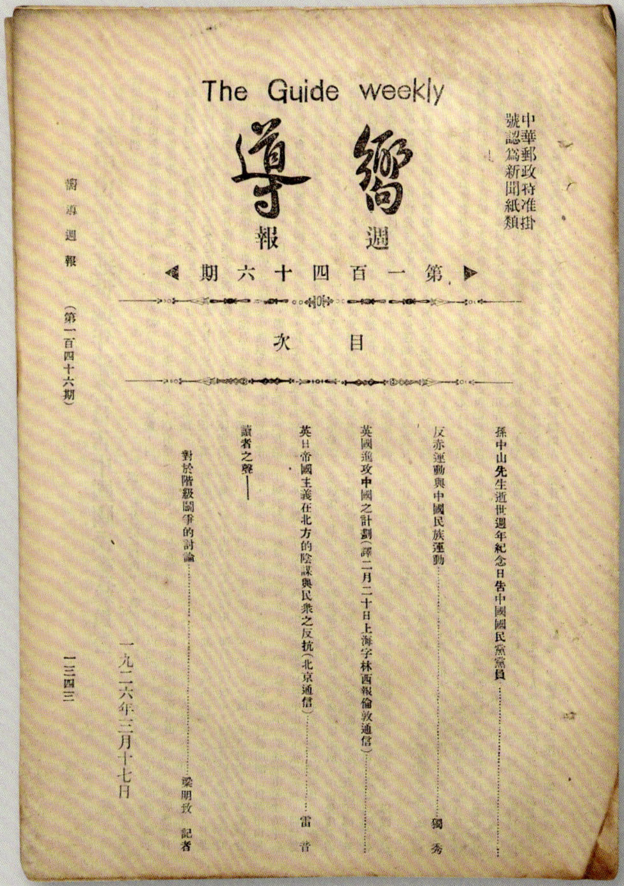
The Guide weekly
嚮導週報
中華郵政特准掛號認爲新聞紙類
第一百四十六期
目次
孫中山先生逝世週年紀念日告中國國民黨黨員……獨秀
反赤運動與中國民族運動……
英國進攻中國之計劃（譯二月二十日上海字林西報倫敦通信）……雷音
英日帝國主義在北方的陰謀與民衆之反抗（北京通信）……
讀者之聲——
對於階級鬭爭的討論……梁明致 記者
一九二六年三月十七日
嚮導週報（第一百四十六期）一三四三

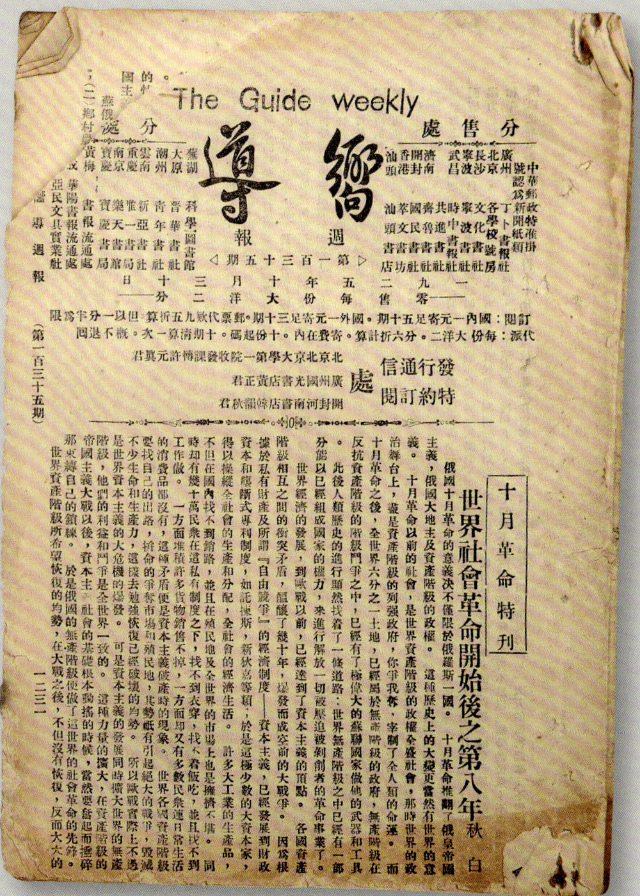
The Guide weekly
嚮導週報
第一百三十五期
一九二五年十月三十日
零售每份大洋二分
訂閱：國內一元寄足五十期。國外一元寄足三十期。郵票代欵九五折算但以一分半爲限
代派：每份大洋二分。六折計算。寄費在內。十份起碼。十期清算一次。概不退回
發行通信 特約訂閱處
十月革命特刊
世界社會革命開始後之第八年
嚮導週報（第一百三十五期）

青岛总商会力争
撤换胶济铁路局局长的通告

1925年
青岛市博物馆藏

1923年1月1日中国政府在青岛举行胶济铁路接收仪式，日本将山东铁路及其支线并一切附属财产移交北洋政府，胶济铁路事务2月1日起完全归中方管理，同月胶济铁路管理局成立。

胶济铁路接收后，历任正副局长（委员长）人选往往引发北洋政府交通部与山东地方实力派的明争暗斗。1924年12月31日，交通部任命阚铎为胶济铁路管理局局长，山东和青岛立即掀起抵制浪潮。1925年1月5日，阚铎抵达胶济铁路局正式就职，次日开始裁撤大量山东籍高级职员，随之倒阚风潮愈演愈烈。青岛总商会致函胶澳商埠督办温树德，称阚铎和副局长朱庭祺两人“植党营私、破坏路政”，必须将两人迅即停职，由商埠督办公署派员接管胶济铁路，否则将有罢工停运之虞。余波继续发酵，2月8日胶济铁路全线大罢工。

与此同时，邓恩铭、郭恒祥等人决定利用敌人内部矛盾，发动全厂大罢工。2月8日，罢工开始，厂方派路警荷枪实弹进厂镇压，但工人毫不屈服。第九天，厂方终于妥协，罢工获得胜利，正式成立四方机厂工会，全厂近1500名工人全部参加，共产党员被选为工会的主要负责人。在四方机厂工会的基础上，又成立了胶济铁路总工会，下设青岛、高密、坊子、张店、济南和四方机厂6个分会。四方机厂工人罢工的胜利，极大地影响了青岛市其他行业，短短几个月内，全市几家工厂企业的数万名工人，纷纷起来成立工会，并为1925年青岛纱厂工人大罢工拉开序幕。

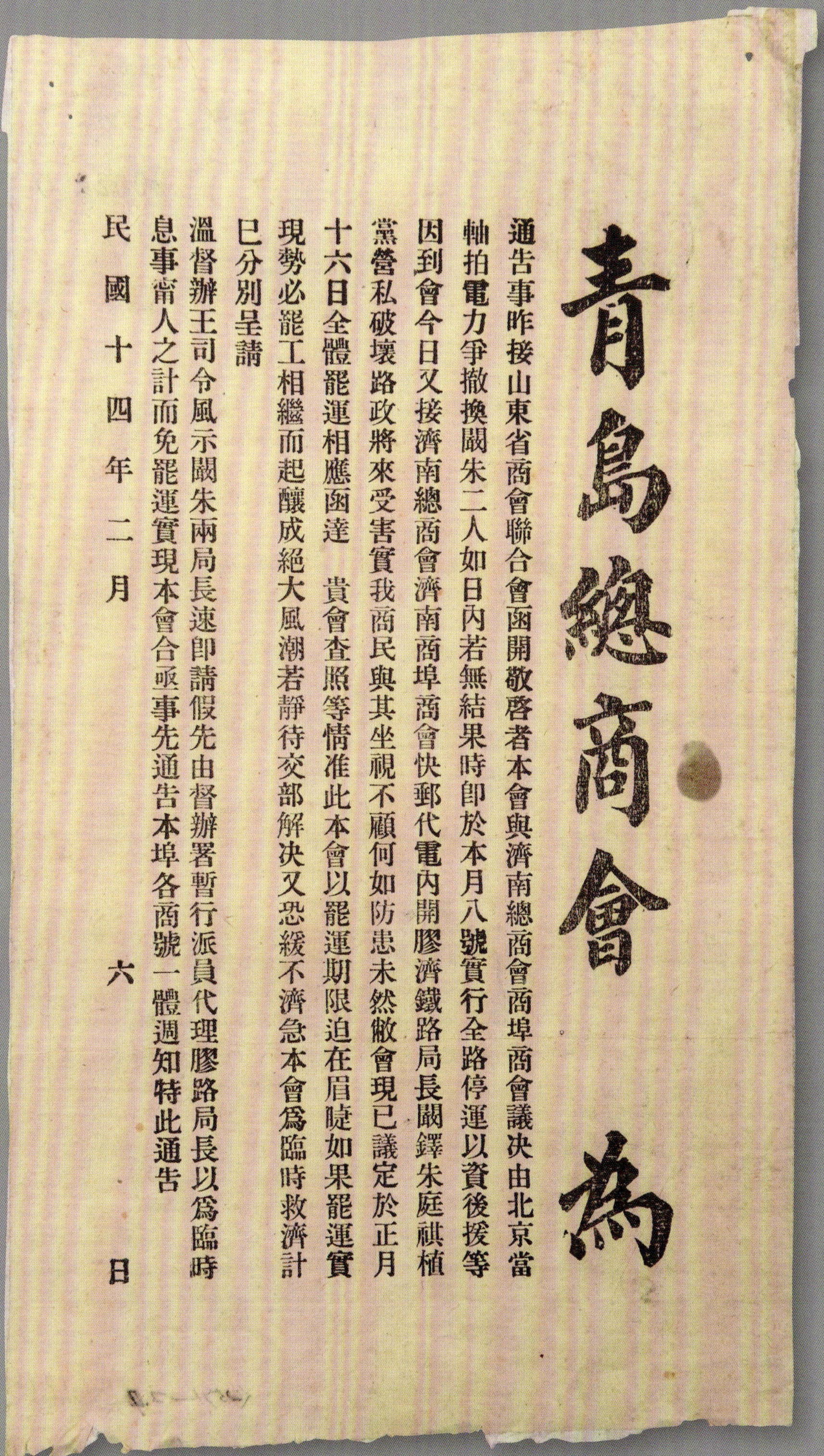

青島總商會 為

通告事昨接山東省商會聯合會函開敬啓者本會與濟南總商會商埠商會議决由北京當軸拍電力爭撤換闞朱二人如日內若無結果時即於本月八號實行全路停運以資後援等因到會今日又接濟南總商會濟南商埠商會快郵代電內開膠濟鐵路局長闞鐸朱庭祺植黨營私破壞路政將來受害實我商民與其坐視不顧何如防患未然敝會現已議定於正月十六日全體罷運相應函達　貴會查照等情准此本會以罷運期限迫在眉睫如果罷運實現勢必罷工相繼而起釀成絕大風潮若靜待交部解决又恐緩不濟急本會爲臨時救濟計已分別呈請

溫督辦王司令風示闞朱兩局長速即請假先由督辦署暫行派員代理膠路局長以爲臨時息事甯人之計而免罷運實現本會合亟事先通告本埠各商號一體週知特此通告

民國十四年二月　六　日

日资纱厂工人罢工使用的棉花扦子

1925年
青岛市博物馆藏

铁质棉花扦子，原是纱厂布料生产所用器具。1925年期间，纱厂工人们作为武器在举行罢工时使用。它见证了日商纱厂工人的三次同盟大罢工，展现了工人阶级的强大力量。

1925年青岛三次日商纱厂工人联合大罢工，历经4~7月波澜起伏的100天，是青岛工人阶级有史以来第一次政治性大罢工，彰显了山东、青岛党组织出色的组织能力和领导艺术，推动了青岛工人运动蓬勃向前发展。罢工期间工人们提出了“承认工会”，喊出了“打倒帝国主义”“打倒军阀”“我们要自由”等反帝反封建口号，形成了一股爱国反帝洪流，猛烈地冲击着日本帝国主义在青岛的根基，在青岛、山东和全国工人运动史上写下了壮烈的一章。

“为英日惨杀我同胞告全国父老书”传单

1925年

济南市博物馆藏

1925年青沪惨案后山东省第一师范学校全体学生署名的传单。

1925年5月29日，日本帝国主义指示军阀张宗昌，武力镇压青岛日商纱厂工人大罢工，当场屠杀工人8名，伤及数十人，制造了骇人听闻的五二九惨案（也称青岛惨案）。第二天（5月30日），英国帝国主义又在上海制造了上海惨案（亦称五卅惨案）。随后，中共中央发表了《中国共产党为反抗帝国主义野蛮残暴的大屠杀告全国民众》书，指出“全上海和全中国的反抗运动之目标，绝不止于惩凶、赔偿等”“应认定废除一切不平等条约，推翻帝国主义在中国的一切特权为其主要目的”。接着，共青团中央、全国学生联合会、全国总工会等合力声讨英日帝国主义在中国犯下的罪行，并号召全国各阶层群众一致起来反抗帝国主义的侵略。在反帝斗争中，青年学生站在了前列。青岛惨案发生的当晚，青岛大学学生自治会即召开全体学生大会，声讨反动军阀张宗昌、温树德勾结日本帝国主义屠杀纱厂工人的罪行。次日青岛学生联合会召开会议，20多所学校的50余名代表参加，会议决定全市学生一律罢课，印发宣言，组织宣传队、募捐队。

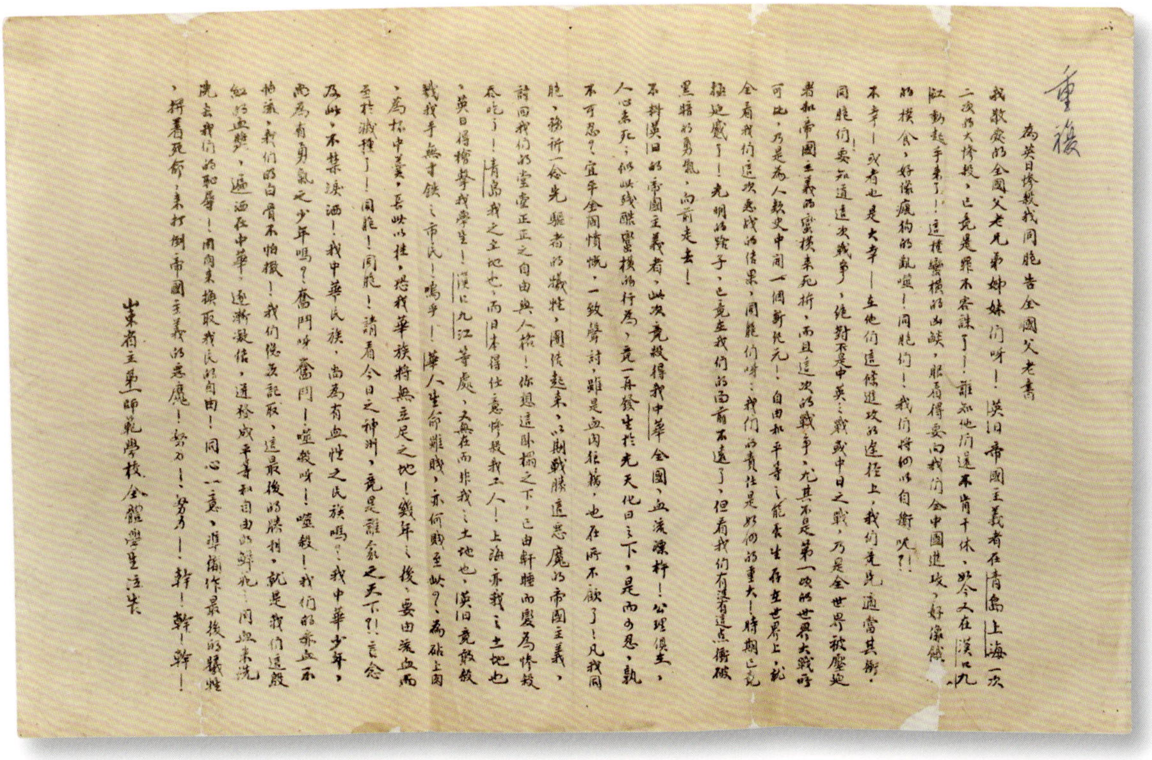

重複

為英日慘殺我同胞告全國父老書

我敬愛的全國父老兄弟姊妹們呀！英日帝國主義者在青島上海一次二次的大慘殺，已竟是罪不容誅了！誰知他們還不肯干休，如今又在漢口九江動起手來了！這種蠻橫的凶燄，眼看得要向我們全中國進攻，好像餓的撲食，好像瘋狗的亂噬！同胞們！我們將何以自衛呢？！不幸！或者也是大幸——在他們這樣進攻的途徑上，我們竟先適當其衝，同胞們要知道這次戰爭，絕對不是中英之戰或中日之戰，乃是全世界被壓迫者和帝國主義的蠻橫來死拚，而且這次的戰爭，尤其不是第一次的世界大戰可比，乃是為人類史中開一個新紀元！自由和平等之能否生存在世界上，就全看我們這次惡戰的結果，同胞們呀：我們的責任是如何的重大！時期已竟緊迫處了！光明的路子，已竟在我們的面前不遠了，但看我們有沒有這點衝破黑暗的勇氣，向前走去！

不料漢口的帝國主義者，此次竟殺得我中華全國，血流漂杵！公理俱在，人心未死；似此殘酷蠻橫的行為，竟一再發生於光天化日之下，是可忍，孰不可忍？宜乎全國憤慨，一致聲討，雖是血肉狼藉，也在所不顧了！凡我同胞，務祈一念先驅者的犧牲，團結起來，以期戰勝這惡魔的帝國主義，討回我們的堂堂正正之自由與人格！你想這臥榻之下，已由鼾睡而變為慘殺吞吃了！青島我之土地也，而日本得任意慘殺我工人！上海亦我之土地也，英日得槍擊我學生！漢口九江等處，又無在而非我之土地也，漢口竟敢殺戮我手無寸鐵之市民！嗚乎！華人生命雖賤，亦何賤至此？！為砧上肉，為杯中羹，長此以往，恐我華族將無立足之地！數年之後，要由流血而至於滅種了！同胞！同胞！請看今日之神州，竟是誰家之天下？！言念及此，不禁淚灑！我中華民族，尚為有血性之民族嗎？！我中華少年，尚為有勇氣之少年嗎？！奮鬥呀奮鬥！廝殺呀！廝殺！我們的赤血不怕流，我們的白骨不怕撒！我們須要記取，這最後的勝利，就是我們這般鮮紅的血漿，遍灑在中華，逐漸凝結，造成平等和自由的鮮花！用血來洗去我們的恥辱！用肉來換取我民的自由！同心一意，準備作最後的犧牲，拚著死命，來打倒帝國主義的惡魔！努力！努力！幹！幹！幹！

山東省立第一師範學校全體學生泣告

向导周报社印行
《中国共产党五年来之政治主张》

1926年
济南市博物馆藏

共138页。封面居中书名“中国共产党五年来之政治主张”，右上竖排红字：“全世界无产者联合起来！”向导周报社印行。书中刊载正文26篇，附录4篇。正文包括党的二大、三大、四大宣言等重要文献和1922—1926年对时局的重要主张。第一页左上角蓝色墨水画“张开泰印”，印上方斜引8字。张开泰当为原书所有者。封底花边框内竖排8行字“《向导周报》是国民革命的急先锋，是中国工农阶级的喉舌，是中国革命的最正确的指导，一切中国人不可不读”。

《中国共产党五年来之政治主张》中刊载的中共二大宣言，强调反对帝国主义，明确党在民主革命中的地位和作用，提出建立包括工人、农民和小资产阶级的民主主义的联合战线。将“制定关于工人和农民以及妇女的法律”“改良工人待遇”“统一税制”“废除一切束缚女子的法律”等内容载入其中，中国共产党开始了法治建设的最早尝试。这表明了党的新型民主政权思想即无产阶级领导的、工农联盟为基础的人民民主专政的政权思想从此迈开了第一步。

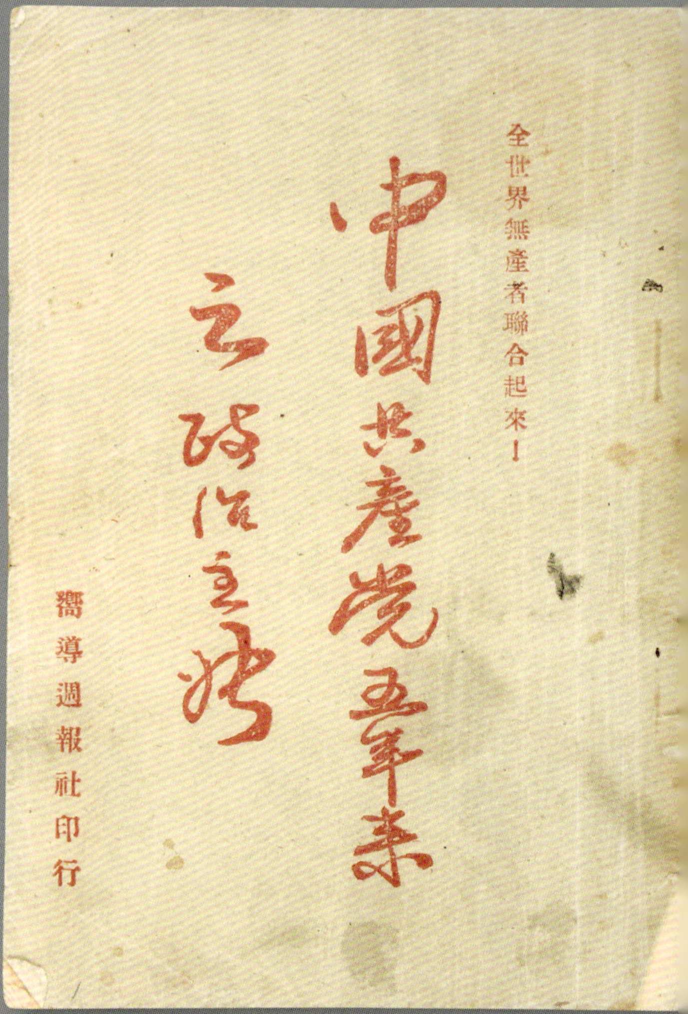

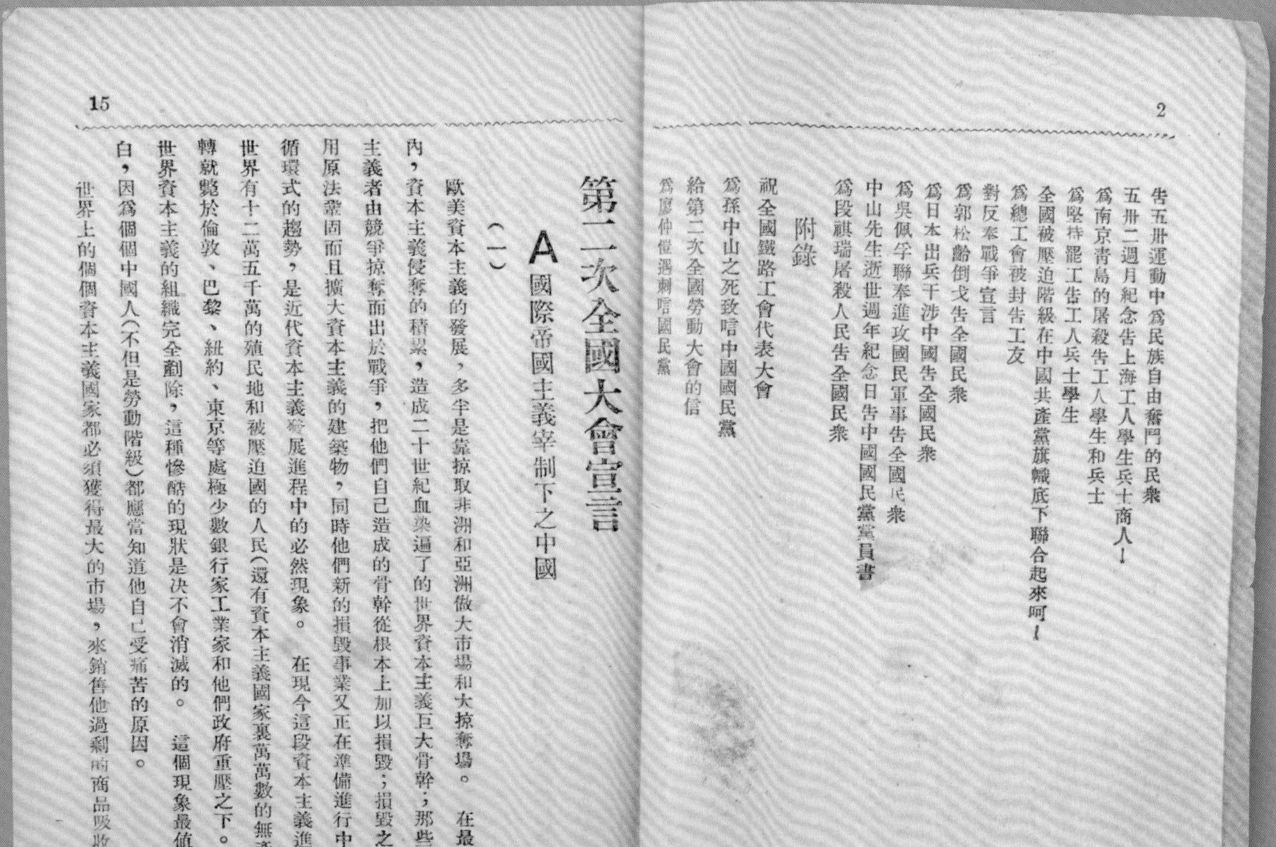
2

告五卅運動中爲民族自由奮鬥的民衆
五卅二週月紀念告上海工人學生兵士商人!
爲南京青島的屠殺告工人學生和兵士
爲堅持罷工告工人兵士學生
全國被壓迫階級在中國共產黨旗幟底下聯合起來呵!
爲總工會被封告工友
對反奉戰爭宣言
爲郭松齡倒戈告全國民衆
爲日本出兵干涉中國告全國民衆
爲吳佩孚聯奉進攻國民軍事告全國民衆
中山先生逝世週年紀念日告中國國民黨黨員書
爲段祺瑞屠殺人民告全國民衆

附錄

祝全國鐵路工會代表大會
爲孫中山之死致唁中國國民黨
給第二次全國勞動大會的信
爲廖仲愷遇刺唁國民黨

15

第二次全國大會宣言

A 國際帝國主義宰制下之中國

(一)

歐美資本主義的發展，多半是靠掠取非洲和亞洲做大市場和大掠奪場。在最近一世紀內，資本主義侵奪的積累，造成二十世紀血染遍了的世界資本主義巨大骨幹；那些資本帝國主義者由競爭掠奪而出於戰爭，把他們自己造成的骨幹從根本上加以損毁；損毁之後，又想用原法鞏固而且擴大資本主義的建築物，同時他們新的損毁事業又正在準備進行中——這種循環式的趨勢，是近代資本主義發展進程中的必然現象。在現今這段資本主義進程中，全世界有十二萬五千萬的殖民地和被壓迫國的人民(還有資本主義國家裏萬萬數的無產階級)輾轉就斃於倫敦、巴黎、紐約、東京等處極少數銀行家工業家和他們政府重壓之下。除非把世界資本主義的組織完全剷除，這種慘酷的現狀是決不會消滅的。這個現象最值得弄個明白，因爲個個中國人(不但是勞動階級)都應當知道他自己受痛苦的原因。

世界上的個個資本主義國家都必須獲得最大的市場，來銷售他過剩的商品吸收他需要的

北伐成功退伍纪念章

1928年
沂源博物馆藏

纪念章系圆形，铜质。正面图案上方有交叉的两面旗帜，一面青天白日旗为中国国民党党旗，一面青天白日满地红旗为中华民国国旗；反面自右向左刻有四行字，内容为“中华民国十七年国民革命军北伐成功退伍纪念章”。

据史料记载，1926年北伐战争一开始，国共两党联合作战，最后取得了北伐战争的全面胜利。1928年北伐军相继退伍后，相继制作了1928年版和1929年版“北伐成功退伍纪念章”颁发将士以作纪念。这枚徽章是国共两党合作的实物见证。

荣成县各界纪念革命先烈纪念大会印《黄花岗七十二烈士传略》

1932年3月29日
山东博物馆藏

1921年12月，孙中山先生应邹鲁之邀为《黄花岗七十二烈士传略》一书写序言。孙中山在《黄花岗七十二烈士传略》中予以1911年黄花岗起义“直可惊天地、泣鬼神，与武昌革命之役并寿”的高度评价。孙中山先生就书论世，借序以热烈赞颂黄花岗烈士为革命捐躯的英雄气概，激励国人发扬光大先烈的牺牲精神，为实现革命理想而英勇奋斗。

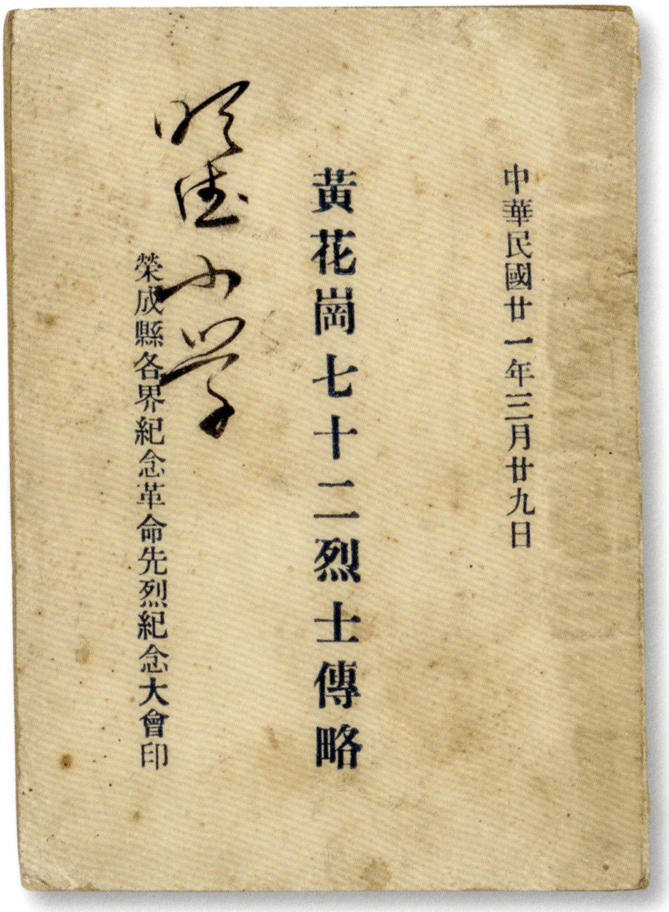

黄花岗七十二烈士傳略
中華民國廿一年三月廿九日
榮成縣各界紀念革命先烈紀念大會印

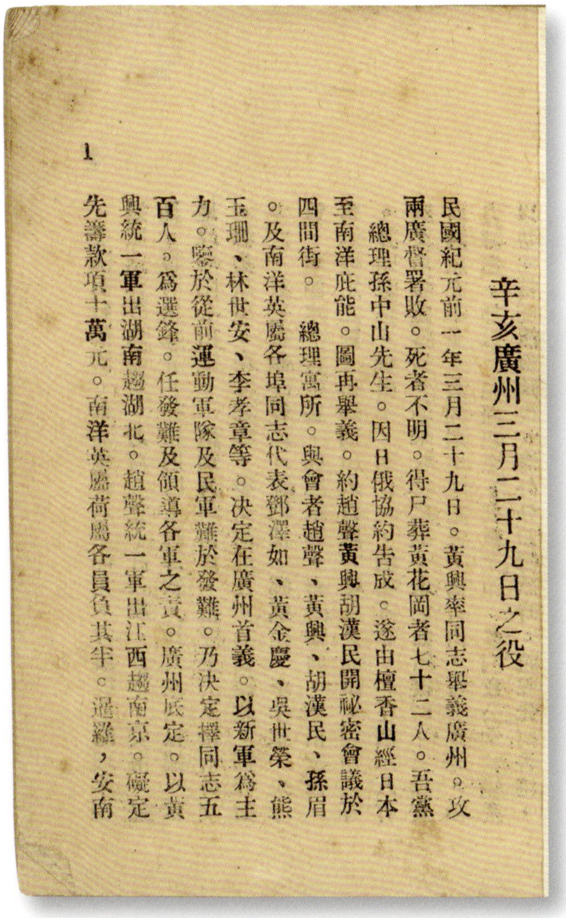

1

辛亥廣州三月二十九日之役

民國紀元前一年三月二十九日。黃興率同志舉義廣州。攻兩廣督署敗。死者不明。得尸葬黃花岡者七十二人。吾黨總理孫中山先生。因日俄協約告成。遂由檀香山經日本至南洋庇能。圖再舉義。約趙聲黃興胡漢民開祕密會議於四間街。總理寓所。與會者趙聲、黃興、胡漢民、孫眉。及南洋英屬各埠同志代表鄧澤如、黃金慶、吳世榮、熊玉珊、林世安、李孝章等。決定在廣州首義。以新軍爲主力。學於從前運動軍隊及民軍難於發難。乃決定擇同志五百人。爲選鋒。任發難及領導各軍之責。廣州底定。以黃興統一軍出湖南趨湖北。趙聲統一軍出江西趨南京。擬定先籌款項十萬元。南洋英屬荷屬各員負其半。暹羅，安南

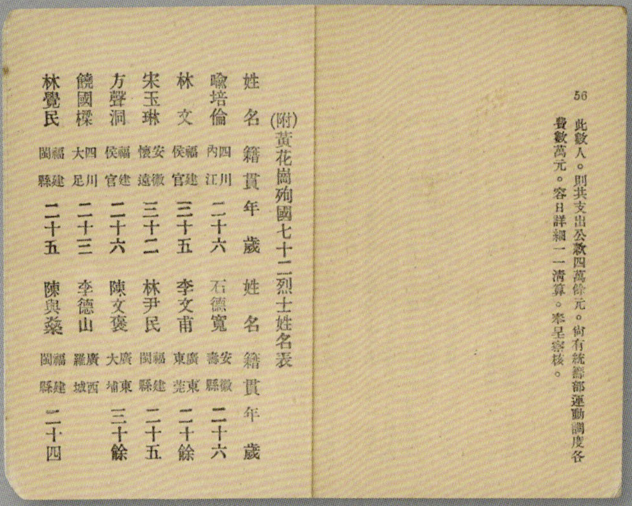

56

此款入。則共支出公款四萬餘元。尚有統籌部運動調度各費數萬元。容日詳細一一清算。奉呈察核。

(附)黃花崗殉國七十二烈士姓名表

姓名	籍貫	年歲	姓名	籍貫	年歲
喻培倫	四川內江	二十六	石德寬	安徽壽縣	二十六
林文	福建侯官	三十五	李文甫	廣東東莞	二十餘
宋玉琳	安徽懷遠	三十二	林尹民	福建閩縣	二十五
方聲洞	福建侯官	二十六	陳文褒	廣東大埔	三十餘
饒國樑	四川大足	二十三	李德山	廣西羅城	
林覺民	福建閩縣	二十五	陳與燊	福建閩縣	二十四

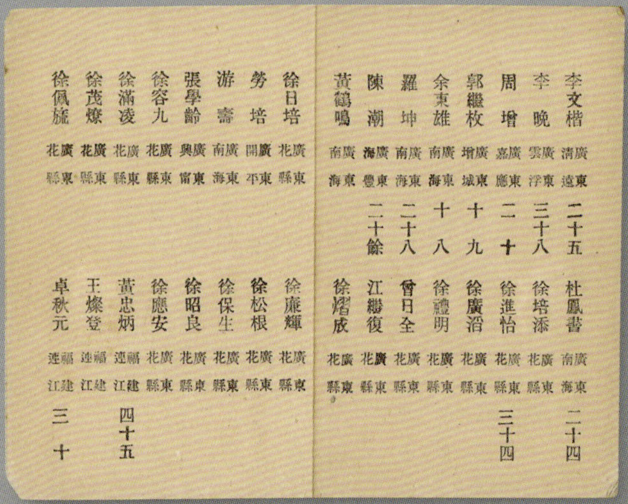

李文楷	廣東清遠	二十五	杜鳳書	廣東南海	二十四
李晚	廣東雲浮	三十八	徐培添	廣東花縣	
周增	廣東嘉應	二十	徐進怡	廣東花縣	三十四
郭繼枚	廣東增城	十九	徐廣滔	廣東花縣	
余東雄	廣東南海	十八	徐禮明	廣東花縣	
羅坤	廣東南海	二十八	曾日全	廣東花縣	
陳潮	廣東海豐	二十餘	江繼復	廣東花縣	
黃鶴鳴	廣東南海		徐熠成	廣東花縣	
徐日培	廣東花縣		徐廉輝	廣東花縣	
勞培	廣東開平		徐松根	廣東花縣	
游壽	廣東南海		徐保生	廣東花縣	
張學齡	廣東興甯		徐昭良	廣東花縣	
徐容九	廣東花縣		徐應安	廣東花縣	
徐滿凌	廣東花縣		黃忠炳	福建連江	四十五
徐茂燎	廣東花縣		王燦登	福建連江	
徐佩旒	廣東花縣		卓秋元	福建連江	三十

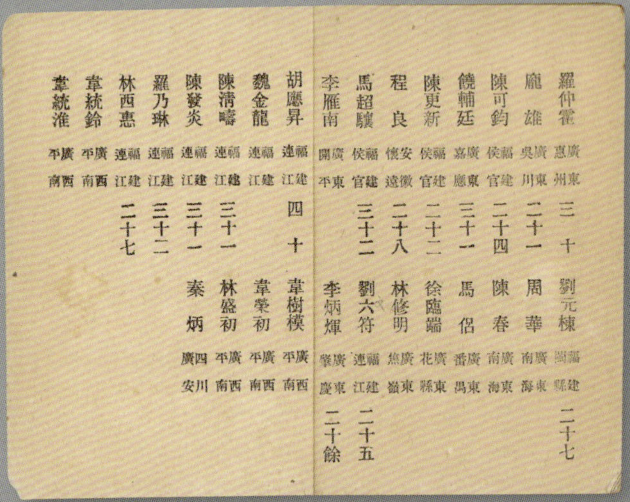

羅仲霍	廣東惠州	三十	劉元棟	福建閩縣	二十七
龐雄	廣東吳川	二十一	周華	廣東南海	
陳可鈞	福建侯官	二十四	陳春	廣東南海	
饒輔廷	廣東嘉應	三十一	馬侶	廣東番禺	
陳更新	福建侯官	二十二	徐臨端	廣東花縣	
程良	安徽懷遠	二十八	林修明	廣東蕉嶺	
馬超驤	福建侯官	三十二	劉六符	福建連江	二十五
李雁南	廣東開平		李炳輝	廣東肇慶	二十餘
胡應昇	福建連江	四十	韋樹模	廣西平南	
魏金龍	福建連江		韋榮初	廣西平南	
陳清疇	福建連江	三十一	林盛初	廣西平南	
陳發炎	福建連江	三十一	秦炳	四川廣安	
羅乃琳	福建連江	三十二			
林西惠	福建連江	二十七			
韋統鈴	廣西平南				
韋統淮	廣西平南				